D0996825

QUE FAISONS-NOUS ENSEMBLE?

Michel-Louis Pelletier
Odette Rioux

QUE FAISONS-NOUS ENSEMBLE ?
L'aventure conjugale à l'épreuve du quotidien

UNE ÉDITION DU CLUB QUÉBEC LOISIRS INC.
© Avec l'autorisation des Éditions Fides
© 1999, Éditions Fides
Dépôt légal — Bibliothèque nationale du Québec, 2000
ISBN 2-89430-431-5
(publié précédemment sous ISBN 2-7621-2179-5)

Imprimé au Canada

À Martine

INTRODUCTION

À notre époque, les idées que véhiculent les mots mariage, amour et couple sont conceptuellement reliées et vont nécessairement de pair. Pourtant, il s'agit d'un phénomène récent et typiquement occidental. Encore aujourd'hui, pour le Sénégalais, le Marocain, le Pakistanais ou le Chinois, comme dans bien d'autres civilisations, « vivre en couple » ne constitue pas une réalité significative dans le mariage. En effet, pour une bonne part de l'humanité, le mariage est une institution qui concerne d'abord et avant tout les parents et la famille étendue. Imaginez l'étonnement et la déconvenue de la Québécoise qui s'est laissée attirer par l'amour dans une réalité culturelle étrangère dont elle ignorait la nature et les conséquences! Pour elle comme pour nous, Occidentaux, l'amour c'est essentiellement la vie à deux. Ignorant l'histoire, on se surprend qu'ailleurs il n'en soit pas ainsi.

Afin de mieux situer le couple dans son contexte historique, nous ferons d'abord une brève rétrospective de l'histoire de la place du couple à l'intérieur de l'institution qu'est le mariage. On constatera l'existence de plusieurs périodes évolutives selon les mœurs des différentes époques et des différentes civilisations.

La situation contemporaine

Si le mariage est un engagement public et solennel entre deux personnes dans le but de vivre ensemble et de fonder une famille, plusieurs ont démontré qu'ils n'avaient pas la maturité voulue pour entreprendre et mener jusqu'au bout cet engagement. D'autre part, un nombre grandissant d'individus ne partagent plus cet objectif personnel, familial et social et ne voient dans le mariage qu'un événement ponctuel, nullement garant d'un prolongement historique.

Il y a 60 ans, Denis de Rougemont dans son livre *L'amour et l'Occident* suggérait, pour réduire le nombre des divorces, de contingenter les mariages, en imposant des conditions plus restrictives aux candidats. Cette question demeure d'actualité. Combien de gens de vingt ans savent vraiment qui ils sont, ce qu'ils veulent et comprennent le vrai sens de l'engagement dans la vie de couple ? Plusieurs croient qu'ils le savent et malgré toutes les mises en garde, ils demeurent persuadés de connaître l'essentiel pour réussir leur union. Pour un bon nombre d'entre eux, cela n'empêchera pas la barque de leur couple de sombrer au bout de cinq ou dix ans ou de quelques mois : le taux actuel de divorce aux États-Unis était estimé récemment à 60 % et à près de 50 % au Québec...

Qu'est-ce qu'il faut savoir avant d'entreprendre de vivre à deux ? Que faut-il comprendre pour pouvoir, sans « se casser la figure », s'engager dans la vie de couple de façon durable ? Quelles dispositions doit-on avoir au départ ? Même si on élimine la mauvaise foi et les faux prétextes, les candidats les mieux intentionnés ne savent pas toujours dans quoi ils s'engagent vraiment.

Pourquoi vivre en couple ?

Plusieurs ouvrages récents comme *Men Are from Mars, Women Are from Venus*, de John Gray, ou *You Just Don't Understand*, de Deborah Tannen, illustrent les différences psychologiques fondamentales existant entre les hommes et les femmes qui en font des êtres essentiellement si étrangers entre eux que la vie de couple leur apparaît être avec le temps une impossibilité.

Notre propos ne tiendra pourtant pas compte de ces considérations. On sait depuis toujours que les hommes et les femmes sont foncièrement différents ; pourtant, ces différences n'ont pas empêché l'humanité de se perpétuer. Certes, il y a de plus en plus de couples qui, ayant terminé tôt d'élever leurs enfants et ayant choisi une retraite précoce, se retrouvent plus longtemps en tête à tête que ceux des générations précédentes. Cette situation les oblige à s'efforcer davantage pour s'accommoder de la présence constante de l'un et l'autre.

La vie nous enseigne qu'il n'existe pas de couple idéal ni de façon unique de résoudre, une fois pour toutes, les différends qui pourraient surgir au sein d'un couple. Cela n'empêche pas les statistiques de confirmer le fait que pour un adulte, la vie à deux est encore la façon la plus gratifiante de vivre et aussi la façon la plus efficace de triompher de la menace qui guette l'être humain : la solitude[1].

Si l'on vit en couple, c'est d'abord parce que cette notion a toujours été intimement liée à la nécessité de reproduction de l'espèce. Cette disposition semblait immuable avant que les techniques de contrôle de la reproduction deviennent couramment disponibles. Plusieurs de ces techniques, mises au point dans les années 1960, ont permis au couple de retarder indéfiniment la procréation. Cette nouvelle réalité a provoqué un changement profond dans la perception de la vie à deux.

Alors pourquoi vivre en couple ? Quel sens peut alors prendre la vie à deux, sans le projet de fonder une famille ? Dans une société où les individus sont de plus en plus isolés à la suite de la disparition du lien que procurait la famille étendue, hommes et femmes se retrouvent en manque de support et d'affection dans un monde qui n'accorde que très peu de gratifications durables. Dorénavant, la vie de couple crée de nouvelles attentes, comme celles de partager de l'affection, des attentions et de l'amour sincère. Peu à peu, on se met à réinventer la façon de vivre en couple.

Les aléas de la recherche et de la rencontre d'un partenaire

Au jeu de l'amour et du hasard, on découvre, hélas ! bien plus tard, que les dés étaient pipés, que le hasard n'était pas vraiment le maître d'œuvre de cette rencontre « fortuite », que la « connaissance » qu'on a faite cette fois-là était en réalité une « reconnaissance ». Ce qui était au rendez-vous, c'était le « déjà connu », reconnu chez la personne

---

1. Cf. *Love, Lust and Marriage*, John Stossel, ABC, 97-10-21.

rencontrée et c'est cela qui nous l'a rendue si attrayante! Car notre imagination se sert d'images connues, déjà stockées dans notre subconscient, pour les comparer avec les nouvelles images qu'on découvre.

Même s'il existe des exceptions, le principe de base de la recherche d'un partenaire et de la formation d'un couple semble s'énoncer ainsi : « Comme dans la vie on a tendance à rechercher du familier et du connu, ainsi le couple qu'on désire (inconsciemment) former une fois adulte correspond souvent au modèle de celui qu'on a connu enfant : c'est-à-dire celui de nos parents ou de ceux qui ont marqué notre enfance. » On pourrait dire qu'une jeune fille cherche un jeune homme qui ressemble à son père et qu'un jeune homme cherche une jeune fille qui ressemble à sa mère. De même, on tend à recréer le milieu de vie et le type relationnel du couple que formaient nos parents. Cela se vérifie souvent, même chez ceux qui, consciemment, ne veulent surtout pas ressembler à leurs parents.

Le couple : l'examen de la question

Plusieurs ouvrages sur le mariage analysent les différentes étapes de l'évolution du couple, mais il y a, à notre avis, un autre aspect à considérer : celui du processus d'établissement des relations interpersonnelles à l'intérieur d'un couple.

La relation interpersonnelle constitue l'aspect central de la dynamique d'un couple mais entrer en relation ne signifie pas la même chose pour tout le monde. On rencontre chez les partenaires d'un couple diverses motivations pour vivre à deux. D'un couple à l'autre, la structure relationnelle et l'évolution de la relation entre les conjoints diffèrent.

Si, au sein de la société, on rencontre aujourd'hui des couples qui s'inspirent du mariage traditionnel ou du mariage romantique, on retrouve de plus en plus de gens qui souhaitent vivre à l'intérieur d'un mariage égalitaire, vécu de façon statique ou dynamique, selon les ressources psychologiques des protagonistes. D'autres couples s'approchent du mariage sans y parvenir ou sans pouvoir y rester. Parmi eux, on compte les couples précaires qui ne connaissent que la compétition individualiste mélangée à la recherche de la passion pure. Il y a l'aventure des amoureux immatures, manipulateurs et revendicateurs et il y a aussi le projet conjugal peu convaincant des carriéristes qui ont d'autres choses plus importantes à leur agenda.

Les aptitudes relationnelles

L'établissement et le développement des aptitudes sociales remontent à l'enfance. C'est ainsi que les dispositions relationnelles de chacun des partenaires se sont établies et arrêtées durant l'enfance, bien avant qu'ils ne s'engagent dans la vie de couple. Ces dispositions personnelles innées ou acquises contribuent à l'établissement d'un certain type d'interaction entre les partenaires qui, dans bien des cas, se maintiendra tout au long de la vie du couple. De plus, la structure du mode relationnel au sein du couple est déterminée par les différents types d'interactions qu'entraîne la présence ou l'absence de la recherche prépondérante et de l'affirmation du pouvoir entre les partenaires.

Afin d'illustrer la nature des différentes interactions présentes au sein des couples, nous avons choisi de présenter, par le regroupement thématique, quatre types relationnels, représentant, croyons-nous, la façon de fonctionner d'une majorité de couples stables.

1° Afin de pouvoir maintenir, consciemment ou non, l'ordre établi traditionnel où l'homme domine, certains couples vivent un rapport de dominant-dominé du genre mère-fils ou père-fille. On pourrait dire qu'ils vivent une relation de type **superposé**.

2° D'autres, emportés par un élan romantique et rêvant d'un monde à l'abri des problèmes du monde extérieur, désirent que leur couple devienne une entité à part entière, croyant réaliser ainsi l'idéal de l'amour : « Ils ne font plus qu'un ! » Ce couple correspond au type **fusionnel**.

3° Certains couples, soucieux d'équité et voulant aussi éviter les affrontements, qui correspondent à leurs yeux à l'échec conjugal, se sont positionnés clairement, l'un envers l'autre, en s'engageant de façon limitée sur des points spécifiques, tout en cherchant à conserver leur indépendance relationnelle. Ce type de relation pourrait être comparé à celle de deux colocataires qui auraient convenu d'avoir, à date fixe, des rapports sexuels. Ce couple vit une relation de type **juxtaposé.**

4° Enfin, on retrouve ceux qui vivent une relation de couple à la fois tendre et franchement lucide. Cette relation peut, à l'occasion, être exigeante et même difficile. Elle est d'abord fondée sur la présence mutuelle de l'amour sans fard qu'ils partagent et renouvellent au quotidien. C'est ce qui leur permet d'entretenir un climat de confiance et d'échanges sans artifices. Ces partenaires vivent une relation de type **interactif.**

Les différents types d'interactions, les différents niveaux de la capacité d'aimer au quotidien et, s'il y a lieu, la présence et l'intensité de la recherche du pouvoir chez les partenaires peuvent expliquer l'absence, l'usure ou l'épanouissement de la relation d'amour entre eux, au long des années. Lorsqu'à l'occasion la structure relationnelle du couple se met à évoluer à la suite d'une prise de conscience survenue chez au moins l'un des deux partenaires, cela signifie qu'une longue période de tribulations commence pour le couple et peut déboucher sur une nouvelle structure relationnelle ou sur une rupture.

L'amour et le pouvoir

En tant que principes, l'amour et le pouvoir s'opposent fondamentalement, mais à travers les nécessaires ajustements de la vie quotidienne d'un couple, une gérance réaliste exige de les combiner. La nature humaine étant ce qu'elle est, le pouvoir a toujours tendance à reprendre son indépendance et à poursuivre sa trajectoire propre. C'est d'ailleurs ce qui se produit chaque fois que l'un des deux partenaires tente de se l'approprier de nouveau. Résultat : les conjoints se retrouvent bloqués par des situations conflictuelles où l'amour et le pouvoir risquent de ne plus faire bon ménage. Au sein du couple, l'enjeu du pouvoir se révèle vite être l'os dans la moulinette ! Tous, un jour ou l'autre, même les partenaires les plus responsables et les plus équilibrés, jeunes amoureux ou jubilaires, ont besoin de refaire cet exercice nécessaire de réajustement.

L'amour et le pouvoir sont deux principes essentiels. Si dans le couple les partenaires parviennent à les conjuguer, ils pourront non seulement avancer, mais aussi dépasser l'horizon de leurs limites respectives. C'est l'amour qui permet au couple de persévérer malgré les obstacles et c'est le fait de disposer du pouvoir qui permet aux partenaires de se réaliser.

L'affrontement et la rencontre

Confiants en leur amour et en eux-mêmes, les partenaires s'accordent la liberté d'être ce qu'ils sont et même, à l'occasion, s'affrontent s'il le faut! Ici, l'affrontement n'est pas la conséquence du désir de l'un de dicter ses volontés à l'autre, il est plutôt le cri du cœur qui réveille celui qui s'est endormi dans la relation en reprenant ses vieilles habitudes d'individu insouciant de la présence de l'autre à ses côtés. L'affrontement de deux personnes en interaction dynamique ne peut se comparer à une lutte à finir pour imposer ses vues et dominer l'autre dans le couple. C'est plutôt une franche et cordiale discussion entre deux personnes qui s'aiment et se font confiance. Mais pouvoir s'affronter n'est pas permis à tous. Seuls ceux qui ont pu ou qui ont su établir entre eux une relation de confiance peuvent se dire vraiment ce qu'ils pensent l'un de l'autre sans mettre en péril leur relation. Certains, avec raison, craignent l'affrontement. En effet, l'affrontement peut devenir destructeur lorsqu'il n'y a pas d'amour sincère ni de véritable intimité psychologique entre les partenaires.

Les conditions de la rencontre interpersonnelle

Quelles sont les conditions minimales permettant cette rencontre? Une condition fondamentale, sinon la seule, c'est que les partenaires installent entre eux un dialogue continu permettant leur cheminement vers plus de maturité. Certains facteurs comme d'avoir un niveau comparable d'intelligence, la correspondance des valeurs personnelles, les similarités culturelles, le même rythme de vie et autres affinités favoriseront l'établissement du dialogue. À l'inverse, les obstacles qui empêchent l'avènement d'une rencontre authentique sont l'incapacité de communiquer, souvent reliée à l'immaturité profonde qui entraîne l'irresponsabilité, la possessivité et l'égocentrisme. Pour être harmonieux et pour qu'il puisse durer, le couple se doit d'être une rencontre entre pairs : des partenaires trop mal assortis risquent de cumuler les obstacles entre eux.

Un des principaux défis de la vie de couple, c'est d'accepter l'autre tel qu'il est et de lui accorder une place qui l'autorise à être lui-même. C'est à cette condition que la rencontre devient possible.

L'équilibre personnel et la maturité

Outre les conflits manifestes où, dans le couple, l'un menace l'intégrité de l'autre par l'action du jeu de pouvoir, par l'usage de la force physique ou par la manipulation psychologique, il y a des obstacles plus subtils comme celui de la pseudo-maturité[2]. Une des principales causes de la pseudo-maturité est reliée à l'intervention surprotectrice[3] des parents, spécialement à la période de la grande enfance. Cette surprotection contribue à ralentir et même à stopper momentanément le cheminement de l'enfant vers la maturité à travers son adolescence et peut même bloquer partiellement son passage à l'âge adulte. Ces personnes pseudo-matures, on les découvre plus tard dans la vie, se prenant très au sérieux et se croyant autorisées à intervenir, au moindre prétexte, auprès de tous ceux qui ne font pas ce qui est «prescrit» selon leurs règles. Ainsi, lorsqu'elles vivent en couple, ces personnes, souvent sans en être conscientes, font la loi à leur partenaire, maintenant ainsi au sein de leur couple une tension et un déséquilibre néfaste pour son épanouissement.

2. Voir chapitre XI, p. 221.

3. Cette intervention correspond à la tentative de certains parents de mettre leur enfant à l'abri des dangers ordinaires de la vie. Essayant de solutionner d'avance, à la place de leur enfant, les problèmes éventuels que ce dernier pourrait rencontrer, ils peuvent aller jusqu'à minimiser ou nier ses écarts de conduite. Derrière cette attitude se cache la dépendance des parents et celle qu'ils s'efforcent d'installer chez leur enfant pour l'empêcher de s'éloigner d'eux.

La maturité : l'accès à la pleine possession de ses moyens

Plutôt que d'envisager la maturité comme un état statique, on devrait parler de cheminement de maturité, faisant ainsi état du processus engagé. La maturité s'acquiert au long des années, au fur et à mesure que l'on tire profit de son expérience de vie et que l'on réalise qui on est vraiment. C'est à travers le bilan de ses décisions, bonnes ou mauvaises, tout comme celui de ses réussites et de ses échecs que ce cheminement s'accomplit, parfois dans la douleur de ne pas être toujours à la hauteur de ses attentes et de celles des autres, mais surtout vers la sérénité du sentiment d'avoir fait quelque chose de sa vie. L'être humain étant foncièrement social, son degré de maturité s'apprécie dans sa capacité de présence à l'autre tout comme dans celle d'être également à l'écoute de ses propres besoins et de ses attentes personnelles.

Les conditions du développement de la personne : l'éducation et les interactions

La personne grandit parmi d'autres personnes grâce auxquelles, par l'exemple et à travers l'expérience des interactions, elle trouve sa signification et ses références. La personne n'existe à ce titre que parce qu'elle est en rapport avec d'autres personnes. Immergeant dans la société, elle ne peut, sans conséquences profondes, être coupée de ses racines.

L'existence de ce lien affectif, social et culturel entraîne des conséquences positives et négatives. Inscrit de façon durable dans sa personnalité par son éducation et son milieu d'origine, ce lien, dont la personne est tributaire, peut n'être parfois qu'un boulet au pied qui, chez le conformiste, l'entraîne à reproduire, sans se poser de questions, le modèle appris. Cependant, par la réflexion et le dialogue ouvert, ce lien culturel et éducatif peut être à la fois examiné et critiqué, amplifié, corrigé ou approfondi. On pourra en soupeser les aspects prégnants et prometteurs et les distinguer des esclavages routiniers qui asservissent et astreignent tous ceux qui les adoptent par myopie ou par inconscience.

Au sein de la vie à deux, le dialogue constitue l'interaction délibérée la plus manifeste. Le mot dialogue a un sens strict qui ne peut être confondu ; le dialogue n'existe que si les deux partenaires y participent à part entière. Il ne peut être question que l'un ne fasse que parler et l'autre ne fasse qu'écouter, les deux doivent s'exprimer et écouter, sinon on ne retrouvera là qu'un monologue. À dessein ou par défaut, ce monologue devient vite étourdissant et épuisant, car il ne permet à l'individu que de se vider. L'autre n'ayant rien pu apporter, il n'y a pas de gains à partager ni de développement à prévoir. D'autre part, lorsqu'un véritable dialogue se poursuit au long des mois et des années, il est un lieu privilégié de croissance personnelle.

Le dialogue incontournable

La communication, soutenue par le dialogue, est la clé qui rend possible la continuité de la relation entre les partenaires. Le véritable dialogue informe, éclaire et suscite l'évolution mutuelle, tout en favorisant le développement d'un climat gratifiant d'amour et de respect interpersonnel. Sans dialogue, le couple est un lieu de solitude, une solitude qui, à la longue, devient de plus en plus pénible et douloureuse. Trop de gens s'habituent à endurer des situations sans issues ; ils ne réalisent pas qu'il y aura pour eux un prix à payer. N'ayant eu qu'un seul partenaire et étant dépourvus de point de comparaison, plusieurs finissent par croire que la solitude et la triste vie qui est la leur sont le lot du mariage. Alors ils se taisent, ils endurent jusqu'à ce que... Dans de telles conditions, la personne ne serait-elle pas mieux d'être seule et libre d'une telle attache ? Lorsque le dialogue se révèle être défectueux ou absent, cela signifie, aujourd'hui plus que jamais, l'impossibilité d'une vie à deux satisfaisante ; l'absence de dialogue signale la fin du couple en tant qu'association dynamique.

L'amour humain se manifeste essentiellement à travers un dialogue qui se poursuit malgré les obstacles. Dialogue des esprits, dialogue des cœurs, dialogue des corps : tous trois inséparables, même lorsqu'ils sont confrontés par la réalité du quotidien.

L'amour, l'amour !

Le mot amour signifie différentes émotions, selon les gens et selon les occasions. Il peut être à la fois un prétexte et une raison : en effet, des sentiments différents et, à la limite, étrangers, portent le même nom, d'où la confusion. Dire : «Je t'aime» ne veut pas dire la même chose pour tous. Il ne suffit pas de le dire et de l'entendre dire pour conclure que l'amour est présent, il faut aussi s'assurer de la signification de ces propos auprès de celui qui les tient. L'amour peut être l'essence même de ce qui fait vivre mais l'amour ne peut être aussi qu'un simple gargarisme...

Première partie

L'ORIGINE
ET LA STRUCTURE DU COUPLE

Chapitre I
LE COUPLE :
LE CADEAU DE L'OCCIDENT

L'ETHNOLOGIE ET L'HISTOIRE le confirment : le mariage tel qu'on le connaît actuellement en Occident est différent de celui de nos ancêtres. La longue tradition du mariage, pierre angulaire des dynasties, remonte à la préhistoire, mais dans le monde occidental, elle n'est pas parvenue jusqu'à nous. Les fréquentations, le mariage intime et le voyage de noces sont des inventions récentes, inconnues de nos aïeux. Ce n'est qu'au XXe siècle que le romantisme démocratisé a opéré un déplacement de l'axe du mariage et donné un nouveau sens au mot couple. Le mariage contemporain n'est plus un acte intéressé organisé par les parents, il est devenu une aventure à deux. Si pour une majorité de gens, le concept « mariage d'amour » n'est plus une fantaisie mais un truisme, il n'en a pas toujours été ainsi. Ce faisant, on a depuis mis l'accent sur le couple, mais on essaie de conserver en même temps le sens de la famille. Cela ne va pas sans heurts et la définition des rôles, devenue singulièrement compliquée, frise la confusion. Ici s'opposent les exigences de la réalité et la liberté des individus. On doit toujours se rappeler qu'en fin de compte, le mariage qui dure n'est pas une mystification mais un défi existentiel.

1. L'amour et le temps

Deux perspectives s'affrontent au sein de l'aventure du couple. La première est celle de l'**amour conjugal**. Cet amour vise à l'épanouissement des personnes et à leur accomplissement par l'expérience et la création. Cette perspective est étrangère à l'individualisme. Elle est une rencontre continue de deux personnes, rencontre au-delà des obstacles du temps, des vicissitudes et de la personnalité même des individus qui s'y engagent. C'est l'union de deux partenaires qui renoncent à leur « individualisme », tout en tentant de compléter leur personnalité propre, dans un cheminement existentiel commun. Cet aspect que l'on affirme de plus en plus n'élimine pas la contradiction des intérêts personnels et l'incertitude du lendemain. La complicité amoureuse nécessaire n'étant pas acquise une fois pour toutes, elle est à refaire quotidiennement, car la notion de durée n'y est pas intrinsèque.

Longtemps nécessaire, l'autre perspective du mariage est celle de la **fondation de la famille institutionnelle**, axée sur la **procréation**. L'essentiel du mariage traditionnel, c'est le contrat qui établit l'institution et confère un statut aux époux et à l'enfant à naître. Dans cette perspective, « la relation à autrui est vécue dans la dépendance d'un objectif extérieur[1] » ; poussée à la limite, elle s'oppose à la personne. Par contre, négliger la question de l'insertion du couple dans la communauté peut amener la faillite du mariage qui risque de n'être qu'une aventure éphémère.

La sexualité-procréation a depuis toujours été connue comme raison première du mariage. Les premiers anthropologues, spéculant sur la nature et l'origine du mariage, ont postulé que les mœurs sexuelles des primitifs n'étaient qu'un simple laisser-aller des instincts, tout comme s'il se fût agi d'animaux déboussolés s'adonnant aux caprices les plus aberrants. D'après eux, le mariage primitif, c'était le rapt, le viol, l'achat. L'anthropologie moderne révèle un monde différent et similaire tout à la fois à nos sociétés dites « civilisées ». On a découvert que dans ces sociétés, un climat permissif,

---

1. R. THÉRY, « La famille dans la société contemporaine », *in Études de sexologie,* p. 76.

mais en même temps contrôlé par des règlements multiples et rigoureux, régissait les mœurs. Ainsi, dans les peuplades les plus « primitives », il existe une forme quelconque de mariage et de contrôle de la conduite sexuelle.

a) La question du patriarcat ou du matriarcat

Réalités sociologiques millénaires, le matriarcat et le patriarcat sont des structures sociales reflétant la nécessité inhérente de la division des rôles et des tâches domestiques. Ces divisions sont fondamentales et elles ont comme origine les différences physiques, psychologiques et hormonales entre les hommes et les femmes. Chez les hommes, les testostérones sont reliées à l'aventure, l'agression-survie, la défense et la chasse. Chez les femmes, les estrogènes-progestérones favorisent l'établissement et l'aménagement de la case, ou de la maison, de même que la protection et le soin des enfants. Pour atteindre ces objectifs, commandés par la nécessité du partage des tâches, il fallait détenir un pouvoir approprié. Cette quête du pouvoir a contribué à ce que l'on s'organise efficacement et c'est l'efficacité de cette entreprise de gestion qui a finalement entraîné l'extension de ce pouvoir qui, en débordant de son cadre strict, a englobé toute la vie de la famille étendue, incluant même les enfants adultes vivant à proximité.

Par sa taille et sa force physique, l'homme détenait le statut d'autorité sur les membres de sa famille et, par conséquent, les apparences du pouvoir. Façade sociale de la famille, c'est lui qui pouvait parler. Par son intuition et sa psychologie, la femme était celle qui savait ce qui se passait vraiment au sein de la famille. En fait, c'était souvent elle qui détenait le pouvoir réel. Ce sont tous ces facteurs qui expliquent le phénomène du patriarcat-matriarcat.

b) Le concept du mariage

Basée sur l'observation des mœurs grecques, la philosophie antique n'a connu qu'un seul aspect du mariage : celui de la finalité. À l'exemple des autres civilisations, les Grecs ne voyaient dans le mariage qu'un but précis, dont le double aspect était de continuer la famille et de maintenir le culte domestique. Les lois de l'Antiquité faisaient du mariage une obligation. Pour les philosophes grecs, la notion du bien commun de la Cité était primordiale. Cependant, ce collectivisme ignorait la personne humaine et ses aspirations propres. Valeur impersonnelle, l'amour est défini alors comme l'attrait de la beauté, il est du domaine des idées et n'est pas essentiellement relié à la question du mariage.

Pour Platon, par exemple, mariage et amour sont deux choses absolument différentes. Dans son ouvrage *La République,* il accorde au mariage une fin unique, celle de donner des enfants à l'État. Selon Platon, l'amour est une « autre chose » et, comme le remarque Kierkegaard, « il est si loin d'être question d'aimer les femmes, qu'il n'y fait allusion qu'en passant, amour qui est d'ailleurs tenu pour imparfait en comparaison de l'amour pour les jeunes garçons[2] ».

Pour Aristote, la femme est un être inférieur à l'homme. Elle n'a pas de volonté et est donc incapable d'indépendance de caractère. Sa vraie place est à la maison où elle peut diriger les affaires domestiques. S'il est nécessaire de s'unir à une femme dans le but de prolonger la famille, ceci doit être retardé le plus possible. Pour l'homme, il est préférable de se marier vers l'âge de 37 ans et pour la femme à un peu moins de vingt ans. Ce qui est primordial pour la durée du mariage, c'est la possibilité pour la femme d'enfanter. Une fois cette faculté disparue, le mariage perd sa fin essentielle et les différends, tout comme les querelles, risquent de surgir. Se marier trop jeune risque de faire des enfants en mauvaise santé ; il est donc important de réglementer le mariage, la santé étant plus importante que l'amour. Eugéniste convaincu, Aristote définit dans son livre *La politique*[3] les quotas de population et préconise l'avortement pour éviter l'épuisement des ressources et l'équilibre économique.

Au premier siècle de notre ère, le commentateur grec Plutarque présente une vision originale de l'amour conjugal. Dans son ouvrage *De l'amour,* il donne d'abord la parole à un contemporain, disciple de l'amour homosexuel. Protogène n'approuve le mariage que parce qu'il entretient la population, mais, dit-il, il n'existe pas d'amour

---

2. *In Vino Veritas*, Le stade esthétique, p. 245.
3. vii,16.

véritable chez les femmes : elles n'ont que des appétits. Combattant cette doctrine, Plutarque affirme que le mariage sans amour est la dégradation de la nature humaine. L'amour des maris pour leur femme n'est pas seulement une justice qu'ils leur doivent, c'est le salut et le bonheur du mariage : car aimer préserve le mari des fautes qui font la ruine des maisons. Plutarque rend à la femme un hommage que l'on ne rencontre guère dans l'Antiquité. Il présente une conception différente du mariage où l'accent est mis sur les personnes plutôt que sur leur fonction institutionnelle[4].

Dans les premiers temps de la République romaine, la femme qui se marie « n'échappe à la domination de son père que pour tomber sous celle de son mari, aussi rigoureux à son égard qu'à l'égard de ses enfants[5] ». La fin de la République et l'avènement de l'Empire apportent à la femme une véritable émancipation. Les formes traditionnelles du mariage disparaissent au profit du *nuptiae* (d'où dérive le mariage chrétien, avec les fiançailles, consentement mutuel, cérémonie religieuse)[6]. L'évolution vers l'égalité de la femme dans le mariage antique correspond à l'avènement du christianisme. Cependant, avec la chute de l'Empire romain d'Occident et les invasions barbares, les mœurs vont connaître des tribulations. On ne sera pas surpris outre mesure qu'un roi comme Dagobert « ait un harem et que Charlemagne lui-même eut quatre épouses et une douzaine de concubines[7] ».

Au début du XIXᵉ siècle, la philosophie n'avait pas découvert de nouveaux aspects au mariage depuis Platon et Aristote. Par exemple, le philosophe Schopenhauer considère que l'homme est esclave de l'obligation de se reproduire. Dans son livre *Métaphysique de l'amour,* il décrit l'homme comme un objet totalement déterminé, risible et pitoyable. Stoïcien pessimiste, il postule que l'homme ne rencontre dans l'amour que le vouloir-vivre de l'espèce : « les mariages d'amour sont conclus dans l'intérêt de l'espèce, non dans

4. *De l'amour, in* Nouveau Larousse Illustré, T. 1, p. 263.
5. *In Le Guide romain antique*, p. 32.
6. *In Le Guide romain antique*, p. 154.
7. Catherine RAVENNE, *Le mariage*, p. 40.

celui des individus[8] ». «L'inclination croissante de deux amoureux est en réalité déjà la volonté de vivre du nouvel individu qu'ils veulent engendrer[9] ». «Dans le mariage, ce qui compte n'est pas une conversation spirituelle, c'est la procréation des enfants; il est un bien des cœurs, non des cerveaux[10] ». Pour Schopenhauer, toute idée romantique est ridicule et vaine : «l'harmonie des âmes [...] peu après les noces, dégénère en une criante discordance[11] ».

De plus en plus influencé par la pensée grecque, le christianisme, après le premier siècle, a connu un recul et il a ensuite pris longtemps à reconnaître la part de l'amour et de la dignité de la personne dans le mariage. Ainsi, il ne faut pas se surprendre que pour saint Augustin il n'était pas contraire à la nature du mariage que l'homme soit polygame, car, constatait-il, plusieurs femmes peuvent être engrossées par un seul homme alors qu'une femme ne peut être mise enceinte que par un seul homme à la fois[12]. Saint Augustin et saint Thomas, influencés par Platon et Aristote, ont statué que les fins du mariage étaient la procréation, et l'encyclique *Casti Connubii* de 1930 réaffirme cette philosophie. Ce n'est qu'à la troisième session du concile Vatican II, en novembre 1964, que le cardinal Paul-Émile Léger de Montréal prend position ouvertement sur l'attitude du catholicisme romain vis-à-vis du mariage : «Les difficultés procèdent d'une exposition inexacte des fins du mariage. Sous l'influence d'appréciations pessimistes et négatives de l'amour humain, l'importance de la légitimité de cet amour a été obscurcie. Il faudrait proposer l'amour conjugal, corps et âme, comme une vraie fin du mariage, qui a son bien propre, ses exigences et ses lois. Il ne suffit pas d'éviter à ce sujet l'expression de «fin secondaire». Il faut dire sans crainte que cet amour est bon et sain. Si on ne présente pas nettement l'amour comme une fin du mariage, on méconnaîtra que les époux se considèrent non seulement comme de simples procréateurs mais bien comme des personnes qui s'aiment. Il faut

8. p. 83.
9. *Id.*, p. 45.
10. *Id.*, p. 61.
11. *Id.* p. 64.
12. *De Bono Conjugali.*

dire plus : l'union des époux est une fin véritable qui a « sa légitimité », même lorsqu'elle n'est pas ordonnée à la procréation. Il faut affirmer plus clairement ce fait que la pratique de l'Église reconnaît depuis des siècles puisqu'elle tient le mariage pour légitime même lorsque les époux sont évidemment infécond[13] ».

c) Le but du mariage

Dans la plupart des milieux culturels, à l'exception du milieu occidental contemporain, le but social du mariage continue d'être celui de consolider la famille élargie et, si la chose est possible par ce moyen, de lui ajouter de l'importance en l'élevant au-dessus des autres familles. Dans ce contexte culturel, prendre épouse est pour l'homme l'occasion d'*acquérir* quelqu'un qui augmente son statut social et qui va mettre au monde ses enfants et s'en occuper. La notion de couple est restreinte ici à l'acte d'accouplement occasionnel, le tout étant régi par des coutumes établies depuis longtemps. Dans la plupart des civilisations traditionnelles, surtout lorsque se pratique la polygamie, la notion de couple se limite à la participation aux rituels rattachés à la nécessité de la procréation, le tout se conformant aux règles admises socialement dans ce type de mariage.

2. Mariage et famille

L'organisation familiale traditionnelle avait comme premier but de prévoir la continuité de la famille au sens large. La fonction principale du mariage était donc de procurer un statut à l'enfant. Les études anthropologiques révèlent que chez les peuples primitifs, les enfants « ne doivent pas être procréés en dehors du contrat socialement acceptable du mariage[14] ». Si on rencontre fréquemment l'existence de relations sexuelles prémaritales chez les primitifs, on rencontre également de sévères sanctions pour les grossesses prémaritales. Chez les primitifs, « une des considérations les plus importantes concernant la liberté prénuptiale est celle que la règle de la

---

13. Cité par Catherine Ravenne *in Le mariage*, p. 24.
14. Bronislaw Malinowski, Fred Russell Eggan, « Marriage, Primitive », *Encyclopeadia Britannica*, t. 14, p. 939 (traduction libre).

liberté d'avoir des relations sexuelles ne s'étend pas à la liberté de procréation[15] ». On peut croire que ce sont des reliquats de ces attitudes qui se retrouvent derrière le « double standard » moral qui a toujours puni plus sévèrement l'inconduite sexuelle des filles et des femmes et justifié la différence de statut entre les garçons et les filles au sein de la famille. C'est encore l'accent sur la légitimité permettant la procréation qui a toujours fait un sort peu enviable à l'enfant « illégitime » parce que conçu en dehors du mariage. L'adoption étant exceptionnelle, elle n'existait pas en tant que mesure ayant pour but le bien-être de l'enfant. En effet, dans l'Antiquité, l'adoption n'avait pour seul but que d'assurer un héritier mâle à une famille dépourvue d'héritiers naturels. Si on n'avait pas recours à l'avortement, chez certaines tribus, on tuait l'enfant illégitime à sa naissance. Dans d'autres peuplades, l'enfant illégitime était banni. Sauf quelques rares exceptions, peu d'enfants illégitimes vivaient assez longtemps pour savoir à quel destin malheureux ils étaient voués. La famille, dans la société primitive, était soucieuse de sa « légitimité », c'est ce qui l'assurait de se perpétuer comme institution au-delà des générations successives. Dans le mariage, l'individu se percevait d'abord comme un instrument pour continuer la génération de sa famille.

Au cours des derniers siècles, la famille traditionnelle présentait encore une structure semblable à celle des tribus primitives, tout au plus la société d'alors avait-elle assoupli les multiples règles du mariage.

3. L'évolution de la notion de « couple » dans le mariage

L'identification du mariage avec l'amour est un phénomène récent. Le couple tel qu'on le connaît offre-t-il une alternative au mariage à l'ancienne, préoccupé par la continuité de la famille ? Peut-on affirmer que le mariage arrangé s'oppose à l'amour ?

Même chez le primitifs, il existait une latitude permettant le choix du partenaire dans le mariage. L'importance des enjeux des

---

15. *Ibid.*

intérêts divers associés au pouvoir a suscité le fait que les parents des familles nanties s'exercent à tirer parti d'unions matrimoniales où se retrouvait l'obligation de pourvoir sa famille. Ainsi, au Moyen Âge, le mariage était souvent, dans la bonne société, une affaire politique où les négociations avaient l'allure de traités diplomatiques ou d'affaires commerciales. Seuls les chefs de famille traitaient du sort de leurs enfants, il n'était pas question d'amour et les femmes au plus haut rang de la société féodale étaient traitées trop souvent comme un cheptel propre à faire de bonnes transactions[16]. Dans la société européenne du xviiie et du début du xixe siècle, on rapporte que dans le milieu de la noblesse et de la bourgeoisie d'alors[17], rares étaient les mariages où les époux réussissaient à former ce qui constitue à nos yeux un véritable couple. Le couple amoureux, c'était alors l'accident, car l'amour conjugal paraissait plutôt improbable et constituait souvent une anomalie qui faisait sourire quand on en parlait en « société ». L'amour n'était pas inclus d'emblée dans ces mariages qui n'étaient, d'abord et avant tout, que des arrangements d'intérêts interfamiliaux.

Peu exigeants et ayant bien d'autres soucis, les époux s'accommodaient bien vite l'un de l'autre, si la chose s'avérait possible. Sécurisant pour les individus, ce système les soustrayait aux impondérables de la recherche d'une partenaire dont ils auraient pu devenir amoureux. On était loin de la lyre romantique : « Mariage, amour, disait Montaigne, on fait tort à l'un et à l'autre de les confondre... Un bon mariage, s'il en est un, refuse la compagnie et condition de l'amour, il tâche à représenter celle de l'amitié...[18] » Il y avait toutes sortes d'arrangements ; dans les classes inférieures comme dans l'aristocratie, on mariait par intérêt, c'était chose commune. Si l'amour pouvait y trouver sa part, on en a peu parlé... Pour

---

16. Cf. Thomas Egbert James, « Prostitution », *Encyclopeadia Britannica*, t. 18, p. 645 (traduction libre).

17. À cette époque la sociologie n'existait pas, les gens « ordinaires », les gens de la campagne et des quartiers pauvres des villes trimaient dur et n'avaient pas la vie facile et ils n'occupaient pas la chronique, car ils ne faisaient pas partie de la bonne société. Illettrés pour la plupart, ils ne tenaient pas de journaux personnels ni de correspondance.

18. Cité par R. Théry, *op. cit.* p. 76.

les aristocrates oisifs, le mariage était une boîte de Pandore : il se pouvait qu'on apprécie la personne qui nous était destinée, mais il se pouvait tout autant que le partenaire désigné apparaisse comme insupportable. Comme il s'agissait de perpétuer la famille et que le devoir strict des époux était de procréer, une fois la chose accomplie, on imagine facilement que les complices involontaires de cette aventure cherchaient de part et d'autre l'amour. Dans un régime qui ignorait le divorce, l'infidélité conjugale et le mariage à trois étaient chose fréquente.

4. Les affaires extramaritales

Les relations matrimoniales, spécialement dans la « bonne société » européenne d'avant 1789, étaient basées sur une forme de contrainte ; et, comme effet pervers, elles se retrouvaient grevées par le fait que pour une majorité de gens, l'amour en était venu à ne signifier que l'aventure extraconjugale. L'amour correspondait au « fruit défendu » que la plupart croquaient sans arrière-pensées. Il ne faut donc pas se surprendre de l'opinion qui prévalait à l'époque, selon laquelle l'« amour », ça ne se passait qu'entre maîtresses et amants. Les liaisons semblaient, pour plusieurs, être l'endroit prévu où l'amour avait une place significative, même si le tout était factice. Si l'amour-rencontre y était absent, on n'en avait cure et on oubliait volontiers les soucis de la réalité quotidienne dans ces aventures qui, dans la plupart des cas, à l'image d'un caprice, ne duraient jamais très longtemps. L'expression « marivaudage » que le dictionnaire Robert fait remonter à 1760, exprime la réalité de cette époque. Ce mot évoque cette légèreté affectée d'une société où les sentiments authentiques étaient trop souvent absents.

Cette réalité historique explique en partie le fait qu'encore aujourd'hui en Europe, spécialement en France et en Italie (et même à la cour d'Angleterre), les mœurs conjugales des milieux huppés admettent tacitement que les partenaires puissent « regarder ailleurs », qu'ils aient des aventures extramaritales, sans pour autant être éventuellement menacés par une procédure de divorce. Exigeant le cloisonnement mental, ces attitudes assurent une certaine tolérance envers l'infidélité, spécialement celle du mari.

LE MARIAGE CHEZ LES WINDSOR

Lorsqu'on prend connaissance de la nature des relations amoureuses vécues au cours des dernières décennies par les membres de la famille régnante d'Angleterre, on se demande s'ils vivent au xxe siècle ou au xviiie siècle ! Ainsi, le prince de Galles, l'héritier de la couronne, épouse, sous la pression de son père, une jouvencelle considérée être un outil adéquat pour la reproduction, alors que son cœur était toujours dévoué à l'une de ses anciennes flammes. Cette dernière, étant mariée depuis peu, avait quand même accepté, avec l'accord tacite de son mari, de devenir la maîtresse en titre du prince. Dès le mariage, Charles fait son devoir de prince et l'épouse en titre est enceinte, mais cela ne l'empêche pas de continuer en même temps sa liaison avec sa maîtresse, se réfugiant souvent chez elle lorsque son épouse a des moments d'humeur... On se croirait être encore sous le règne de George III !

La Révolution tranquille a diffusé au Québec une version locale de ce phénomène, fondée sur l'adage : « Loin des yeux, loin du cœur ! » À l'image des marins qui avaient une épouse dans chaque port, certains individus ayant à se déplacer au loin pour leur travail entretiennent des liaisons passagères ou régulières à l'endroit où se termine leur tournée. De même, lorsque des gens sont réunis en congrès ou en session de formation dans une ville lointaine, bon nombre d'entre eux affichent la même désinvolture devant leur engagement matrimonial. Comme des enfants pigeant à deux mains dans un plat de bonbons, ils profitent de l'occasion... Ce comportement irresponsable se retrouve chez les plus jeunes comme chez les plus âgés qui, dans ce dernier cas, se sentent libérés d'engagements pris à une époque où la société n'autorisait pas ce genre de comportement.

5. Se marier tout en ignorant l'amour

Il faut dire que l'institution qu'était le mariage traditionnel excluait la notion de couple telle qu'on la conçoit aujourd'hui. Ainsi, dans la société européenne d'autrefois, tout comme dans les autres sociétés traditionnelles, c'était le père qui négociait avec les autres chefs de famille en vue de marier ses enfants. Parfois, il consultait son épouse, mais rarement l'enfant concerné. Il va sans dire que les parents ne se préoccupaient pas du fait que leurs enfants destinés à être mariés puissent former un couple bien assorti. Engagés malgré eux dans le mariage[19], les époux s'aimaient comme ils le pouvaient, ou s'enduraient dans la mesure du possible. L'amour conjugal ne faisait pas partie des mœurs et s'il advenait qu'il naisse entre les époux, il ne prenait pas la première place. Soucieux que leurs descendants aient à leur tour une progéniture, les parents d'alors pensaient à la permanence de la famille et par le mariage de leurs enfants, ils assuraient la continuité de la lignée familiale réalisée par la succession et l'héritage. Cette façon de penser, inspirée par la vision collective et familiale du mariage, était aussi celle de l'Église catholique qui, jusqu'à Vatican II, affirmait que le but premier du mariage était la procréation.

Garant de l'établissement et de la stabilité des familles comme des empires, l'arrangement familial du mariage existait depuis la nuit des temps mais, dans l'Europe du XVIIIe siècle[20], la mesure avait atteint un comble. C'est à cette époque qu'on a commencé à prendre conscience de l'absence de liberté de ceux qui étaient promis au mariage. Comme c'était la coutume, dans bien des cas, les candidats, choisis à l'avance par leurs parents respectifs, se rencontraient à quelques jours ou à quelques heures de leur mariage, quand ce n'était pas au moment même de la cérémonie! Dans les calculs

---

19. Même si, au XVIIIe siècle, on avait commencé à rêver de liberté, les enfants réfractaires à l'autorité parentale devaient payer cher leur entêtement. On exilait volontiers les garçons aux colonies, quand on n'obtenait pas l'émission d'une lettre de cachet qui les envoyait en prison. Pour les filles, c'était l'isolement dans un couvent.

20. Pour la société occidentale, le XVIIIe siècle, connu aussi comme le « Siècle des lumières », fut l'occasion de s'interroger sur les mœurs matrimoniales et de remettre en question l'ordre établi. À la suite de la révolution religieuse de la réforme protestante, le mouvement de l'Encyclopédie témoignait des découvertes scientifiques mettant au rencart des concepts millénaires comme celui des éléments fondamentaux qu'étaient jusqu'alors la terre, l'air, l'eau et le feu, tout comme le fait d'établir que la terre tournait autour du soleil et non le contraire ; tout cela peu à peu remettait en question l'ordre établi et préparait le mouvement qui allait mener à la révolution et à l'abolition de la monarchie de droit divin.

matrimoniaux, on ne pensait pas au bien-être des futurs époux et on ne se souciait pas non plus que ces derniers puissent y trouver la tendresse, l'affection et la complicité nécessaires à l'amour. Combien de jeunes femmes découvraient que le partenaire qu'on leur avait choisi était stupide et laid, ou qu'il était un coureur de jupon accusant le double de leur âge. Souvent, ce conjoint avait été choisi parce qu'il était riche et pouvait remettre à flot les finances familiales ou encore, s'il était impécunieux mais titré, il permettait à la famille bourgeoise d'accéder à la noblesse.

Lorsqu'on sait n'appartenir qu'à ses parents ou à des puissances supérieures, on n'a pas idée de questionner les décisions qui sont prises à son sujet, d'où l'absence de révolte devant l'arrangement matrimonial. Tant que les candidats, entièrement soumis, ignoraient le fait que leur sort pouvait être différent, une telle pratique ne provoquait pas grand remous, mais avec l'accès à l'instruction, et surtout à la lecture, des classes sociales plus aisées, cette coutume devenue de plus en plus abusive ne pouvait durer. Le sentiment grandissant que le mariage contribuait à l'aliénation des personnes a ruiné la crédibilité du mariage arrangé où, manifestement, la possibilité d'y trouver l'amour demeurait improbable. Cela favorisait le développement, au sein de la société de l'époque, d'une vision cynique et désabusée des relations conjugales.

Même si la philosophie individualiste du Siècle des lumières condamnait le principe du mariage arrangé, cela n'empêchait pas le fait qu'à la veille de la Révolution française, « dans les grandes familles, on continuait de marier les enfants très jeunes et de renvoyer avant consommation du mariage la jeune épousée au couvent[21] ». Si, jusqu'alors, l'amour demeurait une éventualité fortuite dans le mariage, les exagérations du système aux dépens de la liberté et de la dignité des personnes avaient contribué à ce que de plus en plus il soit impossible d'y rencontrer même l'amitié. L'indifférence et la haine des époux et les malheurs de la vie conjugale rendaient ce système absurde. La Révolution et l'ère romantique devaient mettre un terme à ces outrances sans pour autant soustraire le mariage du

---

21. Nina EPTON, *Histoire de l'amour en France*, p. 183.

système dont la base était l'arrangement. On continuait malgré tout, au XIXᵉ siècle, bourgeois comme lorettes, à passer des commandes matrimoniales, jusque dans les petites annonces. À la fin du XIXᵉ siècle, on avait atteint la limite de l'absurdité dans l'établissement des relations maritales comme en témoigne l'amour tarifé des bourgeois d'avant 1914. Le système où mariage et amour étaient dissociés était arrivé à son terme.

Au tout début du XXᵉ siècle, Léon Blum, dans son livre *L'amour libre* (1903), cherche une alternative à ce qui a pris l'allure d'une farce cynique et d'où est absente toute perspective d'amour. On est alors plus convaincu que jamais que le mariage est une institution dépassée qui ne peut qu'entraîner vers le malheur ceux qui s'y embarquent.

6. Le mariage traditionnel en Amérique du Nord

Même si la société d'Amérique du Nord a vite constitué une société différente, au plan culturel, de la société européenne, le mariage arrangé s'y pratiquait là aussi. Dans la majorité des cas, les arrangements matrimoniaux accordaient une relative liberté aux enfants promis en mariage, car l'enjeu social de ces mariages de gens «ordinaires» était moins important que ceux de la bourgeoisie ou de la noblesse. L'étude des registres des mariages des paroisses québécoises du milieu et de la fin du XVIIᵉ siècle démontre que les mariages d'enfants prépubères étaient courants. D'autre part, la consultation des registres des baptêmes nous permet de constater que la cohabitation des jeunes époux n'avait pas lieu avant que l'épouse n'ait atteint l'âge de 14 ou 15 ans. Au cours du XVIIᵉ siècle, cette habitude de marier les enfants pré-adolescents a cessé. Dès le début de l'établissement des colonies américaines, autant en Nouvelle-Angleterre qu'en Nouvelle-France, les mœurs évoluaient différemment du milieu européen d'origine et les candidats promis au mariage avaient le pouvoir d'accepter ou de refuser le partenaire proposé. La notion de liberté individuelle y était plus avancée et celle du contrôle social s'y faisait moins pressante. Il semble que, déjà à cette époque, les parents américains, si on les compare aux parents européens, étaient plus attentifs au sort des enfants qu'ils engageaient dans le mariage. Cependant, même lorsque l'intervention parentale était absente, les mariages de cette époque demeuraient, pour les futurs conjoints, des arrangements de commodité avant d'être des relations centrées sur l'amour mutuel. Ce type de mariage arrangé ressemblait à celui qui continue de se pratiquer dans plusieurs sociétés contemporaines (à l'exclusion de la société occidentale).

Dans d'autres civilisations, la tâche de l'arrangement du mariage est attribuée (cela se pratique encore aujourd'hui) aux mères de familles. Ces dernières font aussi appel à l'intervention de « marieuses », à l'exemple de la société chinoise traditionnelle ; celles-ci font office de courtier en mariage et elles ont comme fonction de repérer les candidats appropriés. Dans ce contexte de mariage arrangé, les intérêts familiaux ont priorité, mais on tient compte aussi de la compatibilité estimée des aspirants.

LE MARIAGE DES PARENTS DE RENÉ ANGÉLIL

Le père de René Angélil est né à Damas (Syrie). Il est âgé de 37 ans quand il arrive à Montréal. Il vient y épouser une jeune fille de 21 ans, également d'origine syrienne et catholique. Les futurs époux ne se connaissent pas. C'est la famille qui a arrangé le mariage. Ce qui ne les a pas empêchés de vivre parfaitement heureux pendant trente ans[22].

7. La notion de personne : un concept récent

À travers l'influence judéo-chrétienne, la civilisation occidentale a développé, au long des siècles, une notion différente et de plus en plus personnalisante du couple. On a l'impression que le concept contemporain du couple s'est affirmé proportionnellement à l'affaiblissement du rôle dominant que jouait la famille étendue de type patriarcal ou matriarcal. Le couple est devenu autant un lieu d'accomplissement personnel qu'un refuge, un lieu de repli où les partenaires cherchent à compenser la perte des relations étroites avec la famille étendue.

---

22. « L'Angélil Gardien », par Hélène DE BILLY, *L'Actualité*, 15 juin 1993.

Si on se surprend du peu de cas que l'on faisait autrefois des personnes directement impliquées dans le mariage, il ne faut pas oublier que l'évolution de la pensée au sujet du respect des personnes est très récente. Ainsi, dans la société primitive, l'individu n'avait pas d'existence sociale propre. La réalité de la vie en société et les contingences reliées à ce type de vie n'offraient à l'individu aucun cadre et aucune sécurité, lorsque ce dernier se retrouvait détaché de son clan familial ou de sa collectivité d'origine. S'il n'était pas alors réintégré socialement dans un autre groupe social, il se retrouvait seul, isolé, absolument vulnérable et il n'avait pas d'avenir.

Au cours de l'Antiquité, avec l'apparition chez les Grecs du concept de la Cité et de l'existence de droits individuels dans le Droit romain, les personnes pouvaient, à certaines conditions précises, jouir d'une relative liberté. Ce cadre légal, établissant l'existence de droits individuels, ne survivra pas à la chute de Rome, aux constants bouleversements du Moyen Âge ni à l'absolutisme des rois. Même si l'individualisme avait été proposé comme idéal par les philosophes et les encyclopédistes du XVIIIe, ce n'est qu'au cours du XIXe siècle que l'ère des migrations commandées par la révolution industrielle a favorisé progressivement l'avènement de l'individualisme à travers les différentes couches sociales.

Dans ce nouveau contexte, il arrivait fréquemment que la personne se retrouve seule devant la vie et doive apprendre à se débrouiller sans le support de sa famille. Cette nouvelle réalité sociologique a bouleversé les données de base du mariage qui sera de plus en plus l'affaire exclusive des deux partenaires en cause, les parents ne jouant plus qu'un rôle de figurants. Ainsi, dès le début du XXe siècle, le monde occidental a remisé la tradition millénaire du mariage arrangé et a donné sa chance au mariage électif. Le fait nouveau d'accorder au couple la première place dans le mariage est devenu depuis près d'un siècle une évidence et une préoccupation contemporaines du monde occidental.

8. Mariage-amour

Le mariage contemporain occidental est une entité nucléaire qui présente un visage radicalement différent du mariage traditionnel.

Le mariage actuel est, aux yeux de bien des gens, fondé principalement sur une entente limitée dans le temps, et se basant sur la communauté apparente des intérêts personnels. Son existence est fragile et le principal problème de ce nouveau type d'institution est d'ignorer certaines exigences de stabilité nécessaires au développement de la personne et à son cheminement existentiel. Percevant essentiellement le mariage en tant que phénomène dominé par la contingence, les partenaires sont portés à mépriser la réalité de la durée. Pourtant, on sait que la personne s'épanouit dans un climat de confiance et d'accomplissement et que seule l'expérience de la durée de l'amour conjugal inspire ce sentiment de confiance qui permet de faire face aux difficultés de l'existence. Ce ne sont pas des relations éphémères qui réalisent ces exigences. Caprices d'un moment, elles tournent en mariage éclair et aboutissent trop souvent en divorce tout aussi rapide. Il n'y a pas si longtemps, on se réfugiait dans le mariage, mais on s'en évadait aussitôt. Aujourd'hui plusieurs choisissent de ne plus se marier, espérant prévenir ainsi l'échec de leur union! Cela trahit les multiples problèmes d'adaptation des individus au mariage qui se présente comme une structure sociale de plus en plus impersonnelle.

Pour pouvoir vivre et s'épanouir, l'être humain doit pouvoir trouver un milieu d'accueil. « La famille offre un refuge au sein d'une civilisation urbaine et industrielle où la personnalité se dissout. Nous y vivons une vie superficielle toute sollicitée à l'extérieur, toute fabriquée à l'extérieur, d'une vie anonyme de masse où chacun est emporté et roulé comme un galet par la vague, d'une vie fonctionnalisée où l'on n'est qu'un rouage infime et interchangeable dans une immense machinerie. Dans ce monde socialisé qui nous écrase de son gigantisme, de ses contraintes, de son indifférence, la famille m'est un abri où je me reprends, où je me ressaisis, un lieu où j'ai une tâche à l'échelle humaine et pourtant, si je le veux, d'une grandeur incomparable un endroit où je peux être moi-même, où on me le demande : car ce qu'on aime en moi, c'est un être unique, irremplaçable, et ce que j'aime de mon côté, ce sont des êtres chéris dans leur originalité, dans leur singularité propres[23] ». La famille peut

---

23. R. Théry, « La famille dans la société contemporaine », *in Études de sexologie*, p. 83.

être envisagée comme un refuge à la solitude de l'individu et c'est cette solitude qui représente un des plus grands dangers pour l'équilibre de l'individu dans le monde actuel. Contre la solitude, le mariage présente toujours au premier abord un aspect sécurisant : on se marie pour s'entourer. Devenue un petit monde en soi, la famille protège ses membres de l'environnement politique, économique et social. « Saint Paul disait : s'ils ne peuvent se contenir, qu'ils se marient : mieux vaut se marier que de brûler. » (Cor 7,9) Mais aujourd'hui, en éprouvant le frisson glacial du monde dans lequel nous vivons, nous trouvons « qu'il est mieux de se marier que de geler[24] ».

Cependant, refuge peut aussi signifier évasion. « Une des raisons pour lesquelles l'Américain est obsédé par l'amour romantique est que ce dernier constitue à ses yeux la seule échappatoire socialement acceptable de la prison blindée individualiste dans laquelle il s'est enfermé[25]. » Le romantisme, par son dynamisme, semble en effet promettre les transports suprêmes. Mariage, amour, romantisme forment aux yeux de certains un tout inséparable. On a besoin de croire aux mythes. La *romance* qu'on croyait disparue depuis une certaine période a repris l'affiche dans les romans populaires et au cinéma. Les carences affectives sous-jacentes à ce phénomène préparent mal à la découverte de l'amour qui serait autre chose qu'un malheur potentiel. Trop souvent le mariage actuel a une odeur de conflit qui augure mal de l'avenir. « Si l'amour romanesque triomphe d'une quantité d'obstacles, il en est un contre lequel il se brisera presque toujours : c'est la durée. Or le mariage est une institution faite pour durer ou il n'a pas de sens. Voilà le premier secret de la crise actuelle, crise qui peut se mesurer simplement par les statistiques du divorce[26]. » « Le mariage cessant d'être garanti par un système de contraintes sociales ne peut plus se fonder désormais que sur des déterminations individuelles[27]. »

---

24. Morton HUNT, « The Future of Marriage », *in Playboy*, août 1971, p. 118 (traduction libre).

25. Max LERNER, *American as a civilization*, p. 584 (traduction libre).

26. Denis DE ROUGEMONT, *L'amour et l'occident*, p. 246.

27. *Id.*, p. 235.

C'est l'accès au divorce qui, de façon paradoxale, a progressivement promu la notion d'amour-mariage. Ainsi, lorsque l'on ne s'aimait plus on divorçait. Comme solution intermédiaire, le divorce affirme et condamne à la fois l'amour conjugal. Les préférences et les caprices des individus représentent un versant qui néglige l'importance de l'établissement d'un milieu familial stable, nécessaire à l'épanouissement des personnes. Les enfants, tout comme les époux, ne peuvent se passer d'un climat affectif et sécuritaire durable. L'alternative au mariage arrangé ne semble pas être énoncée de façon définitive. Si les intellectuels qui prévoyaient la fin et la disparition du mariage se sont trompés, le renouveau du mariage, même s'il a connu certaines périodes enthousiastes, n'a pas réussi à clarifier la confusion des esprits au sujet de l'amour. Au lendemain de la Deuxième Guerre mondiale, un mouvement, parallèle à celui de la décolonisation et de l'émancipation de la femme, a tenté de définir de nouveaux objectifs au mariage.

À la veille du XXIᵉ siècle, l'aventure conjugale n'a pas perdu sa vogue, mais plusieurs de ses aspects font que plusieurs mariages, tout comme les fleurs d'oranger, ne semblent pas destinés à fleurir durant les quatre saisons.

9. L'aventure à deux

Devenu essentiellement une aventure à deux, le mariage d'aujourd'hui est centré paradoxalement sur l'autonomie et la réussite individuelle. Si l'on souhaite sincèrement la réussite de son mariage, cela passe après le souci de son épanouissement personnel. Le « couple réussi » est un idéal pour la majorité des gens qui, en même temps, n'y consacrent pas toujours les efforts nécessaires. Cet idéal ressemble encore, pour plusieurs, aux contes de fées qui promettaient qu'une fois le mariage célébré, on pouvait enfin se reposer et être heureux...

Le mariage moderne, centré sur les époux, semblait être une révolution promettant de libérer les enfants nubiles de la tyrannie familiale. Durant la première moitié du XXᵉ siècle, cela augurait bien, le mariage électif fonctionnait, croyait-on, mais dans bien des cas, c'était souvent l'inaccessibilité sociale et légale du divorce qui le faisait tenir en apparence. On sait aujourd'hui que cette recherche d'un partenaire idéal est loin d'avoir donné les résultats escomptés et, à l'heure actuelle, environ la moitié des mariages se soldent par un échec.

Dans notre société, on a choisi, comme individus, de gérer son couple, mais le résultat est souvent malheureux. Comme Germaine Greer[28] le signale dans une entrevue de 1990, l'isolement des personnes n'est pas résolu par le mariage contemporain de type occidental et, dans bien des cas, la solitude qui y est vécue est encore pire que celle des gens sans conjoints. Que s'est-il passé? Si on a obtenu la liberté de choix du partenaire, on a perdu le lien avec la famille étendue. Les gens vivant au sein de la famille nucléaire se retrouvent dans une situation unique depuis le début de l'humanité: ils sont seuls au monde. Le rêve romantique a triomphé, mais le bonheur qui devait l'accompagner n'est pas toujours au rendez-vous.

LE CADEAU DE L'OCCIDENT

C'est finalement au sein de l'Occident moderne que les germes de l'amour-rencontre, contenus dans l'héritage judéo-chrétien, ont peu à peu permis au couple amoureux de devenir une réalité durable. L'amour conjugal a pu enfin prendre un sens différent de celui connu dans les mariages des époques antérieures.

S'aimer et vivre à deux, tout comme avoir des enfants et réussir à s'épanouir en tant que personne, est le cadeau de l'Occident. C'est grâce à l'étude de l'histoire des mœurs qu'on a pu apprécier le chemin parcouru et l'importance du cadeau reçu.

Un cadeau, car finalement rien au départ n'annonçait l'éventualité de cette évolution vers l'épanouissement des personnes au sein de la relation conjugale.

Un cadeau, car depuis toujours, on avait la nette impression que dans les relations humaines, la force primait sur le droit et que la détention du pouvoir paraissait plus essentielle aux êtres humains que l'engagement avec l'autre de relations basées sur la gratuité de l'amour-rencontre.

Un cadeau qui prend tout son sens dans les nombreux témoignages des couples qui ont réussi à vivre un amour mutuel authentique durable et qui ne peut pas être occulté.

---

28. Germaine Greer est l'une des têtes d'affiche du mouvement féministe des années 1970. Elle est l'auteur du livre : *The Female Eunuch*.

Chapitre II

LES DIFFÉRENTS TYPES RELATIONNELS
CHEZ LES COUPLES STABLES

« Le mariage d'autrefois était un acte d'espérance, celle de se continuer dans sa progéniture. Aujourd'hui, il est devenu un acte de foi en soi et en l'autre, fondé sur un acte d'amour de la vie, vécue au quotidien. »

Puisqu'il s'agit désormais d'une aventure à deux, le mariage contemporain est centré sur la relation entre les conjoints, c'est donc cette relation et la nature de sa structure interactive qu'il faut observer et interroger pour comprendre ce qui s'y passe. La vie de couple est tributaire de la qualité de la relation interpersonnelle qu'entretiennent les partenaires. Dès le moment de leur rencontre, les premières interactions qu'ils ont eues ont déjà contribué à installer entre eux un certain mode relationnel et c'est ce mode relationnel qui va se poursuivre, souvent sans grandes modifications, tout au long de leur vie à deux.

Sur la question des relations matrimoniales, certains auteurs expliquent que dans la vie d'un couple, il y a des « étapes » à franchir au gré de l'évolution de la relation et ils considèrent cela comme étant une évidence. On parle à cet effet du *Seven Year Itch*[1], des premiers dix ans, du démon de midi, etc. Dans cette même ligne de pensée, on évoque avec certitude le fait que la relation entre les

---

1. Littéralement : la démangeaison des sept ans !

conjoints évoluerait et changerait de façon remarquable au cours de chacune de ces étapes. Ce serait cette évolution étapiste des personnes et de leur couple qui, en ne se faisant pas toujours à l'unisson, engendrerait des malentendus et parfois des conflits qui pourraient les mener à la séparation.

Nous croyons, au contraire, que le mode relationnel qui s'est établi au départ entre les conjoints, et cela dès le début de leur rencontre, a, dans la plupart des cas, tendance à demeurer le même. C'est dans la nature humaine de résister au changement. De plus, la nature du mode relationnel entre les personnes ne dépend qu'en apparence de l'évolution des sentiments et des humeurs des conjoints ; selon nous, elle dépend surtout de leur personnalité propre et celle-ci ne tend pas à changer[2] , ni avec le temps ni avec la prise de maturité des personnes, mais elle a plutôt tendance à se définir et à se manifester plus clairement avec les années. Ce qui change et fait évoluer la relation entre les personnes, c'est le degré croissant d'ouverture personnelle qui permet la prise de conscience de qui est l'autre et qui elles sont elles-mêmes.

La nature humaine étant ce qu'elle est, la relation entre les partenaires se fait selon un mode relationnel qui est propre à chaque couple. Pour les uns, le goût de dominer se combine à leur absence d'autonomie personnelle. Les plus jeunes de cœur rêvent de fusion romantique, d'autres se soucient d'abord de leur indépendance personnelle et d'équité, en s'établissant dans une structure relationnelle égalitaire mais de nature statique. Enfin, il y en a qui, tout en demeurant eux-mêmes, se mettent d'accord pour transiger intimement et avec dynamisme sur les aspects communs de leur vie.

Les types de structures relationnelles seront différents, soit qu'on recherche inconsciemment sa mère ou son père dans le partenaire choisi, soit qu'on souhaite s'évader à deux dans le voyage romantique ou qu'on désire se réaliser comme personne à travers la réalité de vivre à deux au quotidien.

Au long des ans, les rencontres et les confidences d'autres couples, s'ajoutant à notre propre expérience et à notre réflexion sur le

---

2. Exception faite des cas de maladie mentale comme la psychose maniaco-dépressive, les maladies chroniques débilitantes, etc.

sujet, nous ont permis de reconnaître quatre types principaux de structures relationnelles.

1° Nous avons rencontré des couples où les partenaires sont engagés dans une relation de type **superposé**. Dans cette structure, l'un domine l'autre, en apparence du moins. La notion de « partenaire » est plutôt paradoxale, car la relation interpersonnelle ne s'appuie pas sur un rapport d'égalité.

2° Tout à l'opposé du premier type, il y a celui des couples à la recherche de l'idéal amoureux dans une forme de relation où les personnes aspirent à vivre une relation de type **fusionnel**. Dans cette structure relationnelle, les deux cherchent à supprimer la distance psychologique naturelle existant entre eux. Cette relation vise à s'approcher de l'idéal romantique du mariage.

Il y a aussi le mariage égalitaire, vécu de deux façons différentes :

3° D'une part, il y a les couples où les conjoints sont situés dans une relation de type **parallèle**, c'est-à-dire qu'ils fonctionnent côte à côte, de façon **juxtaposée**. Ce type de rapport admet et insiste sur l'égalité des partenaires dans le couple ; il exige aussi une stricte définition des rôles et l'établissement d'une répartition empirique ou calculée des privilèges personnels et obligations mutuelles. Si dans ce type de couple, on admet l'existence du phénomène de l'interaction, on veut aussi en limiter la portée et les effets.

4° D'autre part, il y a des couples où les partenaires sont engagés dans une relation basée sur l'interaction dynamique, libre et spontanée entre eux. Il s'agit d'une relation où les deux acceptent d'être constamment confrontés par la réalité quotidienne. Dans ce type de couple, les partenaires se sentent égaux et se reconnaissent comme tel. Cette volonté de laisser agir l'interaction est un ferment puissant dont l'action est soutenue par l'amour mutuel, sans cesse renouvelé par le don et le pardon. Cette liberté que s'accordent les partenaires de vivre les conséquences des interactions permet leur évolution personnelle. Ce type de couple ouvertement **interactif** est fondé sur l'acceptation du changement et l'évolution de la relation, alors que les autres types relationnels tentent implicitement ou explicitement d'éviter tout changement.

1. La relation de couple de type superposé

a) Une vie stable

La structure relationnelle du couple traditionnel était, dans la grande majorité des cas, de type superposé, car ce type correspondait d'abord aux conditions sociales de l'époque. La société d'alors s'appuyait sur une structure stable mais rigide où des préceptes de tous ordres régentaient la vie quotidienne. Il n'était pas rare pour ceux qui formaient un couple de s'en tenir à ces préceptes sans se questionner sur le pourquoi et le comment de la vie. Comment aurait-on pu faire autrement? Le mari travaillait de la barre du jour à la nuit tombée, quand il n'était pas retenu au loin durant des semaines ou des mois, pendant que l'épouse tenait maison et élevait les enfants. Lorsque la femme se relevait d'une grossesse, elle ne pouvait qu'espérer avoir un peu de répit avant de retomber enceinte. Il fallait voir à l'essentiel et survivre au quotidien. La religion et la moralité publique surveillaient de près les faits et gestes des époux. Les gens vivaient alimentés de certitudes sommaires plutôt qu'avec les incertitudes d'aujourd'hui. Avant eux, tout cela avait été le lot de leurs parents et il serait aussi celui de leurs enfants. Rassurés, ils savaient à quoi s'attendre dans la vie. La marge d'innovation et de fantaisie n'existait pratiquement pas, on suivait la règle établie.

L'observance des préceptes de la vie, tels que formulés par la religion et la morale alors enseignée, contribuait au maintien d'un milieu social stable et rassurant. Les mœurs paraissaient immuables; d'une génération à l'autre, la vie semblait être singulièrement similaire, surtout à la campagne où la vie, tributaire des saisons, n'évoluait que très imperceptiblement. Dans un tel contexte social, les personnes se retrouvaient déconnectées de leurs interrogations personnelles et souvent, le peu d'intimité dont elles disposaient ne leur permettait pas de se confronter à leurs émotions ni à leur détresse. Se réaliser, s'écouter, s'épanouir en tant que personne, tout cela n'avait guère de sens, la liberté personnelle semblait une notion dépourvue de signification concrète dans un monde où la famille étendue contrôlait dans le menu détail la vie de tous ceux qui vivaient dans son giron. Ce qui comptait alors, c'était de faire ce qu'il fallait faire ; et du berceau jusqu'à la tombe, tous connaissaient le sort qui les attendait ! Cette réalité sociologique s'est maintenue durant tout le XIXe siècle, jusqu'à la Première Guerre mondiale.

Entre les deux guerres, le changement de mentalité s'est d'abord fait sentir dans le milieu intellectuel des grandes villes, pour se répandre ensuite progressivement dans toute la société québécoise à la fin de la Deuxième Guerre mondiale. Dans les années 1960, avec la fin du duplessisme, l'influence de la télévision et *l'aggiornamento* qui a suivi le concile Vatican II, l'évolution des mœurs a pris une nouvelle ampleur. La religion catholique, qui jusqu'alors avait encadré rigidement le peuple de ses préceptes, abandonne de plus en plus ses discours contrôlants et recherche désormais à s'orienter tant bien que mal vers l'essentiel évangélique. Tous ces changements créent un vif sentiment d'abandon chez plusieurs, qui trouvaient dans la religion une formule détaillée pour la conduite de leur vie. Ébranlés par ces changements imprévus, ils se sont retournés vers le passé pour y retrouver une manière de vivre rassurante où la vie de couple se vivait, comme il le fallait, sans se poser de questions[3].

Dans la plupart de ces couples, comme le voulait la coutume, le mari dominait, du moins en apparence. En effet, dans le couple traditionnel, le mari avait le «haut du pavé», les honneurs, la gloire, et l'épouse faisait le service et vivait dans l'ombre. Dans une structure sociale qui faisait de la femme mariée une mineure, soumise à son mari, celui-ci exerçait naturellement le rôle d'autorité. C'est lui qui dominait ou, dans certains cas, croyait dominer, car en dépit des apparences, c'est souvent son épouse qui donnait subtilement le ton dans la maison. Moins fréquent aujourd'hui, ce type de structure relationnelle conserve ses adeptes et quand on le retrouve chez un nouveau couple, il se combine très fréquemment au phénomène de la dépendance psychologique.

_____

3. Cela explique le succès auprès de ces gens des sectes de structure autoritaire pyramidale comme les Témoins de Jéhovah.

En effet, l'examen du contenu de la relation basée sur le pouvoir que l'un exerce sur l'autre permet de découvrir la présence de la dépendance mutuelle des partenaires. Cette relation est basée sur la croyance que l'un est indispensable à l'autre. La justification étant : l'un « a besoin » de remorquer et l'autre « a besoin » d'être remorqué. On pense alors à la phrase : « Tu es chanceux de m'avoir ! » ou encore : « Il devait être pris en main » ou encore « Elle est entre bonnes mains ! » Le plus étonnant, c'est que, souvent, ce sentiment semble être partagé par les deux partenaires, ce type d'arrangement faisant l'affaire des deux, du moins en apparence.

Dans de tels cas, on peut dire que la relation de type superposé s'appuie sur la communauté paradoxale des intérêts entre le partenaire dominateur et le partenaire dominé. Cependant, dans ce type de relation, le type d'amour qui favoriserait l'épanouissement des partenaires au quotidien est absent. On entend plutôt parler à leur sujet d'amour « oblatif », celui qui fait dire : « Je me sacrifie par amour », ou encore « Je l'endure pour sauver notre couple » ; ces propos trahissent la présence du pouvoir occulte de la dépendance maladive ou du besoin névrotique de faire pitié pour obtenir l'attention des autres.

Pourquoi, au départ, prendre un partenaire qui serait son inférieur ? La personne qui désire dominer recherche (inconsciemment) un partenaire qui peut être dominé. Il pourrait s'agir de quelqu'un qui a déjà été dominé par son père ou sa mère ou a été surprotégé, ou qui n'est pas autonome et aurait, semble-t-il, besoin d'être remorqué. Derrière la façade du couple de type superposé se cache également, chez les deux partenaires, un grand manque de maturité affective et une faible estime de soi.

Dans cette relation, l'amour mutuel peut difficilement s'épanouir et prendre une place significative en remplaçant le jeu de pouvoir engagé entre les partenaires. En effet, pour se dégager du pouvoir envahissant du partenaire dominateur et compenser sa perte de pouvoir, la personne soumise n'entrevoit que la manipulation subtile comme moyen d'opposition passive pour tenter d'équilibrer les rapports de force. C'est ainsi qu'elle cherchera à reprendre subrepticement du pouvoir, à l'exemple du judoka qui laisse l'adversaire se planter lui-même dans le mur.

L'interaction libre entre les partenaires du couple de type superposé, celle qui favoriserait leur évolution, y est inexistante, car on ne lui laisse pas de place. Étant absente, elle ne permettra pas au couple d'évoluer ni aux partenaires de se sortir de l'interaction univoque et pré-établie dans laquelle ils se sont engagés.

Dans plusieurs cas, le couple superposé se fonde sur un mirage qui fait croire à l'un des partenaires qu'il dispose du pouvoir, car il semble en avoir tous les attributs extérieurs, alors que bien souvent il n'en détient que les apparences. C'est l'histoire du « pouvoir qui se cache derrière le trône ».

La combinaison improbable que le couple de Martin et Zoé représente en étonne plusieurs. Elle a du caractère, une carrière, des amies, une certaine réussite sociale, pour sa part Martin est plutôt isolé socialement et il vit replié sur lui-même. Sa gaucherie sociale et son immaturité sont le résultat de sa situation de fils unique et de l'éducation surprotectrice que lui a imposée sa mère. À l'intérieur de leur couple s'opposent manifestement le supérieur et l'inférieur, la réussite à l'échec.

Avant d'accepter de vivre avec lui, elle lui a imposé toute une série de conditions auxquelles il a dû se plier. Dans cette relation, l'amour est plutôt hypothétique. Le pouvoir du partenaire dominant est contré secrètement par la manipulation et les « petites passes » du partenaire sans pouvoir.

Par défaut, Zoé a choisi Martin, qu'elle décrit comme un bon gars, contrairement aux autres jeunes hommes qu'elle avait connus jusqu'alors. Au fil des années, l'étrangeté initiale n'a pas diminué et le quant-à-soi est toujours présent dans la relation. La place qu'elle lui accorde dans sa vie est restreinte, ses intérêts personnels sont ailleurs, orientés vers ses parents et ses amis à elle. Lorsqu'elle a besoin de se distraire, elle prend des vacances avec ses amies pendant qu'il s'occupe comme il peut lorsqu'il ne garde pas les enfants.

b) Le dictateur bienveillant

Gilles est depuis 30 ans professeur à l'école primaire. Pour se justifier de son habitude de voir à tout dans le menu détail, il décrit son comportement comme étant une déformation professionnelle reliée à l'obligation de mieux contrôler sa classe d'enfants turbulents. À le voir préparer des mois d'avance ses routines quotidiennes, on pourrait dire que toute sa vie est programmée de la même manière. Ginette, son épouse, se dit très autonome, mais en fait, en l'observant, on pourrait en douter, car la supervision bienveillante et systématique de son conjoint s'applique aussi à elle. Leurs deux fils, pour leur part, sont devenus des adultes très organisés mais solitaires, ayant été dressés par le dirigisme envahissant de leur père et qu'ils appliquent à leur propre vie.

Ginette ne réussit pas à se trouver bien dans ce cadre contraignant, même si elle prétend le contraire. Elle sent partout et toujours la présence encadrante de Gilles... à la façon d'un hélicoptère faisant du sur-place au-dessus de sa tête. Souvent, elle revoit en rêve le petit chien de son enfance dont on attachait la laisse à la corde à linge pour lui permettre d'aller dehors où il était libre d'aller à sa guise ou presque... et le coin de la cour qu'il ne pouvait atteindre était celui qu'il tentait de rejoindre en tirant de toutes ses forces pendant des heures.

Le sort de l'être humain, dit-elle, c'est d'être seul. À ses yeux, être mariée ne comporte pas grands avantages parce qu'elle se sent toujours seule auprès d'un mari qui demeure distant et inexorablement étranger à elle. À sa solitude s'ajoute l'obligation d'endurer l'autre! Cette étrangeté explique peut-être la possessivité de Gilles qui ne supporte pas que son épouse échappe à son contrôle et prenne des initiatives comme celle de sortir avec des amies.

c) Le conflit focal[4] : la dépendance névrotique

Dans d'autres cas, la superposition relationnelle des partenaires a connu en cours de route un renversement de rôle. Qu'on pense au couple dont le mari est aux prises avec un grave problème d'alcoolisme et que sa femme endure depuis des années, passant alors pour une «sainte». Elle en est même venue à aimer cette réputation qui la valorise. Quand un jour, après avoir reçu de l'aide, il arrive que son mari cesse de boire, elle se met alors à déprimer, ayant perdu sa raison de vivre : celle d'être la femme-héroïque-qui-endure-son-mari-alcoolique, ce qui lui assurait la sympathie automatique de tout son entourage.

Ce type de dépendance névrotique au sein d'un couple est une structure problématique mais stable ; elle se continue souvent à travers les enfants qui reproduisent ce qu'ils ont connu.

---

4. Cf. *Couples et Alcoolisme*, Jacques BOLDUC, Gilles LAVIGNE, CSSQ, 1981.

Lorraine est veuve, son mari était un alcoolique et son mariage fut très pénible. Cependant, cette épreuve n'est pas terminée, elle se perpétue à travers son fils qui a remplacé le père dans cette relation abusive. Pourquoi une mère endure-t-elle à la maison un fils de 30 ans qui est grossier, impoli, abuseur et violent à l'occasion? C'est que la mère s'assure ainsi de continuer de recevoir la sympathie des gens qui la trouvent héroïque; de plus, elle conserve le sentiment d'opérer un certain contrôle sur son fils. Pour sa part, le fils qui continue d'exploiter financièrement celle dont il dépend avoue, à son insu, sa faiblesse et son incapacité, ce qui renforce inconsciemment le sentiment secret de force et de pouvoir de sa mère qui l'endure. Ces deux personnes vivent ainsi une «symbiose névrotique» qui procure à tous les deux des «bénéfices» psychologiques et sociaux. C'est ce qui explique que les deux vont également s'opposer à la suggestion, lorsqu'on les encouragera à mettre un terme à cette situation. La mère aime se plaindre et geindre, cherchant ainsi des encouragements et une certaine sympathie sociale, et son fils y trouve la confirmation de ce qu'il est, un incapable et un bon à rien, ce qui lui permet en contrepartie de profiter de l'hospitalité et des aumônes de sa mère.

d) Le mariage par catalogue

Pour les nostalgiques du mariage traditionnel, c'est-à-dire celui où l'homme est le maître et la femme sa servante, on a proposé le mariage par catalogue. L'intéressé, un occidental, consulte un abondant répertoire de candidates au mariage, des jeunes femmes originaires d'Extrême-Orient, du Mexique ou de la Russie, et il commande celle dont il croit qu'elle répondra à ses désirs. Même si dans ces pays, la conception du mariage correspond à celle du mariage traditionnel en Occident, ces mariages improvisés n'ont pas toujours donné ce qu'on aurait cru, ni ce qu'ils promettaient d'être. En effet, une fois installées dans un nouveau milieu culturel qui supporte de moins en moins le modèle du mariage traditionnel, ces jeunes femmes étrangères se sont elles aussi rapidement écartées de ce modèle périmé. Isolées de leur milieu culturel, elles ont abandonné rapidement, sous l'influence de leur milieu d'accueil, l'attitude soumise de leurs mères et grands-mères. Dans certains cas, cette émancipation inattendue a mené au divorce du couple. Dans d'autres cas, la superposition relationnelle mari-épouse a été inversée! Un de ces mariages a fait l'objet d'un reportage à la télévision. Quelques années plus tard, le journaliste retourne visiter ce couple et il découvre avec surprise que le mariage tient toujours, mais que c'est maintenant l'épouse qui a pris le leadership et que c'est elle qui donne le ton et dirige désormais la famille, cela avec le plein assentiment de son mari !

e) Le complexe de l'oiseleur

En amour, il y a le cas de celui qui, à l'image de l'oiseleur, recueille et soigne un oiseau à la patte cassée. Ayant rencontré une personne mal aimée qui lui fait pitié car elle est mal dans sa peau, il entreprend de l'aider à s'en sortir et finit par s'y attacher affectivement sans réaliser que cette personne qu'il a accueillie ne pourra se transformer en son égale et devenir sa partenaire (voir *Le petit bonheur* de Félix Leclerc). Amour et pitié ne peuvent se combiner et se transformer en amour partagé. On oublie parfois que le mot « carence » signifie « absence de », la carence affective est un vide qui est difficile, sinon impossible à combler ; certains l'ont appris à leurs dépens.

> Yvon est un grand garçon naïf, qui plaît aux femmes, même si elles ne le prennent pas très au sérieux. Un jour, il rencontre Marie, une fille intelligente, mais instable au plan psychologique et plutôt asociale de tempérament. Elle est la fille unique de parents ineptes. Trop perturbée pour fonctionner chez elle, elle a été placée dans une famille d'accueil par la DPJ. La famille d'Yvon ne voit pas d'un très bon œil cette relation dans laquelle leur fils s'est engagé, on ne se gêne pas pour lui souligner les problèmes de comportement de son amie de cœur. Ces propos ne le font pas changer d'idée, bien au contraire, ils l'incitent à se vouer davantage à sa défense et à sa promotion, lui trouvant des qualités qui échappent aux autres. Tous les comportements bizarres de Marie ne peuvent freiner l'indulgence et l'amour protecteur d'Yvon qui, après avoir décroché un poste de professeur au cégep local, va habiter avec elle dans un rang à quelque distance de la ville. À la campagne, cette dernière s'emploie à élever des chats, des poules et des canards, ce qui fait s'exclamer la mère d'Yvon : « Pourvu qu'elle n'élève que des chats et n'entreprenne pas d'avoir des enfants ! » Mais dix ans plus tard, ils se retrouvent avec une petite famille grouillante d'enfants

tout aussi perturbés que leur mère. De tout cela, Yvon n'en a cure ; il n'élève la voix qu'à l'occasion, lorsque ses garçons de sept et huit ans mettent l'auto en marche et tentent de prendre la route. Le reste du temps, il éduque ses enfants avec amour, les entraînant dans ses excursions de botanique ou des séances d'astronomie. Il y a cependant une ombre au tableau : sa compagne Marie, qui s'est toujours sentie dépassée par l'éducation des enfants, continue de chercher ailleurs des réponses à son embarras personnel permanent. Yvon, toujours compréhensif, lui a aidé à terminer son cours secondaire et même à se trouver un emploi, répondant ainsi à son vœu de pouvoir travailler. Pendant ce temps, l'étrangeté ne cesse de se confirmer entre elle et Yvon qui continue à l'aimer comme si de rien n'était. Quelques mois plus tard, Marie lui déclare qu'elle ne veut plus continuer de partager sa vie et elle le quitte.

Cette décision d'aimer une personne perturbée paraît déconcertante à première vue. On pourrait penser qu'une personne qui n'a pas reçu d'affection durant son enfance cherche à combler ce vide, ou encore que, doutant de ne pouvoir être aimée, elle s'accroche à un être qui, croit-elle à tort, ne risque pas de la rejeter. Le sentiment de ne pas avoir été aimée durant son enfance engendre chez la personne un trouble profond qui se traduit par de l'insécurité et de la dépendance. Comme conséquence, la personne perçoit mal de quelle sorte de partenaire elle a besoin et elle s'amourache du premier venu.

f) Le complexe de Pygmalion

S'inspirant de la mythologie grecque, le poète latin Ovide dans ses *Métamorphoses* élabore une histoire où Pygmalion, sculpteur légendaire de Chypre, taille dans l'ivoire une statue représentant la femme idéale. Il en tombe éperdument amoureux après que la déesse Vénus ait donné vie à la statue. L'auteur George Bernard Shaw a donné un ton ironique et moderne à l'histoire de Pygmalion, dans la pièce de 1912 qui fut adaptée en comédie musicale en 1956 et a inspiré le film *My Fair Lady*. Dans ce film, un aristocrate anglais entreprend de transformer en lady une jolie jeune femme du peuple qu'il a rencontrée dans la rue et qui est totalement dépourvue de classe et de bonnes manières ! Ce film illustre l'entreprise chimérique de vouloir fabriquer quelqu'un pour le rendre conforme à ce qu'on voudrait qu'il soit. L'amour est vu ici comme un sentiment puissant et magique qui fait croire que l'on peut métamorphoser l'être aimé et l'ajuster à ses attentes et à ses besoins. Combien d'amoureux adolescents, garçons et filles, dont le désir de contrôler l'autre s'alliant à leur candeur et à leur naïveté, n'ont-ils pas tenté de reproduire cette fantaisie en voulant transformer quelqu'un en ce qu'il n'était pas? Un jour, la réalité est venue leur rappeler que cela n'était pas possible.

Le film *My Fair Lady* illustre le complexe de Pygmalion qui représente l'image même du couple moderne de type superposé. Le mythe de Pygmalion n'est qu'une histoire, mais cette histoire illustre le phénomène de la domination amoureuse. Elle est aussi celle d'une illusion, celle de croire que l'on peut à la fois «fabriquer» et aimer quelqu'un. Tout comme pour le complexe de l'oiseleur, celui ou celle qui se voit comme un sauveur espère, en prenant le ou la rescapé en main, pouvoir vivre avec cette personne une relation de type fusionnel. Dans ces deux cas, cet amour risque de ne jamais devenir un sentiment réciproque.

Ces exemples démontrent que pour être viable, l'amour conjugal se doit d'être un amour partagé et que s'il en est autrement, l'engouement amoureux éprouvé se révèle n'être qu'une autre forme d'infatuation.

g) Le conjoint qui adopte le rôle paternel ou maternel

Qu'est-ce qui motive une personne à choisir délibérément de vivre avec quelqu'un reconnu comme un éternel adolescent? On a la nette impression que chez certains, le goût de dominer se confond avec leur désir d'aimer. Ayant un goût marqué pour le contrôle, on recherche un partenaire immature sur qui on pourra exercer son pouvoir.

Par exemple, le partenaire immature a un bon travail et il est la coqueluche des filles du quartier.

> Cadet de sa famille, Stéphane était le «ti-gars à maman». Il a épousé Alice, une femme représentant la figure de la mère. Cette femme sérieuse et raisonnable continue de l'appeler «ti-gars» et elle ne se

prive pas pour le remettre fréquemment et fermement à sa place. Stéphane est un homme du genre « blagueur qui rit jaune » et essaie, en société, d'en imposer aux autres sans y parvenir, car son niveau de crédibilité sociale est faible. Très infantilisé par une mère surprotectrice, il aime raconter à tous ceux qui veulent l'entendre que lorsqu'il était jeune, il s'était envoyé en l'air chaque fois que sa mère avait le dos tourné ou encore, il s'ingénie à décrire les dépenses somptuaires qu'il a faites récemment. Encore aujourd'hui, il n'en finit pas d'essayer maladroitement de se faire valoir et son épouse, qui a remplacé sa mère auprès de lui, continue subtilement de le minimiser.

h) Le conjoint diminué

Celle qui perçoit son partenaire comme un « petit », peu responsable, et qui le traite sans trop d'égards n'est pas toujours consciente de l'impact que peut avoir son attitude. En effet, celui qui n'obtient pas de considération de la part de sa partenaire peut devenir une proie facile pour une personne habile et entreprenante. Les conjoints contrôlants, ceux qui ne font que dicter leurs volontés sans tenir compte de leur partenaire, ne comprennent pas qu'en agissant ainsi, ils l'infantilisent davantage et le rendent vulnérable à l'influence de celui ou celle qui saura lui montrer de l'attention et de l'importance. Bien souvent, ces personnes insécures répètent, à titre de mise en garde, des phrases comme : « Si tu me quittais, tu ne partirais qu'avec le linge que tu as sur le dos ! » ou « Ne pense pas me laisser, ici tout m'appartient ! » ou encore : « Personne ne voudrait de toi, il n'y a que moi pour pouvoir t'endurer ! » etc. En effet, il y en a certains qui ne prennent pas de risques et exigent, au départ, d'avoir tout à leur nom. Dans la réalité, la *Loi sur le patrimoine familial* fait que les biens du ménage seront partagés en deux mais, qu'à cela ne tienne, celui qui répète sans arrêt à sa partenaire qu'elle serait perdue sans lui finit par le lui faire croire.

Une éducation plus respectueuse de l'intégrité personnelle aurait conféré aux partenaires plus d'assurance personnelle et leur aurait permis de voir plus clair dans leurs attitudes inadéquates. Combien de gens vont passer leur vie sans s'apercevoir de la pauvreté de ce qu'ils vivent ; ils sont leurrés tout en étant manipulés et rapetissés et ils n'en savent rien.

Malgré sa profession et ses titres, Alain est un homme impulsif, démontrant un jugement simpliste et peu nuancé. Il fait partie de ceux qui cherchent à tirer avantage de leur standing social en profitant de nombreux privilèges. C'est ainsi que par des jeux d'influences, il s'exerce à tirer les ficelles et à cette fin, il se lie avec des gens qui peuvent lui obtenir des faveurs (voyages gratuits, bénéfices reliés au travail, titres honorifiques).

Cécile, son épouse, est une compulsive du travail, une acharnée qui tient à la réussite à tout prix. À la maison, c'est elle qui «porte la culotte» et distribue les tâches. Alain fait la cuisine et le ménage pendant qu'elle enseigne la peinture à des groupes d'élèves. Dans ses temps libres, il s'amuse à jardiner, à passer la tondeuse. À la maison, Alain et ses enfants marchent comme à l'armée ; tout est planifié, réglé. De leur éducation, les enfants ne connaissent que deux mots : discipline et efficacité.

Forcés par les circonstances à adopter précocement des rôles d'adultes, leurs enfants, voulant voler de leurs propres ailes, ont vite quitté la maison. Comme leur mère, ils sont des compulsifs du travail. Dans leur vie d'adultes, ils répètent ce qu'ils ont appris. Alain, qui avait toujours eu peur des femmes et gardait ses distances des personnes «du sexe faible», s'est fait subtilement embobiner par une femme perspicace et audacieuse. Jouant la femme éplorée, cette dernière s'est jetée dans ses bras et a réclamé sa protection. Alain n'y a vu que du feu et s'est engagé dans une aventure amoureuse extra-conjugale. Pour Alain, c'était nouveau et agréable d'être perçu par une femme comme un homme important.

Foncièrement «insécure», la femme dominatrice se montre aussi accaparante et manipulatrice. Elle se voit obligée de construire chez son conjoint une forteresse à l'épreuve des autres femmes, spéciale-ment celles que son mari côtoie chaque jour. En effet, lorsqu'elle a réussi à «mettre à sa main» son époux, elle craint qu'il devienne une proie pour une autre femme qui, à son tour, l'ensorcellerait et l'amènerait à la tromper. Pour ne prendre aucun risque, cette femme doit «conditionner» psychologiquement son mari afin d'installer chez lui une saine méfiance des autres femmes. Elle s'ingénie à décrire ses rivales potentielles comme des aventurières menaçantes qui n'ont comme seul projet que celui de le capturer. Cette stratégie finit souvent par faire long-feu.

i) Le lien subtil de la dépendance

La structure du couple superposé évoque l'existence d'une relation de dépendance et éventuellement d'une relation abusive à l'intérieur du couple. Il ne faut cependant pas toujours dramatiser cette dépendance, certains couples du type superposé semblent très bien se porter, tout en entretenant une certaine forme d'aliénation inconsciente. Dans plusieurs cas rencontrés, l'épouse contrôleuse le faisait d'une façon suave et subtile, déployant des trésors d'imagination et d'initiative pour conserver l'attrait de son mari et demeurer son centre d'intérêt.

Christian est le seul garçon de la famille. Dans la société d'autrefois, mettre au monde un garçon était le but de la vie d'une mère. Ce garçon, cette mère l'a bien élevé et s'est assurée que ses sœurs aînées le portent sur un plateau d'argent. Il était le premier servi à table, ses sœurs faisaient son lit, rangeaient sa chambre, etc. Son père étant souvent absent, on ne peut compter les heures que sa mère a passées auprès de Christian pour lui parler et pour s'assurer qu'il agirait correctement dans la vie.

Dès l'enfance, la mère a installé dans sa relation avec ses enfants, et particulièrement avec son fils, son contrôle subtil, de même que la dépendance. Lorsque celui-ci est arrivé à l'adolescence, une autre femme a pris la relève. À 16 ans, Christian rencontre Jocelyne, celle qui deviendra sa femme. Celle-ci a déjà une idée précise de ce qu'elle veut : épouser Christian, même si leurs fréquentations durent traîner en longueur, vu leur jeune âge. On a compris que la qualité première de Jocelyne, c'est la détermination. Christian est différent et on ne retrouve pas chez lui de traits dominateurs ; il est le gars affable qui plaît à tout le monde. Au début du mariage, Christian agissait comme celui qui voulait continuer sa vie de jeunesse, Jocelyne s'est alors montrée patiente et a fait mine de rien mais, petit à petit, elle assurait tranquillement son contrôle sur Christian qui, de toute façon, en fils à maman, conservait son côté juvénile avec son immaturité et son besoin de dépendance.

Christian et Jocelyne forment un couple qui a franchement l'air heureux. Dans cette relation, Christian semble y trouver son compte ; il paraît jouir d'une grande liberté et en même temps, Jocelyne s'arrange pour entretenir la flamme de l'intérêt mutuel dans leur couple. Même si elle est craintive de nature et a spécialement peur de l'eau, elle accompagne Christian dans ses aventures de descentes des rapides en radeau, et elle dit aimer ça ! Pour sa part, lorsqu'il est en contact avec ses amis, Christian aime faire des petites blagues, ce qui lui évite de se livrer. Sans que cela paraisse, Jocelyne continue de mener la barque du couple. Même si elle avoue candidement avoir la situation familiale et son mari bien en main, Christian semble ne pas s'en rendre compte. À l'occasion, lorsqu'il rencontre une vieille connaissance, il déclare, un peu embarrassé : « Elle mène tout ! » avouant ainsi qu'il n'a pas vraiment de pouvoir dans son couple. Parfois, il devient un peu sarcastique en déclarant : « Je me sens comme le dit l'annonce de la compagnie d'assurance : "Vous êtes entre bonnes mains !" »

L'examen sommaire de la structure de leur relation donne l'impression qu'ils forment un couple fusionnel. Un examen attentif et critique illustre le fait que Jocelyne a entretenu l'image du couple fusionnel qui dissimulait en fait une structure relationnelle de type superposé par laquelle elle a englobé Christian dans son univers personnel. Jocelyne mène tout en douceur et de façon subtile : « Une main de fer dans un gant de velours. » Tout au long de leur relation, elle n'a jamais perdu de vue ce à quoi elle voulait en venir. Parfois, Christian réagit presque imperceptiblement à cet « engluement sucré » dont il est l'objet, en fermant les yeux lorsque ses enfants manifestent de la révolte contre la domination de leur mère. Pour lui, le paradigme familial se continue à son insu : ayant été contrôlé dès l'enfance et maintenu ensuite par sa mère dans une forme subtile d'infantilisme, il n'est pas conscient que son épouse n'a fait que prendre le relais.

Le modèle de domination-dépendance, souvent hérité de l'un des parents, va entraîner l'établissement d'une relation de couple basée sur ce tandem problématique. On reproduit ce qu'on a connu. Comment faire pour sortir de ces ornières relationnelles lorsque l'on n'a pas de point de comparaison pour comprendre ce qui nous arrive ?

Comme dans la fable *Le Loup et le Chien* de La Fontaine, le bonheur apparent et le traitement aux petits soins ne devraient pas faire oublier qu'on a tout cela à condition de se maintenir dans la soumission et la dépendance. Même lorsque le partenaire a l'impression de vivre « au pays où coulent le lait et le miel », s'il n'a pas la liberté d'être lui-même, il est le prisonnier de sa conjointe qui commande et obtient de lui tout ce qu'elle veut. Il ne songera même pas à diverger d'opinion ou tout au moins de la manifester. Il arrive que le partenaire dominateur se révèle être une personne méticuleuse et subtile qui impose sa loi de façon imperceptible sur le conjoint dominé, exigeant d'autorité la part la plus importante de son attention.

j) La place du couple dans la relation de type superposé

Ce type relationnel se fonde sur la structure traditionnelle du mariage, souvent associée à la proximité de la famille étendue. S'appuyant sur une façon de faire qui a longtemps été socialement acceptée, on agit, dans ce type de structure relationnelle, comme si le mari était le maître et l'épouse, sa servante, et cela même chez les couples où ces rôles sont effectivement inversés. Ce qui compte, c'est de faire comme si, en maintenant le respect des apparences. Le fait que l'on rencontre encore aujourd'hui ce type relationnel illustre bien la persistance des habitudes humaines au-delà des générations et des structures légales. Structure héritée d'une époque révolue, le couple de type superposé, même s'il se fonde sur l'affirmation et l'application du pouvoir personnel de l'un sur l'autre, continue pourtant d'être le quotidien de plusieurs. Dans la majorité des cas, il y a un aspect abusif relié à ce type de relation, surtout lorsque la volonté de puissance de l'un des partenaires rend la notion de «couple» plus illusoire que réelle.

Dans ce contexte, il ne faut pas se surprendre de retrouver, avec le temps, un fort sentiment d'amertume et de frustration chez celui des deux qui se sent abusé...

k) L'avenir des partenaires du couple superposé

Étant de moins en moins validé socialement dans la société occidentale, le couple de type superposé finit par provoquer la lassitude et la révolte intérieure chez l'un et même parfois chez les deux partenaires. Lorsque ces sentiments s'ajoutent à la prise de conscience de la situation peu reluisante de leur couple, les conjoints réalisent qu'ils sont privés des éléments essentiels à une vie personnelle normale et de ce qui permet de s'épanouir dans la vie ; cela a pour effet de provoquer la révolte ou des dépressions récurrentes qui auront finalement raison du couple.

2. Les relations de couple de type fusionnel

Depuis bientôt deux siècles, l'amour romantique a créé et entretenu chez plusieurs le besoin d'une union idéale *made in heaven*. De plus, le milieu culturel, et spécialement le cinéma nord-américain, a véhiculé pendant près d'un siècle la notion de l'amour idyllique. Dans le couple, cet idéal de l'amour romantique correspondait en pratique à la fusion psychologique complète entre les deux partenaires. L'amour idéal était celui qui rendait possible l'union totale des personnes à l'intérieur du couple, les deux partenaires ne faisant alors plus qu'« un », comme par un effet d'une osmose mutuelle. Désormais, la distance psychologique entre les individus semblait être supprimée de façon permanente.

À première vue, on a l'impression que dans le couple fusionnel, les partenaires sont disparus en tant qu'individus autonomes. Ne cherchant plus à se percevoir comme personnes indépendantes, leur spécificité personnelle semble s'être évanouie. Dans ce type de relation, le couple vit comme dans un cocon où, à l'intérieur, chacun y vit replié sur soi-même. Le quotidien de la relation du couple fusionnel, tout comme celui du mariage traditionnel, se passe en vase clos, à l'intérieur d'une réalité privée où les partenaires veulent s'inventer un petit monde bien à eux, à l'abri de la réalité en général. Toutes leurs interactions sont marquées par la dépendance occulte qui les réunit, maintenant ainsi leur relation à l'intérieur des limites du prévisible. Comme conséquence, tout comme dans le mariage traditionnel, l'évolution individuelle des partenaires demeure longtemps imperceptible.

Loin d'enrichir le couple, la fusion recherchée l'appauvrit en le privant des stimulations de la réalité, stimulations qui proviennent de l'interaction avec leurs pairs. Ce type de couple tend à créer pour lui-même un univers fermé, style ghetto familial, où les enfants qui y grandissent n'arrivent pas à trouver leur place individuelle et éprouvent de la difficulté à prendre de la maturité. Le cercle étroit formé par le couple ne trouve pas toujours le moyen de s'agrandir pour faire de la place à l'enfant qui se manifeste de plus en plus comme un «étranger» au couple fusionnel, comme c'est parfois le cas, surtout lorsque ce dernier arrive à l'adolescence.

Pour ces personnes, des changements significatifs «risquent» de surgir lorsque dans leur vie, à la suite d'un événement majeur imprévisible, la réalité extérieure force son entrée dans leur décor. Cet événement fortuit peut alors déclencher une prise de conscience bouleversante entraînant à court terme la déconfiture individuelle, suivie de l'effondrement du couple ou d'une remise en question faisant basculer leur *modus vivendi*.

TOMBER AMOUREUX!

«Ce qu'elle est jolie, ce qu'elle a l'air aimable! J'en suis déjà amoureux!
— Sais-tu son nom?
— Non! Mais je sais déjà qu'elle est la mienne et qu'elle a sans doute toutes les qualités pour me rendre heureux!»
Aimer une personne que l'on ne connaît pas est si facile, on peut alors lui prêter toutes les qualités que l'on veut, sans crainte de se tromper... tant que l'on ne finit pas un jour par la connaître!

a) L'amour à l'adolescence

Si plusieurs adolescents vivent des relations amoureuses passagères, quelques-uns d'entre eux s'aventurent à former des couples. Certains de ces couples peuvent se rendre jusqu'à l'âge adulte. Il était fréquent autrefois qu'on dise à un garçon dissipé: «Trouve-toi une blonde!», la relation amoureuse étant alors perçue comme un exutoire et un calmant qui contribuait à ce que le jeune devienne plus sérieux à l'école, ne fréquente plus les délinquants, etc.

Cependant, le bilan actuel de ces amours d'adolescents n'est pas positif. Pour qu'une relation amoureuse soit viable et durable, il faut que les partenaires aient atteint un certain niveau de maturité et la relation amoureuse qui commence à l'adolescence risque de se cristalliser et d'empêcher l'évolution des personnes vers la maturité véritable en leur donnant «l'impression» que la maturité est déjà atteinte alors qu'il n'en est rien. Dans la grande majorité des cas, les adolescents engagés dans une relation de couple vivent en fait une illusion qui contribue à ce qu'ils ne se confrontent pas aux vrais problèmes de leur âge. Ils entretiennent une amourette basée sur un rêve romantique qui les soustrait à la réalité.

Éventuellement, la réalité[5] va revenir à la charge et les confronter, ébranlant leur relation en provoquant la découverte de leur étrangeté mutuelle. Ils s'étaient rencontrés alors qu'ils étaient tous deux « innocents », ils ont ensuite cheminé imperceptiblement d'une façon différente. Au départ, à cause de leur jeune âge et de leur immaturité, ces adolescents ne s'étaient pas vraiment connus de façon réaliste ni significative et lorsqu'ils sont parvenus à l'âge adulte, ils se sont découvert étrangers et discordants. Cela se résume dans une phrase lapidaire qui constitue une condamnation sans appel : « Ça ne marche plus ! ». Malgré des tribulations, quelques couples vont survivre en s'appuyant sur la force du besoin de dépendance mutuelle des partenaires et finalement l'un des partenaires va de plus en plus s'affirmer et adopter le rôle dominant comme dans la relation de type superposé. À quelques exceptions près, les couples d'adolescents ont été des échecs.

b) Omnia vincit amor !

L'idéalisme de l'amour fusionnel sied bien à la mentalité adolescente qui croit pouvoir renverser ou tout au moins ignorer les lois immuables de la nature. La notion aimable qui assure que l'amour peut vaincre tous les obstacles a pu être la devise d'adolescents frileux en manque d'affection, mais les amours nés à l'adolescence sont souvent mal équipés pour progresser et vaincre les obstacles de la vie adulte.

> Alors qu'ils étaient encore adolescents, Diane et François ont vécu ensemble une relation d'amour fusionnel et ils se sont mariés. Les années ont passé et aujourd'hui rien ne va plus. Récemment, François déclarait qu'il percevait Diane comme étant une partie de son corps

---

5. La réalité étant définie ici comme l'ensemble des événements contingents et nécessaires qui se produisent dans la vie de tous les jours.

dont il ne pouvait absolument pas se séparer, mais en même temps, il disait qu'elle n'avait rien de ce dont il avait besoin ! Bien qu'il lui attribue de grandes qualités, elle n'a pas, selon lui, celles qu'il souhaiterait qu'elle ait.

Aujourd'hui, François se découvre étranger à sa partenaire et doute de pouvoir être heureux avec elle ; il sent le besoin d'aller « voir ailleurs ». Il dit se sentir libre de l'engagement qu'il a pris dans le passé et il veut connaître autre chose. Paradoxalement, il ajoute du même souffle que, sans sa femme, il ne pourrait plus fonctionner normalement, car une séparation entraînerait un changement d'habitudes qu'il ne souhaite pas !

L'interdépendance maladive était au départ la base relationnelle de ce couple et leur relation a finalement évolué vers une relation de type superposé. Depuis longtemps, Diane a pris le dessus et domine dans le couple ; insatisfaite de son partenaire, elle le perçoit comme un enfant qui ne fait pas le poids. Par son attitude puérile et désinvolte, ce dernier s'est aliéné sa femme et ses enfants en acceptant d'être traité comme un mineur.

Ces constatations déconcertantes et paradoxales s'expliquent par l'absence, chez le couple fusionnel, d'affrontements vécus et liquidés dans le cadre de la réalité. Cette absence de mise à jour de leur relation de couple a entraîné une ignorance profonde de la spécificité de l'autre et ils sont imperceptiblement devenus l'un pour l'autre des « tenus pour acquis ». Dans un décor de dépendance mutuelle plutôt que dans un partenariat réel, les conjoints ne sont pas présents l'un à l'autre, ils ne peuvent se sentir libres ni solidaires du choix qu'ils ont fait. Dans un tel type de couple, ils font, l'un et l'autre, partie d'un tout qui est devenu leur représentation commune. Sans trop le savoir et sans jamais y penser, ils sont devenus, en tant que couple, le prolongement d'une habitude.

c) Le couple fusionnel ou la recherche d'un milieu protégé

Nous avons identifié trois motifs principaux pour que des individus désirent former un couple fusionnel.

1° Il y a d'abord l'influence du milieu culturel : les partenaires cherchent à recréer un milieu conforme aux valeurs et traditions reçues du milieu familial fermé qu'ils ont connu.

2° S'ajoutent souvent au premier des motifs psychologiques (dont celui de l'immaturité) qui les font désirer retrouver dans leur couple un milieu sécurisant à l'abri des aléas de la vie sociale. En vivant à deux au sein de ce qu'ils perçoivent être un milieu protégé, ils entretiennent l'idée d'être hors de portée des influences néfastes venant d'on ne sait où.

3° On rencontre parfois, chez au moins l'un des partenaires du couple fusionnel, la présence de traits sociopathiques qui, pour une raison cachée, l'incite à vouloir vivre à l'écart. Cette volonté, consciente ou non, de vivre dans un milieu fermé, vise à se soustraire aux regards indiscrets et aux inquisitions sur leur manière particulière de vivre, empêchant, s'il y a lieu, la dénonciation et la censure.

d) L'avenir du couple fusionnel

Au sein du couple fusionnel, **l'amour relationnel,** basé sur l'interaction, ne s'est pas développé, il a plutôt cédé la place à **l'amour idéalisant**[6], celui qui efface la réalité individuelle des personnes. Les partenaires se sont fortement rattachés à leur couple comme à une réalité particulière, décrochée de la réalité extérieure où ils ne se perçoivent plus individuellement en tant que personnes ayant une vie indépendante. Leur couple est devenu à leurs yeux « une personne en soi » qui a remplacé l'affirmation de leur propre personne. L'amour-fusion contribue momentanément ou durablement à isoler les personnes de la réalité extérieure et empêche leur accession à la maturité, de la même façon que chez les couples de type superposé.

> Paul et Virginie recherchaient en tant que couple la fusion romantique. Ce couple vit depuis ses débuts d'une façon très intense. Leurs passions, leurs projets personnels, ils les partagent entièrement. Le respect, l'estime et l'amour sont présents et ils vivent intensément leurs nombreuses activités communes ; l'un semble ne pas respirer sans l'autre. À l'occasion, leurs propres enfants se sont sentis un peu mis de côté.
>
> Paul et Virginie n'ont pas de vie sociale et leurs amis ne durent souvent que le temps d'un partage sur un projet commun. La relation

---

6. Voir chapitre IX.

avec les autres, à l'extérieur de leur monde, n'a de sens que dans la mesure où l'intérêt partagé porte sur un sujet qui les intéresse, sinon la conversation risque de ne pas se poursuivre bien longtemps.

Autrefois, parmi leur groupe d'amis d'école, on avait l'impression qu'ils n'avaient pas besoin des autres, ils semblaient se suffire à eux-mêmes. Ils illustraient la phrase : « Ils ne font plus qu'un. »

Tel quel, ce type de relation est rarement viable et souvent ne dure pas. Paul et Virginie semblent être l'exception qui confirme la règle. Cependant, même si ce n'est pas évident pour ceux qui les croisent à l'occasion et qui croient toujours reconnaître dans leur couple des aspects fusionnels, leur relation et leur amour ont évolué imperceptiblement vers une structure interactive et la plupart des aspects typiquement fusionnels en sont disparus. Ce couple a réussi contre toutes attentes à survivre à de multiples épreuves et à aménager une place à la réalité extérieure dans leur couple.

Parce qu'il néglige le concours et les apports de la réalité, le couple fusionnel risque d'être instable et transitoire. Si les deux partenaires parviennent malgré tout à cheminer vers la maturité, celle-ci favorisera alors l'évolution positive de leur relation de couple et provoquera chez eux l'acceptation réaliste du jeu des interactions dynamiques. Dans le cas où les partenaires sont plus insécures, leur couple risque de demeurer figé, cela se traduisant par le cantonnement individuel dans des relations basées sur l'économie du pouvoir, tel qu'on le rencontre chez les couples de type juxtaposé. Parmi ces couples, d'autres se résigneront à se soumettre à vivre une relation s'appuyant sur l'exercice du pouvoir du partenaire dominant, une relation correspondant à celui des couples de type superposé.

Combien de gens, aveuglés au départ par le romantisme, se sont illusionnés au sujet de leurs propres sentiments. Ils croyaient s'engager dans une union fusionnelle durable alors qu'ils ont en fait vécu un rapport où se dissimulait une relation superposée, dépendante de la présence chez leur partenaire du besoin de dominer ou d'être remorqué.

e) Le piège romantique

En voulant enchâsser leur amour, espérant ainsi l'établir une fois pour toutes au sein de leur couple et en garantir la durée, les conjoints romantiques passent à côté de la réalité existentielle de la vie à deux. Ils ont oublié le fait que celui qui veut s'approprier une telle réalité ne réussit qu'à capturer des contenants qui ne cessent de perdre leur contenu. On voudrait que cet amour dure toujours et, pour ce faire, on essaie d'installer son couple dans un écrin, mais on ne s'aperçoit pas que la boîte est vide. Le mythe romantique de l'amour, c'est celui de croire à l'illusion fusionnelle qui paraît tellement plus gentille que la réalité de l'amour-rencontre vécue laborieusement par les personnes au quotidien.

Le mythe de Tristan et Iseut

Tout cela n'empêche pas l'image idyllique du couple d'amoureux, représentée par le couple fusionnel, de conserver encore aujourd'hui la cote d'amour. La quête de l'idéal amoureux à travers le couple fusionnel est un phénomène récurrent d'une génération à une autre. Cet idéal constitue encore pour plusieurs un objectif recherché comme modèle de relation de couple. Pourtant, si Tristan et Iseut s'aimaient passionnément, ce n'était que sous un envoûtement bien involontaire, comme s'ils subissaient l'effet d'un sort qui leur avait été jeté[7].

Encore aujourd'hui, certaines personnes, dominées par le mythe de l'amour romantique, croient qu'il y a dans le monde une personne faite pour elles, à leurs mesures et avec laquelle ils n'auraient pas à continuellement se réajuster, l'ajustement étant fait d'avance une fois pour toutes !

3. La relation de couple de type juxtaposé

Depuis bientôt un siècle, le mariage traditionnel, en tant qu'entreprise familiale et collective pour assurer la continuation du nom, a dû, en Occident, céder la place à un type de mariage qui faisait plus de place aux mariés. C'est dans ce contexte qu'on a conçu un type d'union matrimoniale qui cherchait à éviter les pièges relationnels du mariage, tels que vécus jusqu'alors. Cette nouvelle structure se

---

7. Cf. Denis DE ROUGEMENT, *L'amour et l'Occident*, p. 31-34.

voulait être une réplique pragmatique au type de relations interpersonnelles fermées qui avaient toujours eu cours dans le mariage traditionnel et qui ne répondaient plus aux attentes des partenaires. Ce nouveau type de mariage égalitaire s'est d'abord développé chez les gens plus instruits, qui avaient pris un certain recul devant les habitudes sociales de leurs parents et qui, désormais, postulaient d'office l'égalité des partenaires au sein du mariage. En conséquence, les époux nouveau genre insistaient pour appliquer la règle stricte du partage des droits et des devoirs au sein du couple qu'ils entendaient former. Ce type de relation conjugale a peu à peu remplacé, en Occident, la structure du mariage traditionnel.

On ne retrouve pas chez ce type de couple la relation verticale qui était celle de leurs parents. Explicitement ou non, on veut demeurer « indépendant » l'un de l'autre. C'est ainsi que dans cette nouvelle structure relationnelle, les partenaires, voulant être des vis-à-vis, se sont positionnés l'un envers l'autre à la façon de lignes parallèles. Cependant, malgré le fait qu'ils soient côte à côte dans la vie, cela ne veut pas dire qu'ils sont prêts à laisser l'interaction, suggérée par le face à face, avoir un impact et une influence significative dans leur relation. À l'intérieur du couple qu'ils forment, l'interaction est donc réduite dans ses effets et elle est tenue sous contrôle, chacun ayant tendance à se cantonner sur ses positions.

En adoptant ce mode relationnel, les conjoints se retrouvent l'un devant l'autre, dans une position **juxtaposée**, alors que si l'un avait voulu ou pu imposer à l'autre ses vues et ses idées, la relation aurait été de type superposé.

Soit par principe, soit par calcul ou par la force des choses, les deux partenaires occupent à l'intérieur du couple leur domaine personnel de compétence exclusive, ce qui signifie que l'on doit établir, une fois pour toutes, une stricte répartition des tâches. Par exemple, quand (dans le couple) le mari a voulu se mêler de l'éducation des enfants, l'épouse l'a remis à sa place en lui disant : « Ne te mêle pas de ça. » Dans l'entente de départ, il était convenu que l'éducation n'était pas de son domaine. Selon ce principe, dans leur relation de couple, les souhaits, les désirs et la façon de voir de chacun des partenaires ne jouent pas de rôle déterminant. Ces restrictions contribuent, comme par mesure de prudence, à limiter la quantité mais aussi la qualité des interactions entre eux.

Soucieux de trouver et de conserver la stabilité dans leur couple, chacun des partenaires désire s'installer de façon permanente dans son rapport avec l'autre. Même si, au départ, cela va nécessiter de laborieuses négociations où chacun devra céder des «points» de pouvoir, on ne souhaite pas avoir à envisager devoir faire ensuite d'autres ajustements ni accepter de changements provoqués par des gestes spontanés ni des changements de situation. C'est ainsi qu'ils ont choisi de ne pas laisser le mécanisme de l'interaction libre mélanger les cartes de ce qu'ils ont établi entre eux. En effet, si l'interaction agissait librement à l'intérieur de leur couple, le risque de provoquer des affrontements serait grandement accru et entraînerait la conséquence qu'ils croient inhérente à l'affrontement : la rupture. C'est ce qui explique qu'à tous les jours, les partenaires s'appliquent à éviter, à nier ou à minimiser entre eux les frictions. La plupart du temps, il n'y a pas de vraies disputes et c'est souvent entre eux le calme plat. L'équilibre est garanti par des règles qu'ils ont établies au départ.

La meilleure vérification de l'existence au sein d'un couple d'une relation juxtaposée, c'est lorsque l'on constate, après plusieurs années, l'état de statisme de la relation. C'est le cas du couple où les partenaires ne paraissent pas avoir changé au long des ans et semblent n'avoir procédé à aucun ajustement majeur. De tels indices sont associés à la relation de type juxtaposé. À la façon d'une statue, le couple qu'ils désirent former demeure toujours le même. Les partenaires ayant «convenu» de s'endurer, l'évolution de leur couple est imperceptible.

Un des effets pervers rencontrés au sein des relations où l'interaction ouverte est limitée ou refusée, c'est celui de l'action du mécanisme de l'introjection, où l'un des partenaires en est venu, avec le temps, à adopter, malgré lui et à son insu, la perception des choses et les points de vue contraires de son conjoint.

En conséquence, ces partenaires n'échangent pas entre eux de façon intense ni intime sur les problèmes fondamentaux qui concernent leur couple. Lorsqu'ils sont interpellés à ce sujet par d'autres personnes, ils répondent tout de go : «On n'a pas besoin de se parler, on sait tout ce que l'autre pense.» Cette phrase-excuse, à laquelle ils croient sincèrement et qui exprime l'état de stagnation psychologique, leur permet d'éviter les affrontements concernant les questions importantes qui pourraient, croient-ils, mettre leur couple en péril. S'il y a lieu, l'échange se fait de façon convenue et se limite à ce qui est banal et utilitaire, il ne sert qu'à régler les questions mineures, inhérentes à la vie quotidienne. Dans cette relation de couple, les partenaires n'arrivent pas à se sentir intimement complices et la communication significative entre eux finit par être presque inexistante, ce qui a pour effet que beaucoup de choses, positives et négatives, ne sont jamais partagées.

Pour plusieurs de ces couples, les malentendus et les incompréhensions, déjà présents au départ, sont demeurés. Cela ne veut pas dire que ces conjoints ne s'aiment pas. Au contraire, ces derniers vivent, dans la plupart des cas rencontrés, un compagnonnage authentique basé sur leur besoin mutuel de sécurité. On a l'impression qu'ils n'ont jamais entrevu cette relation autrement, car, au départ, ils n'attendaient pas vraiment grand-chose de leur couple. La possibilité d'entretenir entre eux un échange plus intense et plus serré n'est pas au programme, car il leur apparaîtrait insécurisant et comportant trop de risques.

S'ils avaient pu ou voulu prendre le risque de se faire réciproquement confiance, ils auraient sans doute atteint un niveau relationnel plus intime, tant au plan physique que psychologique. Dans les premières années de leur vie de couple, certains ont peut-être souhaité un déblocage qui aurait suscité une relation plus intense et plus profonde; aujourd'hui, ils savent qu'ils ne l'obtiendront pas. Résignés à leur sort et craignant le pire (la séparation de leur couple), les deux partenaires ont compris que le prix à payer pour contester le statu quo serait plus élevé que celui de ne rien faire; par prudence, ils ont choisi de ne pas ébranler la structure fragile de leur couple.

> Charles et Danielle forment un couple juxtaposé où les deux se sont habitués à ne pas attendre que l'autre change d'attitude. Ce qu'ils étaient, ils le sont et ils le seront. Ce type de permanence est pour eux une garantie qu'il n'y aura pas de changements dans leur couple. Comme conséquence, les relations interpersonnelles s'y sont retrouvées réduites à leur plus simple expression et elles ne leur apportent pas

beaucoup de réconfort ni de consolation. Les deux vivent repliés sur leurs problèmes individuels, l'un essayant maladroitement, comme de l'extérieur, d'aider l'autre, sans trop y parvenir. De même, leur performance en tant que parents est plutôt médiocre, car ils ne s'aident pas mutuellement en ne partageant pas le même projet éducatif. Là-dessus, l'un des deux a cédé sa place à l'autre. Danielle a surprotégé ses enfants malgré l'avis de Charles et elle en subit depuis les conséquences. Épuisée, elle dépense toutes ses ressources personnelles déclinantes pour fonctionner quotidiennement ; elle dit ne pas pouvoir faire autrement. Elle travaille à l'extérieur, c'est pour elle une nécessité vitale, car elle est persuadée que demeurer à la maison ne ferait qu'aggraver son malaise. Dans le fond, elle se sent mieux hors de chez elle, mais elle ne sait pas pourquoi. Depuis quelques années, ses problèmes somatiques ont atteint un niveau critique. Charles, pour sa part, s'est cantonné dans ses activités personnelles, les deux appréhendant l'heure de la retraite.

* * *

Réal et Béatrice. La caractéristique principale de Béatrice est d'être frustrée. Cette frustration remonte à l'enfance et les années n'ont rien fait pour atténuer ce sentiment. Elle a longtemps fréquenté un gars indépendant du type « célibataire permanent », et à force d'insistance, elle a obtenu qu'il l'épouse. Cependant, sa vie de couple ne lui a pas apporté ce qu'elle attendait. Elle qui croyait le changer découvre finalement qu'il est demeuré le même. Devant l'ampleur de son problème personnel qui l'a empêchée d'évoluer, déçue de la tournure des événements et de l'absence de communications significatives avec son partenaire qui refusait l'affrontement, elle s'est mise à rêver d'un ailleurs fantaisiste et elle s'est finalement séparée de Réal. Dans ce couple comme dans la plupart des couples de type juxtaposé, il n'y a pas eu de rencontre effective.

a) La structure de couple de type juxtaposé, un choix délibéré

Dans les mariages d'il y a quelques décennies, la structure du couple juxtaposé était voulue et recherchée par les partenaires. De nos jours, elle tend de plus en plus à remplacer « par défaut » la structure superposée traditionnelle. Elle est perçue par les futurs époux comme un principe relationnel équitable et stable, constituant une prévention pour éviter d'aboutir à vivre le type de relations du couple superposé qui était celui de leurs parents.

Bernard et Julie forment un couple qui illustre le type même de la relation juxtaposée. Leur relation de couple a été planifiée dès le départ, afin de partager les tâches et responsabilités qui ont été quantifiées minutieusement.

L'apport pécuniaire a été calculé et divisé selon les ressources de chacun. Ainsi, à **la base du fonctionnement de leur couple se retrouve une comptabilité élaborée.** Cette juxtaposition n'est pas fortuite, elle est le résultat d'un effort conscient pour éviter de reproduire le type de couple qu'ils avaient connu à travers le couple de leurs parents respectifs. Pour eux, c'était comme s'assurer qu'il n'y aurait pas dans leur couple d'abus de pouvoir ni d'injustices. La structure de type juxtaposée leur assurait ainsi l'égalité mais leur souci d'établir, une fois pour toutes, le partage des rôles, des tâches et obligations, plus que la simple équité, cherchait surtout à éviter les affrontements.

b) La place de la relation de couple dans la structure de type juxtaposé

Sauf exception, la structure de couple de type juxtaposé, avec ses multiples précautions, ne permet qu'une relation plutôt sclérosée. Au départ, derrière l'effort de répartir les rôles et les tâches d'une façon équitable, en visant l'égalité des partenaires, se dissimule la peur des affrontements qu'on perçoit comme dangereux pour l'équilibre du couple. Derrière ces précautions appuyées entre les conjoints, se cachent souvent des méprises profondes et des mésententes insolubles.

D'autre part, si on acceptait le risque d'affrontement, ces occasions de contact ouvriraient la route à la possibilité d'enclencher un nouveau type de relation où l'interaction interpersonnelle pourrait jouer plus librement, ce qui provoquerait nécessairement l'évolution de la relation.

c) L'avenir du couple de type juxtaposé

L'heure de la retraite va causer aux partenaires de ce type de couple de nouveaux stress relationnels qui risqueront d'augmenter leur détresse et parfois même de faire éclater leur couple. Jusqu'à maintenant, les périodes de temps qu'ils partageaient étaient limitées ; à la retraite, ils se retrouveront constamment l'un en présence de l'autre. Disparues les occasions de se reposer de la présence dérangeante et parfois accablante du partenaire que leur procurait son départ pour le travail. En effet, la présence continuelle de l'autre n'est pas toujours appréciée, car elle multiplie les occasions de frictions que l'on veut éviter à tout prix.

Il est socialement souhaitable d'éviter les conflits manifestes entre les partenaires. L'absence de conflit est ce qui valorise aux yeux de plusieurs la relation de couple de type juxtaposé. Les conflits latents sont sans doute présents, mais on a réussi jusqu'à maintenant à les refouler et même à les nier. Même si l'amour mutuel est présent, il demeure figé et crampé, car on ne lui accorde pas la chance de se développer librement. La faible communication existant à l'intérieur du couple et l'absence du libre jeu des interactions réduisent l'évolution et la possibilité d'épanouissement des partenaires. En effet, quand, au plan personnel, on n'avance pas, on recule ; toute relation qui n'apporte pas d'avantages réels à la personne, lui enlève en fait quelque chose.

4. Les relations de couple à l'interaction ouverte (le couple « interactif »)

Depuis une cinquantaine d'années, les classes sociales n'occupent plus la place qu'elles occupaient au sein de la société. De même, dans un couple, on n'imagine plus que l'homme puisse être le tuteur et la femme sa pupille. On va plus loin que simplement postuler l'égalité entre les conjoints : on croit désormais les deux partenaires capables de se faire face et de s'engager dans un processus d'interaction dynamique, sans entrer en conflit et sans mettre en jeu l'équilibre de leur couple.

L'INTERACTION?

L'interaction, c'est fondamentalement la combinaison de deux organes dont le fonctionnement est réciproque (par ex. le cœur et les poumons) ou le résultat de l'intersection de deux ou de plusieurs forces, que ce soit dans le domaine des mathématiques, de la physique, de la chimie, etc. Elle résulte du contact entre deux forces, cela pouvant se produire aussi bien entre des plaques tectoniques qu'entre les hommes et les animaux. Qu'on pense à celui qui sort faire une marche avec son chien : « Quand je suis arrivé, Rex était tout excité, il est allé chercher sa laisse et il est venu se frotter contre mes jambes pour se faire flatter, Rex est un chien affectueux, j'aime sa compagnie ! » L'interaction qui nous concerne est le produit de la rencontre des êtres ; cette entrée en relation se produisant de plusieurs façons et à plusieurs niveaux. Ce phénomène relationnel peut être voulu ou fortuit, instantané ou prolongé, superficiel ou profond et il produit également des effets très variables.

L'interaction fait partie de la substance de la vie et elle n'est donc jamais totalement libre ni gratuite. Cependant, selon les événements, le degré d'implication personnelle et d'acceptation de l'expérience de l'interaction et de ses conséquences varie grandement d'une personne à l'autre.

1. Le fil de l'interaction

L'interaction s'engage entre les personnes lors de leur première rencontre. Lorsqu'elle se poursuit, elle peut produire des effets positifs ou négatifs. Les effets positifs ont tendance à favoriser la continuité de cette interaction et les effets négatifs contribuent à ce que l'un ou l'autre ou les deux partenaires cherchent à couper le fil et à faire cesser l'interaction. C'est ainsi que les attitudes mutuelles des partenaires contribuent à maintenir ou à bloquer entre eux les interactions.

Julie voulait que son conjoint Serge soit plus empressé auprès d'elle. Pour l'exciter, elle s'est acheté des sous-vêtements aguichants. Émoustillé, Serge a réagi fortement à cette invitation croustillante mais il a oublié Julie, il n'a vu qu'un dessert alléchant qu'il a bouffé d'un seul coup. Julie ne s'attendait pas à une telle réaction et elle s'est sentie brusquée et mise de côté... et le fil de l'interaction qu'elle avait suscitée s'est coupé. La manière cavalière de Serge a subitement fait tomber l'appétit sexuel de Julie.

Un tel incident révèle l'inexpérience des partenaires et peut se corriger facilement si les deux apprennent à échanger et se dire vraiment ce qu'ils ressentent. Le dialogue leur permettra d'ajuster leur comportement mutuel et d'améliorer leurs attitudes relationnelles. Par contre, certains comportements récurrents entraînent l'établissement de véritables murailles entre les partenaires, stoppant effectivement, s'il n'y a pas d'arrêt d'agir, toutes interactions positives. Il y a, par exemple, les rengaines et le radotage où l'un des deux essaie constamment d'imposer à l'autre ses vues sur la gestion des affaires du couple ou sur les décisions d'importance, comme l'achat d'une maison ou d'une auto, celle de déménager ou d'avoir ou non des enfants. La volonté de poursuivre l'interaction dépend de sa qualité et demeure tributaire de la capacité des partenaires d'être attentif l'un à l'autre.

L'interaction polarisée

Lorsque l'un des deux impose d'autorité ses vues sur toutes les questions qui surviennent au long des jours, cela crée une polarisation, une orientation de l'interaction, où l'un commande et l'autre suit. Pour illustrer cette notion, on pense à l'exemple de Francis et de son chien Médor.

> Médor aime son maître et Francis aime aller marcher au parc avec son chien. Attaché à sa laisse et fermement retenu, Médor va de droite à gauche mais cela n'empêche pas Francis de poursuivre sa marche en tirant sur la laisse et en imposant la direction à Médor qui n'a alors que le choix d'obtempérer. Médor sait qui est le maître et il se résigne de bon gré à le suivre et chaque occasion d'accompagner Francis au parc est toujours la bonne.

2. Le couple « interactif »

Si on parle ici de couple « interactif », c'est que chez les personnes qui forment ce type de couple, l'interaction s'exerce spontanément, elle n'est pas subie ou tolérée comme une chose encombrante et menaçante, mais elle est acceptée comme un besoin vital. Les interactions présentes sont, la plupart du temps, intégrées de façon dynamique à leur relation de couple et ils acceptent d'en vivre les effets et les conséquences. L'interaction mutuelle, en tant qu'expérience de vie, devient pour eux un stimulant, une source active qui contribue au dialogue intime de leur couple et à leur cheminement personnel.

a) L'interaction ouverte

Au sein du couple, l'interaction ouverte se vit au quotidien dans le partage des tâches et des responsabilités et dans la concertation à établir et à maintenir malgré les obstacles qui vont surgir. De même, les inévitables désaccords et affrontements, qui sont les conséquences de vivre dans la réalité, contribuent eux aussi au cheminement du couple.

Dans ce type de rapport, il n'y a pas de stagnation ni de « surplace », les deux partenaires acceptent de se regarder et de se voir tels qu'ils sont. Avec franchise mais sans agressivité, ils peuvent se dire ce qu'ils pensent vraiment l'un de l'autre. Dans l'interaction libre et ouverte, les deux partenaires acceptent de se confronter l'un à l'autre et, en même temps, de se confronter à eux-mêmes, sans prétention et sans faux-fuyant. Ils acceptent volontiers de se remettre en question et d'admettre leurs torts. Cependant, ce processus s'enraye devant l'incapacité d'admettre ses torts, ce qui, dans la vie à deux, dénote une faiblesse irrémédiable chez la personne qui en est incapable.

L'interaction se vivant à la façon d'un livre ouvert, les jeux de pouvoir qui pourraient parfois apparaître au sein de la relation sont bientôt démasqués et mis de côté. Dans cette perspective, l'autre est accepté comme il est et il a d'emblée sa place dans le couple. Cependant, cela ne supprime pas les attentes légitimes et ne signifie pas que l'autre peut agir et faire n'importe quoi ; la relation interactive ouverte est essentiellement une relation de confiance basée sur le fait que les partenaires se connaissent et se voient à la même hauteur, leur comportement confirmant ce fait. Au sein d'un couple, la seule

et unique condition pour que ce type de relation continue de fonctionner, c'est la présence de l'amour partagé qui entraîne la détermination commune des conjoints à vouloir que ça marche.

Bernard et Marie-Claire n'étaient pas au départ les partenaires les
mieux assortis. Elle était très contrôlante et voulait tout prendre en
main. Lui était taciturne et pas très sociable. Ils ont quand même
réussi à s'entendre et à s'ajuster l'un à l'autre, au fur et à mesure, au gré
des événements et des situations auxquelles leur couple s'est trouvé
confronté. Progressivement, leur amour mutuel s'affirmait et compen-
sait pour les carences découvertes chez l'un et chez l'autre.

Ensemble, ils forment un couple «interactif» où la relation
interpersonnelle permet à chacun une réelle évolution tout en leur
permettant de demeurer eux-mêmes. C'est ainsi qu'ils ont réussi à
combiner leurs ressources individuelles pour devenir des partenaires
performants et des éducateurs positifs. Combien de fois Marie-Claire,
mère contrôlante par son éducation, s'est retenue pour ne pas s'opposer ouvertement à son mari lorsque celui-ci permettait à leurs enfants
de découvrir les conséquences de vivre dans la réalité. Si l'amour les a
transformés, ils sont demeurés, en même temps, ce qu'ils étaient, avec
leur potentiel et leurs limites. Au sein de leur couple, il n'y a pas de
conflit ouvert ou latent, même s'il y a, à l'occasion, des affrontements
discrets mais bien réels.

Les couples du type interactif ouvert que nous avons rencontrés
nous ont démontré que, dans la réalité, ce n'est pas tant la personnalité et le caractère des partenaires qui déterminent le fonctionnement de leur couple que leur volonté personnelle de se respecter
mutuellement, en évitant d'utiliser, lorsqu'ils transigent entre eux,
les jeux de pouvoir, ouverts ou subtils, comme les manipulations :
par exemple parler en bébé, bouder, taper du pied, feindre la frustration, hausser la voix, etc. Quelqu'un peut avoir un ton impératif et
un fort penchant pour la domination, mais il peut aussi accepter de
baisser le ton pour transiger d'égal à égal avec son partenaire. Si les
conjoints démontrent leur capacité de négocier sans vouloir imposer
leur volonté à tout prix, acceptant de céder, chacun selon le cas, sur
une partie de ce qu'ils demandent à l'autre, l'interaction mutuelle
demeurera opérante et efficace, les deux y trouvant leur dû. Une telle
attitude permet l'évolution des partenaires et l'équilibrage de leurs
forces d'affrontement. Si, au contraire, la volonté de l'un des parte-

naires domine toujours dans le couple, il y aura bientôt blocage et disparition de l'interaction libre et spontanée, l'un des deux devant céder constamment le pas à l'autre, ou encore chacun se repliant sur soi, pour éviter les affrontements désagréables, tout en se cantonnant dans leurs positions.

> Reproduisant spontanément ce qu'ils avaient connu dans leur familles respectives, Francis et Juliette étaient du genre parent-dominateur bien-pensant. Leur personnalité étaient similaires et c'est ce qui les attirait l'un vers l'autre et c'est aussi ce qui contribuait à ce que leurs relations soient orageuses. Les deux avaient une égale conviction que l'un devait mener l'autre et de mieux savoir ce qui était bon pour lui. L'inconfort intense qu'ils éprouvaient dans leur relation était heureusement balancé par leur amour persistant et cette fidélité à poursuivre ensemble un même chemin les a amenés à finalement se confronter à eux-mêmes pour se demander ce qui se passait entre eux. Les premières années de vie commune furent très laborieuses, car ils devaient sans cesse rappeler l'autre à l'ordre lorsque les empiètements de son encombrante sollicitude reprenaient le dessus. Au fil du temps, ils ont finalement appris à se respecter mutuellement et apprécier la capacité de chacun à s'occuper de lui-même sans que l'autre ait à le surveiller, pour enfin dépasser cette mauvaise habitude.

b) Vivre « dans sa tête[8] » ou vivre en interaction avec l'autre ?

L'interaction n'est pas acceptée et reçue par tous comme étant bénéfique. Accepter de vivre librement les interactions ne va pas de soi pour tous ceux qui vivent en couple. Donnant l'impression d'être issus d'une autre époque, combien de gens échafaudent des projets concernant leur vie conjugale et ne croient pas devoir en partager le moindre aspect avec leur conjoint. Un jour, de but en blanc, ils annoncent à leur partenaire leurs décisions au sujet d'un achat important, de l'éducation des enfants ou d'un voyage de vacances, etc. Ces décisions s'accompagnent d'un programme complet et détaillé d'applications, mettant l'autre devant un fait accompli où ce dernier réalise qu'il n'a pas été consulté ni mis à contribution. Que peut-il faire ? Pour lui, le choix de protester ou de demander des

8. Voir chapitre IX.

comptes semble bien inutile, car la preuve qu'il n'est pas impliqué dans l'affaire ou qu'il ne fait pas le poids aux yeux de son partenaire vient de lui être servie de façon manifeste.

L'interaction ouverte qui s'exprime par le partage et l'échange est située à l'opposé des comportements décrits ci-dessus et ne peut se concilier avec de telles attitudes dinosauriennes. La réalité du programme contenu dans l'expression « vivre à deux » se concrétise dans le partage et l'échange quotidien et soutenu. Cela n'est malheureusement pas le cas de tous les couples.

Comme nous ne vivons pas dans un monde idéal, les candidats à la vie de couple n'ont pas toujours, au départ, les dispositions adéquates. Cela signifie que les ajustements interpersonnels, nécessaires à la poursuite d'un programme permanent pour installer dans le couple l'interaction ouverte, seront constamment à refaire. L'amour mutuel et la patience sont les ingrédients essentiels à la poursuite d'un tel projet. Même si l'un des partenaires est de type autoritaire et a tendance à vouloir dicter et imposer ses vues, si l'autre est capable de prendre sa place et faire valoir malgré tout son point de vue, l'interaction ouverte pourra continuer d'agir entre eux. Dans de telles conditions, les attitudes dictatoriales, qui constituent un irritant certain, n'entraînent pas nécessairement l'échec de l'entreprise de mutualité et la poursuite des échanges.

Les apparences sont parfois trompeuses

Qui mène chez vous ? La réponse diffère si elle provient des intéressés, des voisins ou de leurs proches et l'examen des faits ne confirme pas toujours l'impression reçue.

> Jean et Sylvie sont mariés depuis une dizaine d'années. Ils ont deux enfants et, dans la famille qu'ils forment, c'est l'épouse qui a le ton haut et qui semble porter la culotte, comme le disent les voisins. En effet, si ça ne va pas comme elle le désire, elle parle haut et fort et sa voix stridente porte, ce qui fait que les voisins entendent souvent ses nombreuses tirades. Ce comportement est bien connu de tous mais il n'établit pas sa domination dans le couple où, en réalité, il n'y a pas de dominant ni de dominé. Cette allure dictatoriale est agaçante et trompeuse, elle n'est qu'une mauvaise habitude reflétant ce que Sylvie a connu enfant. Le ton impérieux qu'elle adopte de façon récurrente

n'est qu'une compulsion qui la surprendrait si jamais elle pouvait se voir aller. Dans les faits, Jean et Sylvie se concertent adéquatement pour l'éducation des enfants, les grandes décisions et la gérance du quotidien de leur vie familiale.

Paradoxalement, plusieurs couples où l'un des partenaires domine carrément l'autre ne connaissent pas d'éclats. Le tout se fait en douceur, en se cachant sous des gestes feutrés ayant toutes les apparences de la délicatesse conférant à leur relation une allure bien différente de ce qu'elle est en réalité.

c) Souplesse et adaptation : l'interchangeabilité des rôles

Comme toute entreprise, le couple ne peut que croître ou péricliter. Dans la vie urbaine actuelle sont disparues les nécessités évidentes d'autrefois qui dictaient d'office l'attribution des rôles et des tâches, comme c'était le cas dans la famille traditionnelle. Au sein du couple, les partenaires reconnaissent ensemble la teneur des obligations commandées par la vie quotidienne et ils se les partagent ; l'un fait la vaisselle, l'autre le ménage, chacun faisant sa part, comme la chose convient, et non parce que leur attribution a été déterminée une fois pour toutes.

d) La place du couple dans la relation de type « interactif »

Le couple interactif est un couple à la structure dynamique où la relation est en mouvement et en constant ajustement. Comme conséquence, il est moins exposé que d'autres à la panne relationnelle, sorte de « pause prolongée de la relation » entre les partenaires. Sans cesse renouvelée de l'intérieur, cette relation s'appuie sur l'évolution personnelle des deux partenaires. Chose qui peut surprendre, ces derniers retrouvent dans leur interaction une stabilité autant dans leur évolution personnelle que dans leur couple. La relation se fonde sur la confiance, l'estime de soi et de l'autre, le respect mutuel, de même que l'acceptation de l'autre en tant qu'autre avec ses ressemblances et ses différences. Dans ce contexte, les deux disposent de la liberté d'être eux-mêmes, exempts de la nécessité de se transformer en quelqu'un d'autre pour plaire à leur partenaire.

La structure relationnelle du couple à l'interaction ouverte se retrouve chez les partenaires dont la relation est basée sur l'action au quotidien de l'amour mutuel. Au sein de ce couple, les personnes se développent et grandissent à travers l'expérience d'une relation amoureuse qui suscite et est suscitée par l'interaction libre et ouverte qui est communément voulue et recherchée.

e) L'interaction ouverte n'est pas l'affaire de tous

La franchise parfois râpeuse des couples interactifs contraste avec la politesse affectée des couples de type juxtaposé. La liberté du jeu de l'interaction au sein du couple signifie en effet d'éventuels affrontements. Plusieurs personnes, traumatisées semble-t-il par l'expérience conjugale malheureuse de leurs parents, craignent l'affrontement comme la peste ; ce dernier étant perçu par elles comme l'échec relationnel. Espérant ainsi prévenir ce qui pourrait mettre leur couple en péril, elles choisiront d'emblée la structure relationnelle de type juxtaposé où les interactions sont constamment réduites à leur plus simple expression.

Cependant, la relation égalitaire « efficace » se distingue de la relation égalitaire « de principe » qui se contente à cet effet d'énoncer ses intentions et obligations relationnelles mais n'arrive pas à les mettre en action dans le concret. C'est ce qui constitue la différence entre la relation de type juxtaposé et celle de type interactif.

f) L'évolution à l'intérieur du couple « interactif »

Même si certains affirment que la vie de couple inclut nécessairement le passage, au long des années, de plusieurs étapes relationnelles, nous croyons que cette notion ne constitue qu'une impression subjective qui masque la réalité sous-jacente de la stabilité du mode relationnel existant entre les conjoints de la plupart des couples. Au sein des couples, les seuls changements[9] constants sont provoqués par la présence recherchée et acceptée du processus de l'interaction ouverte entre les partenaires, ce qui leur permet d'évo-

---

9. On exclut ici les changements reliés à la maladie chronique ou la maladie mentale comme la psychose maniaco-dépressive.

luer et de réajuster mutuellement leur relation. Librement assumée, une telle interaction peut alors agir comme un ferment dans la pâte, en suscitant chez ces personnes un désir d'aller de l'avant, entraînant ainsi l'évolution constante de leur relation interpersonnelle.

g) L'avenir du couple versus le respect de la liberté des personnes

Avec la moitié des couples mariés qui divorcent, peut-on encore faire semblant de ne rien voir? Peut-on taire les humiliations et les souffrances de tous ces conjoints qui vivent à l'étroit dans des relations conjugales qui ne font que réduire ou nier leur liberté personnelle? Selon nous, l'avenir du couple durable passe par le choix de la structure relationnelle de type interactif où vivre en couple ne s'oppose pas à la possibilité pour chacun de se développer, de s'épanouir et de se réaliser comme être humain. Le fait de vivre à deux doit être pour la personne un **avantage non équivoque** et non une situation irritante et humiliante qu'elle doit supporter.

La structure du couple interactif nous apparaît être la plus souhaitable parce qu'elle autorise l'interaction libre, lucide et franche. Cette liberté d'être, de penser et de s'exprimer, assumée également par les deux, permet d'apprendre à se connaître vraiment sans excuse ni prétexte et assure en retour la satisfaction de s'épanouir et de se sentir traité avec équité et justice.

Chapitre III
LES COUPLES PRÉCAIRES

D ANS NOTRE SOCIÉTÉ, avec l'augmentation de la durée de la vie, un nombre croissant de personnes pensent qu'il est inévitable qu'elles auront éventuellement plus d'un conjoint. D'avance, plusieurs se montrent résignés à ce que le couple qu'ils désirent former ne le soit que pour un certain temps. Ce que l'on retrouve couramment chez les aspirants à la vie matrimoniale, c'est l'espérance de former un couple pour quelques années, peut-être le plus longtemps possible. Cependant, de plus en plus de couples se font et se défont rapidement; il semble qu'il y ait chez ces derniers un ingrédient manquant, celui qui assurerait la durée de leur union.

1. Le couple compétitif

À l'opposé du couple interactif ouvert où l'interaction est recherchée parce qu'elle contribue à l'évolution des partenaires, on rencontre aussi le couple interactif foncièrement conflictuel, pour qui le projet de vie de couple doit s'accommoder du «chacun pour soi» individualiste. On retrouve au sein de tels couples des individus pour qui les bases de la relation sont surtout les interactions négatives et fermées comme la compétition, la rivalité et la recherche de pouvoir. La vie de couple devient un concours où les deux partenaires tentent simultanément, ou chacun leur tour, de se déborder mutuellement.

Il semble évident pour certains que pour mener des transactions, l'agressivité, la compétitivité, la recherche du pouvoir et l'absence d'émotions affichées sont des attitudes nécessaires. Ces attitudes, qu'on dit gagnantes en affaires, sont inappropriées dans les relations amicales et conjugales.

Jocelyn a toujours eu dans ses relations d'affaires une attitude de *pit-bull* qui n'accepte pas un *non* comme réponse. Ce qu'il veut, il l'obtient, même si pour cela il lui faut être patient, calculer, menacer, minauder, s'obstiner, faire mine de rien et ensuite revenir à la charge. Même s'il a à peine plus de trente ans, ses entreprises sont florissantes et il ne cesse d'aller de l'avant. S'il joue toujours pour gagner, cette attitude de compétiteur lui réussit moins dans sa vie de couple. Il faut dire qu'il recherche toujours son *alter ego* féminin et c'est ce qui décrit le mieux les femmes qu'il a fréquentées jusqu'à maintenant. Imaginez deux coqs dans la même basse-cour ! Il va sans dire que ses tentatives pour former un couple se sont soldées par des échecs. Impénitent, il n'accepte pas de s'interroger pour savoir s'il devrait changer d'attitude dans ses relations ou encore modifier ses critères de sélection pour choisir sa prochaine compagne. Jocelyn n'est pas commode à vivre, car il est un véritable *bulldozer* poussant de côté tous ceux qui se trouvent sur son chemin. Tout ce qui lui apparaît comme un recul ou une perte lui est inadmissible. Égocentrique et narcissique, il a peut-être des qualités gagnantes pour les affaires et le poker, mais lorsqu'il s'agit des interactions avec une partenaire, il prend le ton de celui qui a raison et n'entend pas négocier vraiment, sinon certains détails. Devant un tel mur, on n'insiste pas, on cède ou on s'en va.

En amour, on ne peut, sans en évacuer le sentiment, agir à la façon d'un négociateur patronal-syndical exerçant au sein de la relation interpersonnelle tous les stratagèmes du jeu de pouvoir. Lorsque le partenaire se montre tout aussi coriace, l'enjeu n'est que plus évident et garantit davantage l'échec de la relation. L'amour ne peut se faufiler à travers ces manifestations du pouvoir individualiste. Peut-on sans problème, dans un couple, être à la fois complices et rivaux ?

Si, au début, ce manège paraît convenir, il ne durera pas long-temps et apparaîtront bientôt entre les partenaires l'agressivité, la méfiance et l'hostilité ; éventuellement, si leur couple persiste, ce sera la haine qui s'installera. Entre eux, il n'est pas question de faire la part des choses au sein de la vie quotidienne. Au contraire, on se confronte continuellement sur l'essentiel tout comme sur l'acces-soire, tentant ainsi de se superposer l'un à l'autre. Le but de tout cela : dominer l'autre et le façonner à son idée. À les regarder aller, on a nettement l'impression que ces partenaires sont engagés dans une lutte à finir permanente, dans le but de s'emparer du pouvoir et de l'exercer aux dépens de l'autre.

Entre ces conjoints précaires, le potentiel d'affrontement stérile provoque un haut niveau d'usure qui, à plus ou moins court terme, rendra ce couple caduc. Si, contre toute attente, ce couple perdurait, c'est que, de guerre lasse, l'un des deux partenaires aura cédé et accepté la tutelle de l'autre, leur couple évoluant alors vers le couple de type superposé.

2. Le couple provisoire

Produit typique des années 1970, le « couple provisoire » correspond au projet des partenaires qui conviennent de vivre pour un certain temps une union qui n'a pas la prétention de durer. « On s'est plu, on s'est aimé, on s'est lassé, on s'est laissé et, quelquefois, on s'est à nouveau retrouvé... »

Le couple n'est vu ici qu'en tant qu'expérience transitoire de vie à deux, une expérience sans prétention et sans attente, croit-on. Ce type de couple temporaire a été précédé, il y a plus de vingt ans, par la mode du « couple aventureux », lorsqu'un livre paru en 1972 faisait la promotion d'une nouvelle attitude maritale « éclairée », le *Mariage Open*. Prétendant à l'« angélisme » et mettant résolument de côté les lois de la « gravité » humaine, les partenaires de ce couple à la mode d'alors, ayant d'avance convenu de faire l'expérience à leur guise de la « liberté sexuelle », s'offraient ouvertement des aventures d'un soir, ou encore changeaient de partenaires avec d'autres couples, pouvant même former pour quelque temps un nouveau couple provisoire.

Depuis cette époque, la plupart de ceux qui avaient adopté ces théories libertaires sont revenus sur terre et ont acquis plus de réalisme au sujet des relations interpersonnelles ; mais combien d'individus meurtris se demandent encore pourquoi ils avaient été aussi naïfs ? Derrière ce phénomène culturel de « libération sexuelle », on retrouve réaffirmée comme principe la persistance de l'adéquation romantique amour = passion. Cette adéquation postule que la disparition de la passion entraîne la disparition de l'amour. En se livrant à des aventures tout aussi improvisées que passagères, on croit pouvoir renouveler indéfiniment cette *passion*, ingrédient jugé essentiel à l'amour.

a) La camaraderie comme obstacle au couple

Qu'on pense à la précarité des relations interpersonnelles chez les couples éphémères comme l'a illustrée la série télévisée *Seinfeld*. Dans le contexte de cette *sitcom*, la relation à l'intérieur du couple est vécue comme temporaire, elle ne dure que brièvement, après on passe à autre chose ; la vie à deux constituant finalement un piège duquel il faut s'échapper ! On passe aussi le message que l'amour, il faut en profiter quand ça passe, après on l'évoque au passé. C'est comme ça !... L'amour se résume à n'être finalement qu'une aventure plaisante, mais provisoire, car on ne croit pas vraiment qu'il puisse durer.

À travers la rencontre interpersonnelle, l'amour-engagement contribue à soustraire la personne de son individualisme. Cependant, cette possibilité ne plaît pas à tous et elle fait peur à plusieurs qui refusent d'adhérer à ce qu'elle commande. Là-dessus, on ne sait plus si on a peur de la permanence de l'engagement qui est offert ou celle de la crainte de refaire l'expérience malheureuse des promesses non tenues dans le passé. L'affaissement des valeurs familiales dans notre société a donné une très mauvaise presse à la vie conjugale. S'ajoute à cela le nombre impressionnant de divorces qui entraîne, chez la génération montante, l'apparition d'une mentalité fataliste et cynique qui minimise la valeur de l'amour véritable. Dans le contexte contemporain, les individus ne souhaitent pas vivre les contraintes d'un engagement exclusif durable, ils en sont arrivés à conclure que si l'amitié (c'est-à-dire un sentiment d'amour-sans-engagement) est la relation qu'ils recherchent, cette dernière s'oppose inévitablement à l'amour-relationnel durable et au couple ! C'est ainsi qu'on fuit l'intimité et les engagements et qu'on se contente de rencontres amoureuses provisoires, chacun désirant demeurer « libre » en surface, vivant une forme d'éternelle adolescence. Cette liberté tant recherchée, c'est celle qui permettrait de rencontrer enfin l'amour avec un grand « A », qui correspond à une réalité mythique reliée à l'amour-passion.

Cette recherche sans avenir s'explique aussi par l'absence de modèles d'identification pro-sociaux acceptables. L'image décevante et parfois ridicule des parents telle que présentée dans plusieurs comédies télévisées peut nous aider à imaginer quelle idée se font les jeunes d'aujourd'hui de leurs parents, du couple et du mariage.

b) L'amour passion

Dans l'amour érotique, l'être devient un avoir. Convoitise ou contemplation, éros ne connaît pas la personne. L'amour qui ne respecte pas la personne durcit les individus, les sépare et les isole. Ceux qui « tombent » en amour savent qu'on s'en relève, mais dans quel état ? On imagine facilement les incompréhensions profondes et l'absence de dialogue que ce sentiment trompeur provoque. La vengeance qu'il suscite, c'est la politique de la terre brûlée que pratiquent trop souvent les ex-conjoints. L'amour érotique avait donné l'illusion de la fusion des êtres ; en réalité, il n'est qu'une rupture en devenir.

Lorsque l'individualisme domine, l'amour-passion, tout comme une drogue, devient la seule émotion qui est secrètement recherchée. Pourtant, l'amour-passion, comme l'éther qu'on viderait d'un flacon, ne peut que filer entre les doigts. La passion dure un certain temps ; après, les personnes se retrouvent dans le désert relationnel, l'amour s'étant évanoui. Éprouvant alors un vide, on s'empresse de se lancer au plus vite dans une nouvelle relation, espérant y retrouver ce que l'on vient de perdre.

Dans l'amour-passion, tout se passe comme lorsqu'on lance une fusée de feu d'artifice : une fois le bang final passé, il ne reste qu'un peu de fumée qui s'en va au vent. La passion favorise l'ivresse à deux mais, en fin de compte, ne permet pas à la relation interpersonnelle et à l'engagement amoureux de se développer. Pour soutenir la passion, l'amour-*éros* agit telle une drogue puissante qui asservit et aveugle. Cette aliénation supprime essentielllement la personne en la transformant en objet.

Une façon plus prosaïque d'expliquer cette recherche de l'amour-passion serait la présence d'un besoin créé par la présence d'un état dépressif au sein de l'individu. Celui qui en souffre rechercherait constamment des aventures passionnelles parce que ces dernières provoqueraient une décharge d'endorphine dans son cerveau, le soulageant momentanément de sa dépression (voir chapitre XI).

c) Ego über alles !

Dernier épisode de l'*ego-tri*p à la mode, le « *Wow !* Je suis Dieu[1] ! » est un produit du « Nouvel Âge » qui exprime bien le centrage fondamental de l'individu sur lui-même. Ce recentrage sur soi crée en lui l'impression qu'il est possesseur de la clé du bonheur personnel, indépendant du rapport avec ceux qui l'entourent. En ignorant ou en se soustrayant aux préoccupations de l'existence de l'autre dans son décor personnel, il pourrait alors se livrer librement au pouvoir de ses émotions en mettant de côté la réalité extérieure et en adoptant comme finale sa perception de la réalité du moment, la question primordiale étant la recherche du plaisir à tout prix. Ainsi, même si on sait que l'aventure sentimentale dans laquelle on s'embarque sera sans lendemain, on n'en a cure, ce qui compte, c'est le *trip* du moment présent !

d) *Le célibat et* Internet

Si on veut vivre en couple dans le monde du « chacun pour soi », c'est surtout pour vaincre l'isolement vécu dans la société individualiste. Arrive *Internet* du « village global » et soudain tout est changé. En effet, la visite d'un site sur *Internet* n'est pas personnellement très engageante, elle peut satisfaire ceux qui voient déjà dans l'amitié une proximité trop compromettante. Désormais, l'amitié peut se vivre à bonne distance en se cachant souvent derrière un pseudonyme, cette relation étant la plupart du temps dépourvue d'attentes et d'un quelconque engagement. Dans un tel cas, l'amour « rencontre de l'autre » (l'amour *agapè*) apparaît être une réalité d'un autre monde, qui n'a pas vraiment de sens, car on n'attend plus grand-chose de la vie de couple.

---

1. Titre d'un livre de l'auteure nouvelâgiste Lise Bourbeau.

3. Le couple par dépit

Prenons le cas de la jeune fille qui vient tout juste d'avoir 18 ans et qui présente à ses parents le zigoto qu'elle vient d'épouser. Que faut-il penser de ce geste, qui apparaît être un coup d'éclat pour emmerder ses parents ? On devine qu'il y a là une forme de défi et un désir de provocation et d'affrontement. Cherche-t-elle à «punir» ses parents pour quelque raison obscure ou encore, toute cette mascarade n'est-elle qu'une manœuvre infantile et désespérée pour attirer l'attention ?

L'amour de captation

L'amour immature qu'est l'amour de captation, c'est un sentiment qui entretient l'idée que celui qu'on aime est une *chose convoitable* qui vous appartient. Certaines personnes immatures confondent amour et possession. Elles se méprennent sur ce qu'elles croient être un sentiment d'amour qu'elles confondent avec leur désir de s'approprier quelqu'un. Un tel sentiment est étranger à l'amour authentique, c'est-à-dire à l'amour qui respecte l'autre. Chez les personnes captatrices, la réalité d'aimer l'autre comme différent de soi est complètement escamotée. L'amour-rencontre, l'amour-partage, le don et le pardon sont tous des sentiments qui leur sont étrangers. Ce comportement n'est souvent qu'une forme de manipulation dissimulant parfois la présence d'un trouble profond de la personnalité, associé à des traits de personnalité paranoïdes. Dans les cas les plus graves, ce trouble risque de ne pas se régler de lui-même et ces perturbations s'aggraveront avec le temps.

4. Les carriéristes

Jusqu'à tout récemment, le mariage était d'abord une institution qui avait pour but la perpétuation de la famille et la vie de couple y était facultative. Il importait peu que le mari soit absent des mois et des années, l'épouse faisait le nécessaire, en s'occupant de tenir maison et d'éduquer les enfants. La conception du mariage de l'époque acceptait souvent comme normale, pour le couple, cette façon de vivre à distance.

Dans le mariage contemporain, la vie commune et le partage du quotidien sont devenus les ingrédients courants de la relation. À cette règle, il y a des exceptions. Ainsi, pour pouvoir occuper un emploi, plusieurs doivent vivre au loin des semaines ou des mois durant, réalité économique oblige.

Parmi ceux qui n'ont pas à s'éloigner pour travailler, il y en a cependant qui sont toujours absents, même lorsqu'ils séjournent à leur domicile, car leur carrière les monopolise entièrement. On imagine ici l'image d'un individu qui, à son mariage, a de la difficulté à attendre la fin de la cérémonie pour compulsivement s'emparer de son cellulaire et poursuivre ses activités professionnelles. Cette scène qui pourrait être tirée d'un scénario de film est devenue une réalité pour plusieurs carriéristes. Leur couple a cédé le pas et il n'est pour eux qu'une préoccupation secondaire qu'ils ont la délicatesse de qualifier d'un « plus » pour leur vie personnelle mais pour lequel ils n'accordent finalement qu'un temps limité. Lorsqu'ils rentrent fourbus en fin de soirée, ces derniers n'ont plus d'énergie ni de capacité d'attention pour partager quoi que ce soit avec leur partenaire.

La fausse représentation

Si ce n'est de propos délibéré ni le fait d'une intention consciente et réfléchie, cela n'empêche pas le carriériste[2] de délaisser constamment sa partenaire pour sa carrière. Que ce soit l'avocat, le médecin, le politicien ou le pasteur, tous ceux qui font carrière de façon intensive le font presque toujours aux dépens de leur couple... la chose se compliquant davantage lorsque les deux font également carrière. L'honnêteté dicterait que le carriériste prévienne au départ sa partenaire de sa place restreinte au sein des multiples projets qui vont captiver la majeure partie de sa vie.

Carrière et vie de couple ne vont pas ensemble facilement et en poussant un peu, on pourrait dire que la carrière rend souvent impossible la vie de couple. Interrogez les épouses des politiciens, demandez-leur quelle vie elles ont partagée avec leur mari. Ce qui est évident, c'est que lorsque la carrière monopolise une personne,

---

2. Cela s'applique également à l'homme ou la femme.

elle ne lui laisse qu'un résidu d'opportunités pour vivre conju-
galement. En fait, on pourrait dire que le vrai partenaire du carriériste, c'est sa carrière.

Si on peut planifier son projet de carrière, pourquoi ne pourrait-
on pas en faire autant pour sa vie de couple ? On pourrait établir, de
la même façon, un cadre opérationnel réaliste du temps à partager
avec son partenaire. Une telle question devrait être envisagée avec
franchise avant de faire des promesses impossibles à tenir. Le carriériste qui aime sa conjointe devra apprendre à résolument cloisonner
sa vie, de façon à réserver des moments privilégiés à l'abri des
intrusions de la carrière. C'est à cette seule condition qu'il pourra
espérer réussir à la fois sa vie professionnelle, sa relation conjugale et
éventuellement sa vie familiale.

La carrière représente un défi encore plus grand pour le couple
de carriéristes, que les deux partenaires mènent une carrière dans des
champs similaires ou différents. Dans ce couple, la compétition remplace facilement la communication et la réussite d'un tel couple
devient un véritable défi aux réalités humaines.

Réussir sa carrière est aussi un choix particulièrement difficile
pour les femmes qui veulent mener de front carrière, mariage,
maternité et vie de famille. Inévitablement, un des trois va souffrir.
L'expérience nous incite à croire que dans la grande majorité des cas,
c'est d'abord le mariage qui va être sacrifié et la carrière en dernier[3].
En conclusion, pour plusieurs, le pari de tout réussir à la fois est
impossible à tenir.

5. Les mariages mai-décembre

Dans la plupart des cas, il s'agit d'un homme âgé qui épouse une
femme beaucoup plus jeune que lui, mais le contraire existe aussi.
On parle ici d'un cas où la différence d'âge est de plus de vingt ans,
l'un des partenaires ayant pu être le père ou la mère de l'autre[4].

« Huguette les choisit vieux ! » C'est ce qu'on dit autour d'elle. En fait,
son dernier amant aurait pu être son père, celui qu'elle n'a pas connu,

---

3. *Cf.* l'enquête menée en 1980 par le *Boston Globe*.
4. *Cf. Time essay*, 21 février 1969, *In praise of May-December marriages*.

trop occupé qu'il était à poursuivre sa carrière. Ce qu'elle veut, c'est un homme qui va la gâter et lui permettre de se payer d'innombrables caprices... Ce qu'il lui faut, c'est un partenaire qui aurait des moyens illimités. Huguette est une femme charmante et sensuelle qui tient une conversation piquante qu'elle sait rendre plaisante. Cependant, ses amants découvrent rapidement qu'elle est aussi jalouse, surtout lorsqu'en société les attentions ne lui sont pas toutes destinées. Sa compulsion d'acheter et sa jalousie irritante font que ses unions ne durent jamais longtemps, surtout lorsque ses conjoints successifs entrevoient leur ruine prochaine.

Élevée par une mère artificielle, froide et calculatrice, elle a appris à miser sur les apparences plus que sur la réalité des sentiments pour établir ses relations. Attrayante et séductrice, Huguette n'établit pas de liens relationnels très solides ; ses problèmes personnels remontant à l'enfance encombrent sa personnalité et la rendent peu accessible à une relation authentique.

L'âge, un obstacle à la rencontre ?

Quelle est la qualité de la rencontre d'individus qui semblent, à première vue, avoir si peu en commun ? L'écart chronologique signifie d'abord l'écart du vécu à partager. On pense ici à la différence culturelle importante qui constitue de plus en plus la base de l'écart entre les générations. Cela est particulièrement vrai pour quelqu'un qui épouse un partenaire de l'âge de ses enfants. Le hiatus historique et chronologique qui les sépare peut-il être un obstacle insurmontable fermant l'accès à toute rencontre authentique ? Même si la chose paraît improbable, les réponses que l'on a obtenues là-dessus ne peuvent conférer de certitude à une opinion sur ce sujet. Il faut s'en remettre alors au témoignage des intéressés.

L'INCESTE PSYCHOLOGIQUE

Les conditions de l'inceste psychologique sont réunies lorsque l'un des partenaires assume dans la relation le rôle de père ou de mère et l'autre celui de l'enfant. Dans la structure superposée, plusieurs vivent une relation où l'un assume le rôle parental. La chose était courante dans les mariages traditionnels où les futurs mariés d'un mariage arrangé ne pouvaient que souhaiter avoir comme époux ou épouse quelqu'un de leur âge ou, sinon, quelqu'un de doux, gentil et protecteur, ce qui représentait alors une confortable consolation. Balzac témoigne de ce que ses premières amours auprès d'une femme de l'âge de sa mère lui ont apporté au plan personnel. Comme ce fut le cas pour Balzac et bien d'autres, ces unions ont été provisoires, mais lorsqu'une telle relation dure, on pourrait se demander quels avantages les partenaires peuvent en tirer. Par exemple, materner son conjoint, une activité courante chez plusieurs couples où les partenaires ont pratiquement le même âge chronologique, ne pourra qu'entretenir son infantilisation et ne contribuera jamais à ce que les conjoints puissent un jour se voir vraiment pour ce qu'ils sont, en tant que personnes évoluant à un même niveau. Ce qui rend valorisante l'aventure du couple, c'est qu'elle soit l'occasion d'une rencontre de pairs, toute autre forme d'association risquant, avec le passage des années, de décevoir les partenaires.

Deuxième partie

LE COUPLE AU QUOTIDIEN

Chapitre IV

Affrontements et rencontre

Par notre allure et les vêtements qu'on choisit de porter, l'image de soi que l'on montre aux autres révèle quelque chose de notre intériorité. Par l'image que l'on projette, on illustre comment on se sent au-dedans de soi. Malgré la sagesse du proverbe, on peut affirmer qu'en société, depuis toujours, l'habit fait le moine... à quelques exceptions près !

Depuis toujours, l'« activité sociale » qui consiste à porter des jugements sur les autres demeure un concours mutuel auquel se livre sans trop de réserve l'humanité. Néanmoins, juger l'autre n'est pas une opération à sens unique et peu de gens s'arrêtent au fait que ceux qu'ils jugent cavalièrement et gratuitement peuvent (et souvent le font) les juger de la même façon, à l'image de l'arroseur arrosé ! Dans le domaine des relations interpersonnelles, on oublie souvent que l'individu possède plusieurs facettes à sa personnalité, mais la plupart du temps, les gens choisissent de se fier à leurs préjugés, comme si les personnes ainsi jugées étaient des objets statiques qui pouvaient être classés une fois pour toutes.

1. Les blessures de l'enfance
et les mauvais tours des relations sociales

Le goût amer que l'on éprouve parfois, au lendemain d'une réunion de famille, résulte souvent de la découverte étonnante de l'aspect presque irrémédiable des préjugés entretenus par des parents qui croient bien nous connaître. On s'attendrait, spécialement de la part de ses proches, à être traité avec plus de justice ; mais il semble que c'est souvent au sein de la famille que les idées préconçues sont les plus tenaces. Même si elle est pratiquement disparue depuis des années, la proximité vécue dans l'enfance entre les membres d'une même famille favorise paradoxalement le fait qu'on a facilement tenu pour acquis des opinions sommaires qui ne sont plus fondées ou qui ne l'ont jamais été. Parfois, il ne s'agissait à l'origine que d'un commentaire défavorable qui a été souvent répété par un de ses parents qui peut être la cause d'erreurs de jugement sur la personne. D'autres fois, ce sont les vestiges d'un conflit ancien, souvent relié à des incidents anodins dont on a oublié la teneur exacte, qui continuent de grever la relation fraternelle, en entretenant des rancœurs et de la méfiance.

Qu'on se rappelle, par exemple, l'opinion qu'on avait de quelqu'un lorsqu'on était enfant ou adolescent. Dix ou trente ans plus tard, on revoit cette personne et, spontanément, on la perçoit encore de la même façon. Est-ce à cause de la ténacité du préjugé ou à cause du fait qu'on ne s'est pas donné la peine de réviser son opinion et de vérifier ce qu'est devenue cette personne depuis tout ce temps ?

Cette forme de cristallisation des conceptions que l'on entretient, les uns au sujet des autres, concerne d'abord l'intérêt ou l'absence d'intérêt de savoir qui est vraiment l'autre. Elle met en cause la capacité de chacun d'apprécier l'autre pour ce qu'il est vraiment, sans laisser les préjugés et les arrière-pensées dicter son jugement.

Dans tout cela, on oublie souvent que dans la conception spontanée que l'on se fait de l'autre, on ne tient jamais compte des exceptions à la règle. C'est ainsi que l'on se plaît à répéter des phrases toutes faites comme ces dictons : « Tel père, tel fils ! » « Qui a bu boira ! » « Qui vole un œuf, vole un bœuf ! » Mais on oublie qu'il y a toujours des différences entre les personnes, même celles issues des mêmes parents. Ainsi, lorsque l'on rencontre une personne et que l'on échange avec elle de façon significative, cela devient l'occasion de découvrir un univers personnel souvent bien différent de celui qu'on avait imaginé à première vue. Cette prise de conscience facilite la révision de sa première opinion, on entrevoit alors le fait qu'on ne sait pas grand-chose de quelqu'un tant qu'il n'y a pas eu de vraie rencontre et on comprend finalement que l'autre ne peut jamais se résumer par une phrase lapidaire.

C'est aussi le cas pour bon nombre de couples dont le mode relationnel, établi dès la rencontre, s'est maintenu sans modification, sans remise en question, pour finalement devenir permanent. La raison de cette permanence peut être reliée au fait que les partenaires sont relativement satisfaits de ce qu'ils vivent en tant que couple ou tout simplement parce qu'ils ne se sont jamais vraiment interrogés là-dessus, cette absence de dialogue les ayant empêchés de prendre conscience de la nature insatisfaisante du mode relationnel de leur couple.

2. Se confronter à la réalité de sa vie de couple ou s'en inventer une bien à soi?

Il est difficile de parler de soi, tout comme de sa vie de couple, sans éprouver de réticences. Si certains sont capables de décrire franchement leur relation conjugale, d'autres ne peuvent pas en parler sans embellir ou dramatiser les faits. Plusieurs, enfin, n'osent même pas évoquer cette réalité, tant cette dernière déçoit leurs attentes. C'est comme si le fait d'en parler pouvait entraîner la déchéance de leur couple. Dans d'autres cas, les partenaires livrent des versions si discordantes qu'il est parfois très difficile de savoir laquelle est la plus fidèle. Ainsi, pour se protéger, certains préfèrent entretenir une fable édifiante et non compromettante, mais aussi très éloignée de la vérité. C'est comme si la réalité pouvait éventuellement venir jeter à terre le château de cartes qu'ils ont réussi à maintenir debout à coup de soumissions et de compromissions, dans l'espoir qu'un jour, un événement magique ou miraculeux viendrait transformer leur triste histoire en quelque chose de plus conforme à leurs espérances.

Renouveler l'ajustement

Qu'ils le veuillent ou non, dans la vie quotidienne, leurs rapports mutuels étant en constante évolution, il est nécessaire que les conjoints s'ajustent continuellement. Et pour y parvenir ils doivent d'abord pouvoir se regarder face à face. La confrontation concernant l'état de leur relation de couple peut alors surgir et les ramener à eux-mêmes en suscitant des interrogations comme : qui suis-je ? qui est l'autre ? qu'est-ce qu'on fait ensemble ? ce que je suis en train de vivre répond-il à mes attentes profondes ?

3. S'affronter pour vaincre les obstacles

« Ne fais pas de vagues sur l'étang si tu ne veux pas que ton canot chavire ! » Pourtant, la réalité de la vie à deux nous force souvent à conclure que dans le couple, l'affrontement est parfois une étape nécessaire pour résoudre les conflits qui surviennent suite à des événements et à des incidents de la vie quotidienne. Lorsqu'il le faut, passer par l'affrontement, c'est accepter que dans la vie à deux, un jour ou l'autre, il se produise des désaccords. Par exemple, ce peut être l'apparition de divergences majeures dans la façon de voir les choses importantes concernant le couple, ou l'absence de consultation et la prise de décisions unilatérales qui rencontre la fin de non-recevoir de l'autre. Dans de telles circonstances, l'affrontement fait partie de ce qui peut survenir et, ensuite, il faudra le dépasser, si on veut avancer dans la compréhension mutuelle.

Au sein du couple, les conflits et les mésententes ne sont pas toujours manifestes ni consciemment pris en compte. Souvent, on a développé le réflexe de les pousser sous le tapis mais, avec le temps, on en subit les effets sans trop s'en rendre compte. Un jour, vient le moment où l'on doit passer à la caisse et régler ses comptes et le tout s'actualise, en provoquant l'affrontement qui devient, dans cette circonstance, la zone d'interaction obligée des partenaires.

a) Il y a affrontement et affrontements

Sous une forme ou une autre, l'affrontement fait, au départ, partie intégrante de la rencontre des partenaires. L'affrontement momentané, vécu à travers une relation amoureuse et affectueuse constitue pour le couple l'occasion de se réajuster. Selon nous, s'affronter, c'est essentiellement se parler franchement et sans détours, sans omettre les aspects significatifs du problème rencontré tout en s'efforçant d'en parler de façon factuelle. Cependant, lorsqu'à certaines occasions les esprits s'échauffent, le ton monte et les reproches échangés se transforment en tempête verbale, il faut immédiatement faire la trêve et repousser la discussion à un moment plus opportun. Les dérapages hostiles laissent des traces indélébiles, tout comme les propos irrespectueux envers l'autre mettent en jeu la survie du couple. À ce titre, l'affrontement demeure un jeu dangereux, mais si on garde en toutes occasions une attitude respectueuse de l'autre, on peut, sans trop de risques, se permettre de dire le fond de sa pensée.

Accepter à l'occasion de s'affronter ne signifie pas faire l'apologie de l'affrontement. Si, pour certains, l'affrontement occasionnel peut s'intégrer au rythme normal de leurs relations intimes, d'autres n'arrivent pas à s'ajuster et leurs frictions quotidiennes constituent des conflits stériles et destructeurs. S'affronter ainsi n'est pas souhaitable, surtout si ces affrontements deviennent un abonnement à la décharge des humeurs et un événement courant de la vie du couple. Les affrontements réguliers témoignent de la présence d'un malaise profond qui remet en cause l'amour mutuel des partenaires tout en contribuant à évacuer la tendresse de la relation. L'expression continuelle de griefs révèle la présence d'un problème majeur et peut être rédhibitoire au sein du couple.

L'agressivité récurrente et le dépit qui s'exprime sous toutes les formes ne peuvent faire partie du quotidien d'un couple sans le détruire et remettre en cause l'intégrité des partenaires. Dans un tel cas, les couples sont confrontés à un problème fondamental : celui de la viabilité de leur relation. Les prises de bec à répétition agissent à titre d'indicateur d'une dysfonction relationnelle majeure pour laquelle il devient impérieux de rechercher la cause. Il se peut que les partenaires aient des personnalités mutuellement conflictuelles ou que l'un des partenaires ait des griefs que l'autre ne prend pas au sérieux ou refuse d'entendre. Dans d'autres cas, l'un des partenaires peut temporairement démontrer de l'intolérance envers l'autre, parce qu'il vit une période difficile, qu'il est confronté à des problèmes personnels importants ou parce qu'il a tout simplement un fichu caractère. Il s'agira alors de s'interroger sur les raisons profondes qui alimentent ces griefs constants et de requérir, à cet effet, l'aide appropriée.

b) Refuser les affrontements ?

À l'autre extrémité du registre, on retrouve les couples enlisés dans la routine quotidienne et qui ont cessé depuis longtemps de communiquer entre eux pour se dire ce qu'ils pensent vraiment. Pour ces derniers, l'idée de se confronter l'un à l'autre évoque l'expérience d'une discussion conflictuelle qui leur fait peur. Dans les circonstances, la volonté de se réajuster est mise de côté, car ils craignent des conséquences qui les ébranleraient. On choisit donc de faire comme si tout allait bien, espérant préserver l'image de couple amoureux qu'on croit former. Cette fuite derrière le paravent des apparences implique cependant le mensonge : le mensonge à l'entourage, le mensonge à son partenaire et, simultanément, le mensonge à soi-même. Plutôt que de s'affronter lorsque ça ne va pas, on juge plus sage de baisser les bras, de se taire et de se résigner à garder pour soi ses opinions et ses sentiments. On croit, à tort ou à raison, que faire savoir à son partenaire ce que l'on pense vraiment pourrait ruiner la relation conjugale. En fait, quand on est rendu à croire cela, la relation interpersonnelle a déjà perdu une bonne partie de son sens et n'est qu'une habitude commode où les amoureux se sont transformés depuis longtemps en colocataires !

Pour éviter ce piège fatal au couple, il faut se résoudre à dire les choses comme on les voit, quitte à provoquer momentanément chez son partenaire une réaction défavorable. Dans tous les cas où la vie de la relation est en péril, il va falloir demander de l'aide.

c) Lorsque l'affrontement est inutile

À toutes fins utiles, se confronter à celui qui est cantonné dans ses limites personnelles risque de ne rien donner de positif. L'incompréhension chronique de certaines personnes rend futile et risqué tout effort pour provoquer un changement. C'est le bout de la ligne, ici s'arrête le rail et le train n'ira pas plus loin. Affronter celui ou celle qui ne comprend pas n'offre que des chances infinitésimales de provoquer un changement d'attitude qui répondrait à nos attentes. Quand on ne comprend pas, on ne comprend pas... et toutes les explications du monde seront superflues. À ce moment-là, il faut savoir reconnaître de telles situations et abandonner l'espoir d'établir la communication.

On a l'habitude de dire qu'il ne faut pas désespérer, qu'il y a une solution à tout mais il faut aussi tenir compte des limites de la compréhension qui sont, chez certaines personnes, étonnamment étroites. Le réalisme nous commande d'accepter l'idée qu'avec certaines personnes, il n'y a rien à faire pour établir un dialogue véritable. Peu importe ce que l'on pourrait leur dire, leur capacité d'entendre, de comprendre et d'agir se révèle être très limitée et parfois inexistante, ce qui fait que tous les efforts pour dépasser ces limites vont se révéler inutiles et vains.

LA QUALITÉ DE LA COMMUNICATION

C'est à cause de la présence dans le couple du sentiment d'amour, de confiance et de liberté qu'il est possible de se parler franchement, sans hésiter. Ces échanges spontanés sont accompagnés d'interactions positives et ne suscitent que rarement des frictions importantes. Un tel contexte relationnel élimine l'obligation de répéter le discours prévu au programme pour éviter de faire des vagues. Pourtant, chez un grand nombre de couples ou chez l'un des partenaires, la vie à deux entraîne trop souvent l'apparition du sentiment de déconnection et des regrets du genre : « S'il pouvait comprendre ce que je vis... » « Si elle pouvait comprendre ce qui m'arrive... »

S'il est parfois facile, lorsqu'on est à une certaine distance, de saisir la nature du problème qui tourmente quelqu'un, cela n'est pas toujours évident pour l'intéressé, qui peut passer des mois et des années à s'interroger sur la nature de ce même problème sans arriver à le cerner vraiment.

4. Apprendre ensemble à négocier les paramètres opérationnels de son couple

Dans un couple viable, on trouve le moyen que chacun accorde à l'autre l'espace qui lui revient, les deux prenant de plus en plus facilement une place équitable au sein du couple. Pour éviter les affrontements récurrents et futiles, les partenaires ont apprivoisé l'idée de se dire ce qui les dérange et ce qui les irrite, chaque fois qu'un comportement les déconcerte ou les bouleverse, plutôt que de se taire et de ravaler. Pour atteindre cet objectif sans trop de heurts, il s'agit d'abord de garder le ton bas et d'adopter une attitude résolue mais non belligérante, en manifestant ses attentes ou ses griefs personnels. Après avoir examiné ensemble les aspects divergents de leurs positions respectives, les deux peuvent alors transiger fructueusement et trouver un terrain d'entente.

5. Pouvoir se rencontrer

La rencontre entre les partenaires ne va pas de soi et il y a des gens qui ont vécu en couple, toute leur vie d'adultes, sans s'être vraiment rencontrés. Combien d'époux ou d'épouses ont compris que le salut, dans le mariage-pour-la-vie, était de se taire et de ne pas montrer ce qu'ils éprouvaient puisque, de toute façon, ça ne servirait à rien ? Ces mêmes personnes « raisonnables » n'ont-elles pas, plus tard, été accablées par toutes sortes de maux physiques, véritables somatisations, conséquence de leur résignation à accepter comme normale l'absence d'échanges significatifs avec leur partenaire ?

La rencontre, c'est l'événement fondateur du couple et la mémoire de cet événement témoigne toujours de cet amour. C'est aussi ce qui permet aux partenaires de passer à travers les moments difficiles en se disant : « Quelle chance on a d'être toujours ensemble ! »

Chapitre V

LA RENCONTRE, L'ÉVÉNEMENT
FONDATEUR DU COUPLE

A U RISQUE DE DÉCEVOIR les irréductibles, nous croyons que la rencontre et la réussite conjugale se fondent rarement sur l'amour romantique. S'il arrive, au départ, que des amoureux aient connu le coup de foudre et que leur amour ait ensuite évolué vers quelque chose de durable, combien d'autres amants n'ont connu que la désillusion. En effet, l'amour romantique prend sa source dans les vibrations viscérales et s'entretient d'émotions épidermiques. Il faut plus que cela pour que la rencontre amoureuse soit autre que virtuelle. Au sein des couples qui se sont formés rapidement, sur la traînée de l'impact émotif de la rencontre des regards, les partenaires ne parviennent pas toujours à se connaître vraiment, car ils se sont confondus dans l'illusion qu'ils avaient l'un de l'autre.

1. La rencontre

a) Mythes et réalité

Avec le mariage électif, la rencontre amoureuse des époux semblait désormais assurée et l'optimisme était de rigueur. On croyait que le mariage d'amour garantissait la réussite du couple. On constate aujourd'hui que la feuille de route du mariage électif n'est pas meilleure que celle des mariages arrangés ou que celle des mariages de convenance[1]. Que les partenaires se soient choisis ou pas, le nombre d'échecs est similaire.

Tout comme dans les mariages arrangés d'autrefois où l'amour prenait la place qu'il pouvait, il en va ainsi aujourd'hui des mariages « d'amour ». Dans les deux cas, lorsque la franchise, l'honnêteté et le réalisme se rencontrent, le contexte est toujours favorable à l'éclosion et au développement de l'amour conjugal.

b) La garantie de durée du couple

Le couple est le reflet d'une réalité humaine partagée. Pour sa durée, il n'existe aucune autre garantie que celle de la sincérité et de l'*adéquacité*, innée ou acquise, des partenaires. Le cheminement partagé vers la maturité est le premier facteur de la réussite d'un couple, il permet la naissance et le développement d'une relation amoureuse plus réaliste, capable de grandir et d'évoluer. C'est en même temps la seule condition fondamentale permettant au couple de franchir au quotidien les obstacles de la vie.

c) La capacité d'investissement personnel et la capacité d'intimité

Certaines personnes n'attendent pas grand-chose de la vie à deux. À preuve les commentaires désabusés, entendus de la part de gens qui avaient vécu plusieurs unions et qui laissaient entendre que vivre avec une personne, quelle qu'elle soit, ça ne faisait pas de différence. « Que l'on vive avec l'une ou avec l'autre, tout cela c'est du pareil au même ! » Pour ces gens, il n'était pas question de rechercher dans l'autre une réalité unique. C'est comme s'ils se disaient, pour ne pas être déçus par des attentes qu'ils croyaient personnellement irréalisables, qu'une personne en vaut bien une autre et que toute vie de couple, une fois la magie de la passion évanouie, peut finalement se résumer en une succession de gestes routiniers et d'habitudes ennuyeuses.

---

1. C'est le cas d'un mariage qu'ont contracté des gens, considérés d'âge mûr, et qui, ne voulant pas demeurer célibataires, ont accepté la première proposition sérieuse de mariage qui leur a été faite.

Le résultat invariable de telles expériences, c'est qu'une fois disparue l'excitation des débuts, on se retrouve à se demander ce que l'on fait ensemble. Y a-t-il une vie pour le couple après le départ de la passion ? Y avait-il une vie de couple alors que la passion dominait ? Pour ces personnes, le mariage ne demande que de l'endurance et le couple qu'elles forment pourra continuer d'exister tant et aussi longtemps qu'elles seront capables de s'endurer. On dirait que cette attitude révèle une incapacité ou une ignorance profonde d'une certaine chose qui les empêche de s'investir émotivement auprès d'une autre personne parce qu'elles ne sont pas capables de bâtir avec elle des liens affectifs d'amour et de gratuité.

Ce bilan décevant illustre le fait que, dans bien des cas, c'est la même passion qui les avait lancés dans les bras l'un de l'autre et qui, par son départ, va les séparer. Une fois démasquée, la passion ne sera toujours qu'un *trip* que l'on fait avec soi-même, à travers le contact de l'autre. Au lendemain de ce qu'on appelait «l'amour», on constate que cette expérience éphémère n'était qu'une simple infatuation avec date d'expiration.

2. Les dispositions à vivre en couple

a) *S'aimer ou s'endurer versus s'aimer, s'endurer et s'apprécier*

En vivant dans la réalité quotidienne, les conjoints finissent un jour par se voir tels qu'ils sont, avec leurs forces et faiblesses. Ils apprennent ainsi à s'apprécier pour ce qu'ils sont. C'est comme ça qu'au fil des ans, à travers les petits gestes quotidiens, on réussit comme couple à s'estimer et on continue à se désirer, même en se voyant à la fois pleins d'imperfections et pleins de bonne volonté. Cette vision réaliste n'empêche pas les conjoints de s'aimer, cela pouvant même aller jusqu'à ce que l'on trouve gentils les petits défauts de l'autre.

Ce qui permet à un couple de durer, c'est la présence de l'amour partagé. L'amour relationnel, dans l'amour conjugal, est un type d'amour spécifique, fait de respect, d'admiration, de patience, de générosité, de confiance, d'attrait et de désir ; tout cela se retrouve dans les facteurs qui font qu'un couple est viable. L'amour partagé donne son sens à l'amour conjugal. Sans réciprocité, l'amour devient vite une farce où l'un exploite l'autre. Aimer l'autre sans qu'il nous aime en retour n'a pas de sens. Aimer, c'est d'abord être attentif et disponible à l'autre, tout comme on souhaiterait que l'autre le soit pour nous. L'amour partagé ne se fonde pas sur le sentimentalisme et il s'oppose à la prise du pouvoir de l'un sur l'autre, par l'application de forces manifestes ou subtiles. L'amour conjugal est lui aussi une force et un pouvoir mutuel que les partenaires partagent et s'échangent au gré des bons et des mauvais jours.

b) Le don et le pardon

Par le don, l'homme s'enrichit...! Voilà un paradoxe incompréhensible pour ceux qui vivent repliés sur eux-mêmes et refusent les relations altruistes. En voulant se protéger de ce qu'ils craignent être de l'intrusion dans leur vie, ils se privent d'une vision élargie de la réalité et de l'occasion d'en partager et d'en vérifier le contenu, ce qui leur permettrait d'évoluer et d'avancer.

On a dit que l'amour conjugal qui permet de s'épanouir est gratuit et sans réserve, les partenaires s'offrant l'un à l'autre, sans conditions préalables. Cela ne signifie pas que les partenaires amoureux soient des aveugles et qu'ils acceptent de vivre un altruisme à sens unique dans une relation où l'un donne et l'autre reçoit. Le couple se réalise par la pratique mutuelle du don et du pardon. C'est la présence de cette générosité mutuelle qui différencie l'amour conjugal des relations centrées sur le calcul et la mesquinerie ; le calcul étant une attitude individualiste, contraire au sens même de la rencontre conjugale. Lorsque les arrière-pensées et les mesquineries dominent la relation, l'amour et le couple perdent rapidement leur sens et leur viabilité.

Si l'une ou l'autre des parties est manifestement inapte à s'engager, le couple qu'elles forment n'est qu'une illusion. Dans ce contexte, s'acharner à aimer quelqu'un qui ne nous aime pas et qui, dans certains cas, peut même chercher à nous détruire, est insensé. Quand cela se produit et lorsque l'on persiste à rechercher de tels partenaires nocifs, on peut se questionner sur la qualité de son jugement et même sur sa santé mentale (voir chapitre XI).

Il faut aussi témoigner du cas de ces personnes qui, s'étant mariées pour une foule de «mauvaises raisons», ont découvert peu à peu un autre sens à leur vie de couple, suite à l'établissement d'un dialogue de plus en plus soutenu au cours de leur cheminement et parfois grâce à des incidents fortuits de leur vie à deux. À travers des gestes désintéressés, ils ont rencontré à nouveau leur partenaire et découvert le vrai sens du mot amour. Ils se sont enfin libérés des réserves mentales qu'ils entretenaient, de même que de leurs calculs incessants, complexes et futiles qui, loin de les protéger, contribuaient à les enliser dans leur individualisme.

c) L'amour conjugal est un amour créateur

En s'engageant de façon authentique dans une relation de couple, les individus qu'ils sont au départ apprennent à se connaître à travers l'amour-rencontre; c'est ce qui leur permet peu à peu de s'harmoniser l'un à l'autre. C'est ainsi qu'ils découvrent comment l'amour est un processus créateur, l'expérience de l'amour partagé leur permettant de vivre une nouvelle réalité conjugale où le tout dépasse la somme des parties. Au long des années, ceux qui s'aiment ainsi se retrouvent transformés par cette expérience qui les a fait grandir intérieurement, l'un devant l'autre. Comment auraient-ils pu autrement survivre aux épreuves que la vie leur réservait? Souvent, on rencontre des conjoints qui ont réussi à surmonter des situations difficiles, entraînant des tourments psychologiques qui auraient pu les démolir. Il n'y a pourtant là rien de magique ni d'extraordinaire, c'est simplement l'illustration de la puissance de l'amour véritable qui transfigure les souffrances et les misères humaines et transporte ceux et celles qui en font l'expérience, au-delà des écueils qui auraient pu faire sombrer leur couple.

3. Les obstacles à la rencontre: les attitudes inadéquates

a) Les gens qui se croient supérieurs aux autres

Certaines personnes n'estiment et ne respectent que ceux qui leur en imposent. Cette attitude se rencontre fréquemment chez les personnes de pouvoir, celles qui commandent ou qui adoptent en tout temps le ton du commandement. Dès l'enfance, elles ont adopté ce ton arrogant et suffisant qui les fait s'imposer aux autres, cela ayant pu contribuer, dans certains cas, à ce qu'elles obtiennent, au travail, des postes de commande. La contrepartie de cette attitude, c'est qu'à leurs yeux, la majorité des autres ne peuvent accéder qu'aux marches inférieures du podium. Ayant tendance à voir les gens de haut, ces personnes réservent leur arrogance tout autant à leur conjoint qu'à leur entourage. Toutefois, si l'un de ceux qu'ils regardent de haut connaît le succès et la renommée, tout change; voulant alors partager sa gloire, ils n'auront désormais pour ce dernier que des louanges.

L'ÉGOLÂTRIE

Gilles se dit très content de sa personne, de ses connaissances, de ses entreprises et de ses relations sociales. Il vit dans une grande maison qu'il a transformée avec les années en un véritable musée dédié à sa gloire personnelle où tout sert à proclamer sa renommée, le tout s'inspirant de la maison *Hauteville House* de Victor Hugo à Guernesey qu'il avait visitée lors d'un de ses nombreux voyages. Comme le grand écrivain, l'égocentrisme de Gilles ne connaît pas de limites et, même s'il sait être avenant en société, il finit par lasser son entourage. Gilles formant d'abord un couple avec lui-même, la place de sa conjointe et de ses enfants est réduite à celle de figurants. Lorsque l'on insiste auprès de ces derniers, ils finissent par avouer leur embarras en disant de lui qu'il est un homme qui leur «pompe l'air»! Comment sa conjointe peut-elle espérer prendre la place qui lui revient avec Gilles comme compagnon de vie? Comment devenir soi-même quand on est traité comme une mineure?

b) Les gens qui ont un besoin compulsif de se sentir utile

Préoccupés par le sort des humains, on veut aider ceux qui sont dans le besoin et on a le souci de partager avec ceux qui n'ont rien. Cet altruisme de bon aloi ne doit pas être confondu avec l'altruisme névrotique qui fait que des personnes ne sont attirées que par la détresse et la faiblesse de ceux qu'elles perçoivent comme démunis, afin de se sentir utiles et significatives. S'attribuant la mission de sauver le monde, leur altruisme témoigne d'un désir inconscient de se rassurer sur leur propre valeur et parfois même de se sentir supérieures. Cela se traduit chez elles par l'adoption d'une attitude de surprotection envahissante représentant une puissance subtile et occulte, cet exercice leur procurant le sentiment recherché de se réaliser grâce aux autres. De même, lorsque l'une de ces personnes est à la recherche d'un partenaire, elle va chercher quelqu'un qui lui donne l'impression qu'il a *besoin d'elle* et la relation engagée va être marquée par cette forme paradoxale de dépendance.

c) Ceux qui assument tout

De nouvelles responsabilités et des tâches additionnelles, amenez-en, rien ne leur fait peur et ils sont capables d'en prendre ! Chez eux, on ne détecte pas la moindre hésitation à s'embarquer et à assumer ce qui s'annonce. Ces gens croient qu'ils disposent de capacités illimités. Ce faisant, ils contribuent involontairement à la démobilisation de leur partenaire qui se retrouve toujours délesté de ses responsabilités. Une telle attitude crée au départ un couple bancal, un tandem déséquilibré où l'un absorbe le gros de la charge du quotidien de la vie à deux tandis que l'autre bat doucement en retraite. Cette amabilité engageante associée à une attitude de vouloir tout prendre en main cache cependant un trait d'irréalisme souvent relié à une forme d'insécurité et d'immaturité personnelle qui correspond à la pseudo-maturité (voir chapitre X).

> La relation dans laquelle Germaine s'est engagée est très exigeante et elle fait des prodiges pour attacher autour d'elle tous les fils à la traîne. Avec son partenaire et leurs enfants, ils forment une famille reconstituée (sa fille, âgée de 12 ans et les deux fils de son conjoint, âgés de 7 et 9 ans). Le conjoint est du genre négligent et peu responsable mais elle n'en a cure, car elle assume volontiers sa part de responsabilités. Elle est une femme dynamique et a de l'énergie à revendre, elle se veut présente à tous, elle essaie de tout faire et y parvient presque. Réincarnation de super woman, elle est surnommée par ses amies **Mme 200 %**. Germaine se croyait sans limites mais voilà qu'elle se sent de plus en plus frustrée et quand elle prend le chemin de chez elle, elle sent la moutarde qui lui monte au nez...

d) La difficulté d'accepter l'autre comme son alter ego

Que ce soient l'arrogance, la pitié ou encore le manque de réalisme, ces attitudes inadéquates obstruent d'une manière ou d'une autre la voie de la rencontre authentique. Révélant la fragilité de l'ego et la dépendance maladive, ces attitudes ne font que dissimuler l'incapacité de la personne à s'engager auprès de l'autre, dans une relation égalitaire, basée sur des sentiments mutuels et réciproques. Souvent, ces attitudes remontent au jeune âge et ne sont pas conscientes, et pour plusieurs, elles sont là pour la vie. Si ces personnes pouvaient se regarder aller, cela pourrait les amener à changer d'attitude envers les autres. Seul un sentiment aigu d'insatisfaction pourrait les inciter à modifier un tel comportement.

La majorité des adultes souhaitent vivre dans leur couple une relation égalitaire plutôt que de regarder l'autre comme un inférieur ou de se sentir traité avec condescendance. L'acceptation de l'autre passe par la prise de conscience qu'il a, lui aussi, une valeur intrinsèque qui ne dépend pas de ce que l'on pense de lui. Ainsi, malgré les sentiments qui font croire à certains le contraire, accorder de l'importance à l'autre ne peut en aucun temps diminuer la nôtre ni créer de problème.

« MAUDITE JALOUSIE ! »

Dans cette chanson, Kevin Parent avoue son trouble : « J'ai peur qu'on me la prenne ! » La crainte du jaloux qu'on lui « prenne » sa partenaire tient du fait qu'au départ, il l'avait lui-même « prise ». Lorsqu'il y a eu rencontre entre les partenaires, on comprend alors que cela est incompatible avec la possibilité qu'on « prenne l'autre » comme étant un objet à posséder. L'amour relationnel est étranger à l'amour de captation. Le sentiment de possession est aux antipodes de celui du respect de l'autre et de sa liberté d'être ou non engagé dans cette relation.

4. L'engagement personnel et le sens des responsabilités

a) « Pour le meilleur et pour le pire... »

Cette phrase qui se retrouve dans le cérémonial du mariage suscite la controverse. Posons-nous la question : jusqu'où peut-on ou doit-on s'engager l'un envers l'autre ? De la même façon qu'il y a différents niveaux de communication dans un couple, il y a aussi différents niveaux d'engagement.

Par exemple, doit-on endurer toute sa vie les vexations, les humiliations, les brimades multiples de la part de son conjoint, sous prétexte qu'on s'est engagé dans le mariage pour le meilleur et pour le pire ? D'autre part, doit-on sans cesse remettre en question son mariage si nos attentes envers l'autre sont parfois déçues ? Que penser du reproche : « Tu ne me fais plus rire comme avant ! » pour se justifier de quitter son conjoint ?

C'est à cause de l'amour partagé avec l'autre que l'on peut faire face aux imprévus et aux épreuves : maladies, accidents, conflits, etc. L'engagement du mariage n'aurait pas de sens s'il pouvait se terminer à demande, à la première déception, à la première épreuve.

Que penser de ceux qui acceptent mal que leur partenaire ne ressemble plus à l'image qu'ils s'en étaient faite ? Par exemple l'épouse, suite à une grossesse, se retrouve avec un physique abîmé et voilà que son mari est tout chaviré car il a perdu l'attrait qu'il éprouvait pour elle ! Depuis, il regarde ailleurs, surtout du côté des femmes plus jeunes qui risquent moins, à son avis, d'être déjà amochées.

Que penser du problème de celui dont l'épouse a été victime d'infarctus à 45 ans et qui se retrouve paralysée sur un lit d'hôpital pour le reste de sa vie. Va-t-il demander le divorce et se trouver une autre femme en bonne santé ? Et si c'était lui qui avait été victime de cet infarctus et était cloué sur ce lit d'hôpital, apprécierait-il que son épouse le traite de cette façon ?

b) Être responsable

Être responsable, c'est comprendre le sens et l'importance des gestes que l'on pose et de leurs conséquences pour soi et pour les autres.

Devenir responsable change la perception des relations que l'on a et que l'on peut avoir avec les autres. Être responsable, c'est emprunter le chemin de la maturité où l'on comprend de plus en plus le sens des rapports que les gens entretiennent entre eux. Cette nouvelle compréhension permet à la personne de se soustraire des inconséquences des gens qu'elle est appelée à côtoyer, et à s'éloigner des personnes toxiques qui risquent de la détruire.

c) Le sens de la vie et la difficulté de vivre dans la réalité : le mythe de Sisyphe

Le propre de la famille nucléaire contemporaine semble être la vie trépidante et le manque de temps. De plus en plus, l'emploi du temps est centré sur le travail qui engouffre le gros de l'horaire, à commencer par les longs déplacements pour occuper un emploi. Les fins de semaine, on doit encore reprendre la route pour mener les enfants à leurs activités de sports et de loisirs. Le temps file et tout doit être orchestré de façon serrée pour parvenir à rencontrer toutes ses obligations. La vie familiale tout comme la vie de couple devra se contenter du reste. On se console en se disant qu'un jour... plus tard, on aura enfin le temps de s'accorder le droit de jouir de la vie. Et chaque année, on attend le moment où l'on partira pour une semaine s'étendre sur une plage du sud...

Combien souhaitent échapper à la lourdeur des responsabilités de la vie adulte ! Pourtant, une vie humaine qui ne serait que léger batifolage de papillon semblerait vaine et vide de sens. L'homme ne vit pas, tel un insecte, l'espace de quelques heures ou de quelques mois. Outre la nécessité de se nourrir et de se reproduire, il y a l'expérience de l'amour qui permet de distinguer la personne humaine du reste du règne animal. Cet amour, c'est l'amour de soi et de l'autre, c'est l'amour-rencontre qui transcende les vibrations viscérales de la sensation de l'instant et de l'émotion du moment.

L'amour s'appuie sur la résolution personnelle réciproque de s'engager dans une relation durable et stable avec la personne aimée. Cet engagement mutuel, tout comme l'engagement pour une cause significative, confirme que la vie vaut la peine d'être vécue ; c'est la libération de Sisyphe.

5. Le couple et la famille élargie

a) Le ressourcement du couple

À une certaine époque, en milieu urbain comme à la campagne, on voyait la petite famille prendre la route, le samedi matin ou le dimanche après-midi, pour se rendre visiter les grands-parents. Cela semble être de moins en moins fréquent. Le rythme de la vie et les activités sociales ciblées pour des groupes d'âge spécifiques font des activités sociales intergénérationnelles une chose du passé. Pourtant, par ce retour aux sources, les parents permettent à leurs enfants de rencontrer leurs grands-mamans et grands-papas. Les parents ont en même temps l'occasion d'échanger, de partager et de s'ajuster au sujet de leur vie d'adultes et de l'éducation de leurs enfants. Ils peuvent aussi faire le plein de cette affection mutuelle existant entre eux. Tout cela pourvu que les adultes tiennent leur rôle respectif et que soit respectée, de part et d'autre, la réalité de l'autonomie de chacun. À ces conditions, fréquenter la famille élargie contribue à consolider l'équilibre personnel de chacun. Cependant, ce n'est vraiment possible que si les parents sont eux-mêmes équilibrés et savent faire confiance à leurs enfants et à leur compétence pour éduquer et aimer à leur tour leurs propres enfants. Si, au contraire, les parents tentent de s'immiscer ou, pire encore, de torpiller le projet éducatif de leurs enfants en se disant plus compétents qu'eux, il y aura alors conflit et peut-être même rupture. De même, tout au long de la vie, la relation entre enfants et parents doit se fonder sur le respect et l'autonomie réciproque.

b) Les relations entre le couple, les grands-parents et les enfants

Les grands-parents font normalement confiance à leurs enfants majeurs lorsque ces derniers s'occupent adéquatement de leurs propres enfants. Cela ne les empêchera pas d'intervenir si, à leurs yeux, un de leurs enfants manquait à sa tâche de parent. Dans les situations exceptionnelles, les grands-parents exercent leur devoir de protection, de suppléance et même d'intervention auprès d'un de leurs enfants qui se révélerait être incompétent et auprès de leurs petits-enfants qui doivent alors être protégés.

Cependant, bien des grands-parents oublient d'abandonner certaines prérogatives révolues de leur rôle parental et poursuivent, sans réels motifs, leur intervention surprotectrice auprès de leurs enfants majeurs et ensuite auprès de leurs petits-enfants. Cela se manifeste à travers une relation de non-confiance systématique qui se traduit par des interventions inopportunes et intempestives qui ne tiennent pas compte du fait que leurs enfants majeurs s'acquittent adéquatement de leurs devoirs d'éducateurs. Une telle attitude de non-confiance, sous-jacente à celle d'une supervision constante des gestes éducatifs de leurs enfants, diminue le respect, la crédibilité et l'autonomie de ceux-ci et contribue à l'affaiblissement du lien familial par la déresponsabilisation de leurs enfants dans les rapports qu'ils entretiennent entre eux.

Les grands-parents ont un rôle essentiel à jouer pour la continuation du lien familial entre les enfants et les petits-enfants. Par leur affection et leur leadership discret, ils peuvent entretenir ce quelque chose de chaleureux qu'il fait bon partager et célébrer lors des fêtes et des réunions de famille. Cela est une recette connue, mais elle n'est pas appliquée par tous, trop de grands-parents utilisant leur emprise occulte pour semer la zizanie dans les couples que forment leurs enfants.

c) Le couple et les interférences de la famille immédiate

Parfois, les interférences que subit le couple proviennent de la famille immédiate et contribuent à l'empêcher de s'établir ou de se développer en tant qu'entité viable. Ces interférences peuvent provenir principalement de certains parents qui ont des vues ou des attentes différentes ou contraires à celles de leurs enfants concernant, par exemple, le choix d'un ou d'une partenaire et qui jouent d'influences pour faire achopper la relation et détruire le couple qui vient de se former.

> Victor est un fils unique et sa mère Gabrielle a vu de près à son éducation. Son père étant mort en bas âge, c'est au collège classique qu'il a connu enfin un monde masculin qui l'a aidé à se distancer un peu de sa mère surprotectrice qui rejetait sur lui son besoin d'affection et d'attention. Dans les circonstances, avoir été pensionnaire a été

pour lui une bénédiction. Ses études terminées, il est revenu s'établir dans son village natal pour répondre aux demandes pressantes de sa mère qui s'exerçait à le sensibiliser, sinon à le culpabiliser, en lui répétant sans cesse qu'elle avait besoin de lui et lorsqu'elle n'obtenait pas la réponse attendue, elle lui rappelait qu'il était en dette avec elle. Dans les années qui suivent, il rencontre une jeune femme qui enseigne à la même école que lui. Après quelques mois de fréquentations, ils décident de s'épouser. Pour la mère éplorée, il n'est pas question que son fils quitte le domicile familial ; se pliant aux sollicitations de la mère, le couple emménage donc dans la maison maternelle. Cependant, la mère ne se résigne pas à partager son fils avec une étrangère et leur fait toutes sortes de difficultés. Ses sentiments oscillent entre celui d'adopter son épouse pour qu'elle devienne sa fille et celui de perdre son fils. Le quotidien du couple est truffé de tracasseries alimentées par les comportements déconcertants de Gabrielle. Bientôt, le couple devra déménager ou se séparer.

En effet, certains parents veulent garder à tout prix le monopole de l'attention de leurs enfants et acceptent difficilement qu'ils s'engagent à leur tour dans une vie de couple et que l'attention qu'ils recevaient d'eux soit partagée avec un partenaire. Ce comportement aberrant surprend mais il est plus courant qu'on ne le pense. Si certains parents jaloux et contrôlants sont dépourvus de subtilité dans l'échafaudage de leurs intrigues et manipulations dans le but d'obtenir la réalisation de leurs projets irréalistes, d'autres agissent de façon plus subtile et ce n'est qu'après des années et plusieurs échecs matrimoniaux que leurs enfants réaliseront l'ampleur des abus psychologiques qu'ils ont subis de la part de leurs parents.

Chapitre VI
L'INTIMITÉ DANS LE COUPLE

À L'OCCASION, il peut arriver qu'on s'abandonne à livrer des confidences très intimes à de purs étrangers, au hasard d'une rencontre dans un autobus, ou dans une salle d'attente. De telles confidences révèlent souvent le fait que la personne vit alors quelque chose qui provoque chez elle un trop plein qui l'amène à se confier, comme ça, spontanément, profitant de l'oreille captive d'un inconnu qu'elle est persuadée de ne plus revoir. Les confidences faites dans ce contexte paraissent non compromettantes et elles ne sont alors qu'un simple exutoire.

Faire des confidences à un proche parent ou à un ami est beaucoup plus délicat et plus difficile, car on sait que ces propos risquent de ne pas en rester là. Pour atteindre le niveau d'intensité propice au partage des confidences, on doit avoir pleinement confiance en soi et en la personne qui reçoit ces confidences, sinon les conséquences de se livrer à quelqu'un de son entourage sont incalculables et peuvent se retourner contre soi. Cette personne va-t-elle répéter à d'autres ce qu'on lui a dit ? Va-t-elle déformer les faits qu'on lui a relatés dans le secret ? Va-t-elle profiter de ces confidences pour gagner du pouvoir à nos dépens ?

Se livrer ainsi de façon continue à une personne-amie exprime de la confiance à son égard et favorise l'avènement d'une relation d'intimité. C'est aussi au moment où la personne se confie qu'elle est la plus vulnérable. En effet, celui qui reçoit ses confidences peut profiter de la situation pour obtenir qu'elle s'abandonne à lui complètement en sacrifiant son intégrité et sa liberté personnelle, en devenant sa propriété. C'est ce qui se produit lorsque certains théra-peutes, aux traits psychopathiques, abusent de leur situation de pou-voir auprès de leur patient. Il y a aussi le cas d'intervenants qui, emportés émotivement par le momentum provoqué par le flot des confidences, s'abandonnent à leur tour à faire des confidences à leur client, créant entre eux un lien émotif important, propice à la nais-sance d'une amitié amoureuse. On le comprend, l'absence de réserve personnelle permet de se livrer intimement à une autre personne, et si cela se produit de façon suivie et constante, il peut alors s'établir une proximité psychologique importante, entraînant alors un sen-timent d'intimité et de mutualité favorisant la naissance d'un senti-ment amoureux.

1. Le dialogue et l'intimité

C'est le dialogue qui est le premier lieu de rencontre intime du couple. Initiateur de leur intimité psychologique, il permet aux partenaires de comprendre ce qu'ils vivent et de voir ce qui leur échapperait s'ils étaient seuls et isolés. Si elle ne se prolonge pas dans des échanges et des partages, la cogitation individuelle devient vite une entreprise vaine qui ne peut que plafonner. C'est par le dialogue soutenu et continu que se tissent des liens solides d'amitié et, pour le couple, il constitue la démarche fondamentale de rapprochement des esprits qui permet à l'amour de croître. Ce dialogue privilégié se fonde sur la présence mutuelle des partenaires, libre de contraintes et pleine d'attentions réciproques.

Quand on dit intimité, on pense à cette proximité privilégiée qui permet aux personnes de se lier avec intensité. Vivre en couple et réussir à s'épanouir signifie pour les partenaires l'échange-dialogue qui prépare et permet l'intimité-partage. Dans l'amour conjugal, les partenaires sont présents l'un à l'autre ; le dialogue qui accompagne la rencontre et l'engagement amoureux peut alors devenir autant celui des corps que des esprits. À travers ce partage, on se rapproche, on s'ajuste l'un à l'autre et on se comprend mieux...

a) Pouvoir vraiment se confier

Avant de pouvoir être présent à l'autre à travers l'intimité partagée d'une relation amoureuse, il faut au préalable avoir vécu avec soi-même cette intimité qui contribue à meubler sa propre intériorité. C'est cette découverte de l'expérience de vivre avec soi-même qui crée l'obligation de quitter la superficialité des relations innocentes et aimables, en acceptant le risque éventuel de côtoyer la douleur et la souffrance dans l'aventure du dialogue soutenu avec l'autre. Si elle n'est pas accompagnée d'un véritable dialogue, l'introspection s'enlisera rapidement dans la futilité. La relation d'intimité avec l'autre s'oppose au quant-à-soi, à la réserve, tout comme à l'indiscrétion. Ainsi, lorsqu'elle se produit, l'indiscrétion, tout comme le bavardage, banalise la teneur des propos personnels que l'on a tenus, contribuant à en évacuer leur valeur d'intimité.

b) Jusqu'où peuvent aller les confidences ?

Le degré d'intimité et le niveau des confidences

Vivre à deux exige-t-il des partenaires qu'ils se fassent mutuellement des confessions générales exigeant le dévoilement de tous leurs secrets personnels ? Quel est le but de tout se dire, quels avantages la relation du couple peut-elle en tirer ? L'établissement d'une relation de confiance passe-t-elle par là ?

Pouvoir se confier et se raconter dans le détail comporte des aspects bénéfiques au plan personnel. Ainsi celui qui suit une psychothérapie consulte quelqu'un qui (on le présume) a la compétence d'entendre ses confidences et peut éventuellement l'aider. Alors pourquoi livrer dans le détail ses secrets personnels à son partenaire ? Est-ce souhaitable ? Le partenaire a-t-il la préparation et la compétence psychologique pour accueillir adéquatement toutes ces confidences qui peuvent être parfois accablantes ? Quelles vont être les répercussions de telles confidences, surtout si le conjoint a une personnalité dramatique et peut en être bouleversé.

Dans tous les cas, un conjoint n'est pas un thérapeute. Ainsi, les confidences que l'on pourrait lui faire doivent tenir compte de ses capacités et de ses limites à recevoir nos aveux. Faire des confidences nécessite d'abord une bonne réflexion et un climat libre de toute contrainte et un partenaire consentant et averti.

2. L'individualiste et l'intimité

La vie de couple ne signifie pas la même chose pour tout le monde. Si on affirme que la vie de couple permet à chacun de s'épanouir personnellement à travers l'engagement mutuel, cette conception ne rejoint pas tout le monde. La notion d'épanouissement dans le couple, de même que l'intimité apaisante, apparaissent invraisemblables aux individualistes, pour qui la vie de couple évoque surtout le danger d'esclavage de l'un aux dépens de l'autre ou encore celui de l'esclavage mutuel! Pour eux, le couple n'est qu'un mal nécessaire pour la continuation de la famille ou pour répondre aux besoins émotifs, affectifs et sexuels, etc.

En peu de mots, on pourrait dire que l'individualiste requiert, au besoin, les services, selon le cas, d'une mère ou d'un père, d'une servante ou d'un homme de cour, d'une prostituée ou d'un gigolo, mais jamais de la présence d'une ou d'un partenaire à titre d'égal. Dans un tel contexte, l'intimité n'est pas souhaitée ni recherchée. Pourquoi être intime avec quelqu'un dont on ne recherche pas amoureusement la compagnie? Sans amour, l'intimité n'a pas de sens, pas plus que la sexualité, restreinte elle aussi à la notion de service. S'il persiste malgré tout, le couple sans amour n'est réduit qu'à sa fonction utilitaire. Lorsqu'on fuit l'intimité psychologique, comment vouloir l'intimité physique sans qu'elle ne perde tout son sens? L'amour humain signifie l'interaction réciproque entre l'intimité psychologique et l'intimité physique.

Titre d'un film récent: *Post coitum, animal triste,* c'est d'abord cette observation élémentaire du poète latin Ovide dans son poème *Ars amatoria* et qui est souvent citée par certains moralistes pour souligner le caractère vain de la relation sexuelle. En effet, une fois le coït accompli, pour l'animal tout comme pour l'homme, l'entreprise spécifique est terminée: la femelle est fécondée et l'espèce va survivre. Suite à la disparition de la tension sexuelle, on pourra parfois éprouver un vague sentiment de tristesse et de solitude. Cependant, si les partenaires se connaissent amoureusement, ils pourront éprouver plus que ne le permet le partage d'un simple rapport sexuel, car il existe aussi entre eux une véritable intimité psychologique. Le plaisir éprouvé peut alors se continuer dans le sentiment partagé de la joie d'être vraiment ensemble.

3. L'intimité physique, les relations sexuelles

L'intimité physique ne va pas de soi ; au début, la pudeur naturelle de la grande enfance, qui semblait disparue à l'adolescence, n'est que provisoirement occultée par le désir de crâner devant les autres et ne pas passer pour niais. La découverte de l'autre dans la relation sexuelle n'est pas donnée, elle devra se faire, étape par étape, où, par des caresses et les confidences qui deviendront de plus en plus intimes, on apprendra à s'apprivoiser. C'est en se découvrant de façon graduelle qu'on éliminera toutes velléités de contrainte et que s'établira un sentiment partagé de confort relationnel.

La perte du sens de l'intimité physique est un phénomène connu. Ainsi, on ne recule plus devant l'idée de faire l'amour le soir de sa première rencontre avec un quasi-inconnu. On fait cela trop souvent pour la sensation et surtout pour ne pas être de reste et ne pas se faire traiter de prude ou de nigaud... Sans cette recherche d'intimité psychique autant que physique, on s'embarque dans des routines impersonnelles, plutôt que de progresser vers une rencontre intime soutenue. C'est ce qui se produit dans les rencontres sexuelles d'individus qui ne tiennent pas à l'intimité amoureuse à cause de leur immaturité ou de leur indifférence, de la même façon que dans l'achat des services de la prostitution. En effet, plusieurs ne voient dans l'activité sexuelle qu'un simple défoulement, une pratique utile à l'hygiène physique et mentale.

On entend souvent dire : « Il faut trouver le moyen de remettre la passion dans sa vie de couple ! » Or s'il n'y a pas d'abord eu de rencontre intime des esprits et des cœurs, cela risque de ne pas arriver. C'est la présence de l'intimité psychologique qui demeure la porte d'accès pour atteindre l'intimité physique gratifiante et confortable dans sa constance au fil des ans.

S'investir...

S'inspirant de l'activité économique, on s'attend à la proportion-
nalité du retour en fonction de l'investissement qu'on a fait. Selon
nous, cela s'applique aussi à l'activité sexuelle. Si on ne s'investit que
très peu personnellement dans le rapport intime, le retour à obtenir
de cette relation sera minime. Plus qu'une technique de bien-être ou
qu'un simple moyen de reproduction de l'espèce, la sexualité procure
l'occasion d'apprécier ce qui est offert par la vie à deux, c'est une
façon de se rapprocher et d'être présent l'un à l'autre. La sexualité
gratifiante est le résultat d'une rencontre accompagnée d'un processus de croissance interpersonnelle, relié à la fois à l'intimité psychologique et physique. L'expérience de la sexualité donne l'occasion
aux personnes de se rejoindre (corps et esprits) dans l'intimité, mais
ce n'est que le départ ; c'est aussi une façon de se dépasser en tant
qu'individus et de trouver ensemble la jouissance libérante, celle qui
aide à guérir les blessures de la vie.

Si la rencontre sexuelle peut être une façon privilégiée d'être
ensemble, le sexe privé d'amour peut aussi se réduire à n'être qu'un
simple mécanisme de reproduction, ou une occasion de se mastur-
ber, seul ou à deux, isolés et sans jouissances durables.

La vraie libération sexuelle ne surviendra que lorsque les parti-
cipants s'accorderont le droit de jouir dans le respect de soi et de
l'autre. C'est d'abord une question de maturité, celle qui permet à la
beauté et au plaisir de la vie de s'exprimer dans la sexualité. Sans la
maturité, ces attentes normales et légitimes risquent d'être déçues.

4. Pour être heureux,
il faut d'abord s'accorder le droit de jouir

Jouir de la vie, jouir des faveurs qu'elle nous accorde, est un cadeau
de Dieu. C'est aussi un droit fondamental de la personne et non une
maladie ou un vice. Dominant les derniers siècles, l'éducation puritaine et janséniste était anti-plaisir. La culture d'une époque encore
toute récente colportait une vision « moralement approuvée » d'un
monde sans plaisir ; on ne cessait alors de répéter aux enfants que la
vie sur terre était une vallée de larmes. Cela ne pouvait faire autre-

ment que de provoquer une réaction. C'est un peu ou beaucoup pour cette raison qu'à l'autre extrémité de ce tableau, on a vu dans cette carence de jouissance, dans l'amour comme dans la vie, l'occasion de faire la promotion du commerce de la jouissance. Dans cet esprit, on favorisait le désir de se « procurer » le bonheur. Désormais, il faudrait payer pour atteindre la jouissance, pour assouvir ses désirs.

Il ne faut pas confondre la vraie jouissance et la jouissance éphémère. La première comble et réjouit, la deuxième agit telle une drogue, crée finalement un vide plus grand et des besoins démesurés qu'on ne peut assouvir. Par la présence obsédante de ses impératifs, le principe de vouloir « jouir à tout prix » ignore la réalité et correspond finalement à l'aliénation personnelle qui correspond à la perte permanente du droit de jouissance.

Pourtant on a connu des gens heureux, aux vies sans histoire, qui avaient peu au plan matériel. Pour jouir, il faut apprécier ce que l'on a et ce que l'on est. Le malheur personnel commence quand on envie ce qu'on n'a pas et ce qu'on n'a pas les moyens d'avoir : « Je vais être heureux quand j'aurai... » ou encore : « Si j'avais... ».

5. Amour et sexualité

« Le plaisir, la complicité et la sécurité sont les trois pivots de la cohésion conjugale ; et ces trois émotions se retrouvent dans le geste tendre[1]. » La vie de couple inclut nécessairement la sexualité. Certains auteurs ont suggéré que, pour des motifs de sanctification religieuse, les époux devraient se priver de contacts sexuels et vivre comme frère et sœur. Nous croyons que cette proposition, récurrente au cours des siècles, cache des motifs suspects. En associant d'abord le sexe à l'impureté et en l'opposant à la sanctification, on réduit la sexualité humaine à une pratique nécessaire à la reproduction de l'espèce. Ces propos révèlent le vieux fond anti-sexuel janséniste qui remet aussi en circulation le manichéisme oriental,

---

1. Dr Gilbert TORDJMAN, *Le couple : réalité et problèmes*, Hachette, 1981, p. 89.

deux thèses contraires à la doctrine chrétienne et déjà dénoncées comme hérétiques par les différents conciles de l'Église.

6. La sexualité et les enjeux du pouvoir

La sexualité des personnes a appartenu, et continue souvent d'appartenir, à des individus qui se servent de cette emprise pour maintenir leur pouvoir. Ayant vécu dans les dernières décennies un véritable renversement des attitudes sociales et morales, les plus jeunes ne savent pas que la sexualité n'a pas toujours été offerte en pâture, même aux jeunes adolescents, pour qu'ils puissent en faire l'expérience. Ces derniers ne peuvent se douter qu'il n'y a pas si longtemps, la répression de l'activité sexuelle était le principal domaine où s'exerçait le contrôle des parents et des éducateurs sur les adolescents. Pour les parents qui se percevaient comme étant les propriétaires de leurs enfants, ce contrôle est allé plus loin et s'est transformé rapidement en abus de pouvoir. Les conséquences de ces abus de pouvoir de la part des parents ou des personnes en autorité ont encore aujourd'hui des effets pernicieux qui se poursuivent et peuvent durer toute une vie. Ainsi, lorsqu'ils arrivent à l'âge adulte, certains individus se découvrent incapables d'intimité sexuelle prolongée et ils se retrouvent vite sans moyens quand ils s'engagent dans une relation amoureuse sérieuse. Au moment des rapports sexuels, l'homme perd son érection rapidement et la femme se retrouve incapable d'avoir un orgasme. Dans leur décor d'enfance, on retrouve souvent une mère possessive qui ne souhaitait pas que son fils ou sa fille lui échappe.

Le contrôle sexuel se faisait sous le prétexte et au nom même de la « morale » bien pensante. Cela pouvait aller très loin et les effets se faisaient sentir de plusieurs façons. La mère contrôlante et castratrice (puisque c'était souvent le cas) a pu installer chez son enfant la peur de l'acte sexuel, favoriser le développement du sentiment d'*inadéquacité* personnelle, ou installer la notion occulte de l'impureté du sexe ; une réalité qui continue d'être véhiculée aujourd'hui par la pornographie.

De tout temps, l'exploitation de la sexualité a servi le pouvoir contre les personnes. La société de consommation y a vu son intérêt et, de nos jours, le sexe assaisonne la publicité pour attirer l'attention. Si, avec l'exploitation commerciale, le sexe se retrouve rapidement dans la vulgarité, il ne faut pas pour autant perdre la notion de beauté et de grandeur de la sexualité humaine.

7. Les relations sexuelles : moyen de rencontre ou jeu de pouvoir ?

Quand on dit séduction, on pense à la passion amoureuse qui peut apparaître alors comme une chose souhaitable. Le mot séduction signifie prendre à part, capter, mais il a aussi une autre signification moins aimable comme celle de vouloir subjuguer l'autre pour ensuite lui imposer ses volontés et sa domination. Comme entreprise, la séduction n'est souvent qu'un mince écran, un leurre attirant, qui ne cache que l'impérieuse volonté du séducteur d'imposer son pouvoir sur la personne subjuguée. Le verbe « subjuguer » n'a rien de romantique, il signifie littéralement : « mettre sous le joug » ! Dans ce type de rencontre, l'amour n'est que la manifestation du pouvoir (sexuel, psychologique ou autre) de l'un qui s'affirme aux dépens de l'autre. Quelqu'un avouait : « J'ai réalisé que l'attrait sexuel n'était que cela : l'attrait sexuel ! »

Subjuguer l'autre, le jeu de la séduction ou la prise de pouvoir

« La séduction ressemble au jeu du chat et de la souris, mais parfois, c'est la souris qui attrape le chat ! » Quels sont les instruments du pouvoir ? Il y a d'abord la force physique ou la menace de s'en servir. Il y a aussi la force de « l'intelligence » qui se manifeste par l'emploi de la ruse et de la manipulation, et enfin la force enjôleuse du sexe.

> Il faut avouer que Pierre, 25 ans, un beau garçon bien éduqué était, au yeux des femmes qui le connaissaient, un « morceau de choix ». Pour le capturer, Pauline, une femme délurée déjà rendue au milieu de la trentaine, avait une bonne expérience de la gent masculine et savait tirer profit de ses charmes, c'est-à-dire de sa poitrine généreuse qu'elle mettait en évidence par des décolletés plongeants. Travaillant dans le bureau où Pierre venait d'arriver, elle s'était assurée d'obtenir son

attention. Le *party* de Noël fut l'occasion qu'elle cherchait pour ferrer le poisson. Tel que prévu, les danses lascives et l'alcool ayant été efficaces, la soirée se termina dans le lit de Pauline et quelques semaines plus tard, elle annonçait à Pierre qu'à sa plus grande surprise, elle était enceinte, suite à leurs ébats. Étant malgré tout un garçon sérieux et responsable, Pierre accepta de partager la vie de Pauline afin de l'aider à éduquer leur enfant, même s'il n'éprouvait pour elle aucun sentiment amoureux. Plusieurs années plus tard, cette dernière s'amusait à raconter à ses amies du bureau comment, en arrêtant ses anovulants, elle avait procédé pour attraper le nouveau venu.

Vue de plus près, la séduction se résume à n'être qu'une entreprise où le séducteur vise à étendre son emprise sur la personne séduite. La séduction n'est en fait qu'un moyen de domination, de prise de contrôle où la personne séduite abandonne en grande partie sa gestion personnelle au séducteur et cela pour la durée de l'état de séduction. Cette durée peut être de 2-3 minutes, 2-3 jours, 2-3 ans, ou toute une vie ! Cela dépend des moyens et des ressources déployées par le séducteur et du degré d'influençabilité de la « proie ». En effet, la personne séduite, lorsqu'elle est maintenue sous l'effet du charme, demeure insensible aux rappels de la réalité.

Certains individus possèdent des caractéristiques propres aux séducteurs. Ils sont de fins manipulateurs et savent agir de façon subtile, empêchant ainsi la détection précoce. Dans la plupart des cas, la personne séduite démontre une habileté importante à être entraînée dans une aventure sentimentale comme celle que lui propose un beau parleur. N'ayant souvent qu'une piètre image d'elle-même et souffrant parfois de carence affective ou étant momentanément dans un état de vulnérabilité, elle constitue une proie qui attend d'être victimisée. Se percevant comme dépourvue d'attrait, elle ne croit pas pouvoir recevoir de l'amour. Romantique incorrigible, les belles paroles qu'elle a entendues, même une fois le séducteur démasqué, continuent d'alimenter ses rêveries romantiques.

8. Se réapproprier la sexualité

Alors que la morale traditionnelle et la pornographie contemporaine se sont mises d'accord pour mépriser la sexualité et rabaisser, réifier et aliéner les personnes, on conçoit de plus en plus clairement aujourd'hui le sens libérateur de la sexualité lorsqu'elle est vécue à travers l'amour véritable. Fini l'affrontement entre les concepts d'acte géniteur et d'acte jouisseur. La relation sexuelle commande un niveau supérieur d'exigences et elle est un moment privilégié de la rencontre interpersonnelle à laquelle il faut accorder tout son sérieux. Cette relation s'intègre à une promesse continue d'engagement des partenaires. On comprend que cette promesse exige l'exclusivité et la durée; un tel engagement n'incluant pas, tel un caprice (ou pour permettre le chantage affectif), des options facultatives de désengagement permettant «d'aller voir ailleurs»!

Le mariage-amour-rencontre témoigne du fait que la société humaine a un sens et un avenir. Pour les personnes, il signifie le sérieux et la solennité de l'engagement mutuel et la grandeur des sentiments en cause, en s'appuyant sur le sens sacré de l'amour conjugal. La rencontre sexuelle des personnes vraiment amoureuses se distingue des aventures d'un soir reliées à l'hédonisme adolescent et au repli sur soi avec ses petits plaisirs égoïstes. Intégrée à la rencontre des personnes, l'expérience de la sexualité humaine se démarque nettement du rut des animaux, entièrement déterminé par la nécessité de reproduction de l'espèce.

9. Les relations sexuelles précoces: un marché de dupe

Il n'y a pas si longtemps, on disait, au sujet des relations sexuelles, qu'un garçon pouvait s'amuser à gauche et à droite mais qu'une fille «bien» devait attendre d'être mariée pour avoir des relations sexuelles, sinon elle ne serait plus «bonne à marier». On disait encore ça à la fin des années 1960. L'accès généralisé à la pilule anticonceptionnelle et à d'autres moyens de contraception, combiné à la révolution des mœurs, a permis un changement d'attitudes vis-à-vis des relations sexuelles. Les parents ont depuis lors cessé de craindre les grossesses surprises pendant lesquelles ils devaient exiler pour plusieurs mois leur adolescente imprudente et malchanceuse. Désormais, les parents inquiets pouvaient respirer de soulagement et se contenter de dire à leurs jeunes qui invitent leur blonde ou leur *chum* à coucher, de ne pas trop faire de bruit, ce qui empêcherait les autres de dormir!

Dans le contexte actuel, le sexe est devenu un autre bien de consommation, il ne s'agit que d'en profiter à sa guise quand se présente l'occasion. Essayer la marchandise avant de l'acheter est un principe accepté dans le monde de la consommation. C'est dans cet esprit qu'on entendait dire il y a quelques années que bien des mariages étaient ratés parce que les époux n'avaient pas vérifié auparavant s'ils étaient sexuellement compatibles. Ce fut le règne de la période «sexologique» où l'on croyait qu'une approche «scientifique», prévoyant un essai sur le terrain, allait régler le problème des couples mal assortis.

10. L'utilité du sexe : *From «Joy ride» to «Test drive»* !

Autrefois interdites et fortement dénoncées par tous les éducateurs, vu les risques de grossesses en dehors du mariage, les relations sexuelles des adolescents pouvaient se comparer au geste du délinquant qui, à la sauvette, empruntait l'auto du voisin pour se promener. Au matin, il la ramenait à sa place, personne ne s'en était rendu compte.

De nos jours, les relations sexuelles des adolescents ressemblent à l'expérience de faire le tour des garages pour essayer les nouvelles autos. En effet, les adolescents d'aujourd'hui n'ont plus, devant la sexualité, les réticences des gens de la génération qui les a précédés. Cependant, pour la grande majorité des jeunes rencontrés, l'histoire n'a pas changé : comme autrefois, les relations sexuelles à l'adolescence correspondent au goût de l'aventure sexuelle, révélant souvent l'expression de leur conformisme ou celui du besoin non comblé d'être aimé.

L'aventure sexuelle est un projet individuel d'affirmation de son pouvoir personnel dans lequel l'autre est utilisé. Dans ce type de relations, on ne s'arrête jamais pour se demander quelle est la part du partenaire ; ces relations sont vues comme l'occasion de gonfler son ego et de pouvoir se vanter de ses attraits ou de ses prouesses.

Dans le contexte actuel, et dans la très grande majorité des cas, les relations sexuelles sont inopportunes et non rentables avant d'avoir atteint l'âge adulte parce qu'elles n'apportent que des illusions ou des déceptions et ne peuvent finalement contribuer à l'établissement viable d'un couple. Si, à l'adolescence, les jeunes filles recherchent la tendresse dans les relations sexuelles, les garçons, eux, ne veulent trop souvent que soulager leur tension sexuelle. Le défaut de considérer cette réalité entraîne bien des malheurs personnels. L'aventure sexuelle prématurée apporte rarement ce que l'on y recherche sauf dans le cas de ceux qui ne souhaitent que se défouler. Selon notre expérience, seule la possibilité réaliste de former un couple authentique confère un vrai sens aux relations sexuelles. L'abstinence sexuelle est préférable pour tous ceux qui sont trop jeunes pour s'engager durablement dans la vie de couple.

Tomber amoureux à l'adolescence

Le besoin névrotique d'être aimé est un problème psychologique sérieux, parce qu'il n'est pas souvent détecté au moment où son influence agit. On croit au grand amour, aux nobles sentiments, alors qu'en réalité on est victime du processus de la dépendance où les partenaires emmêlent l'écheveau de leurs problèmes personnels à celui de leur partenaire. De nombreux témoignages nous forcent à conclure que l'issue de ces aventures amoureuses est très rarement heureuse et la continuation de telles relations, ignorantes des conditions de la réalité, nuira au cheminement vers la maturité.

Plutôt que d'essayer d'éviter à ceux qui se sont laissés entraîner par le romantisme dans l'aventure amoureuse précoce d'avoir à recoller les pots cassés, il serait bon de prévenir la formation prématurée de couples en insistant auprès des adolescents sur l'importance et la valeur de vivre au préalable l'aventure de l'amitié authentique entre garçons et filles. L'éducation des adolescents devrait commencer par affirmer l'importance fondamentale du respect de la liberté, la leur et celle des autres, la liberté à laquelle on accède à travers l'expérience de la vie, en comprenant ce que signifie le sens de l'engagement et des responsabilités. Il est difficile pour un adolescent qui a été éduqué dans un contexte infantilisant et déresponsabilisant de pouvoir bien saisir ce qu'implique l'acceptation d'assumer ses responsabilités, la première condition préalable étant d'en comprendre vraiment le sens.

En effet, une éducation qui déleste les jeunes de toute responsabilité fait d'eux des irresponsables permanents. Il est difficile à première vue de comprendre pourquoi des parents agiraient ainsi, sinon pour des motifs de surprotection et de dépendance subtile qui les entraînent à vouloir faire en sorte que leur enfant demeure un enfant et ne les quitte jamais.

11. Les ratés de la relation sexuelle

En entrevue avec Diane Sawyers (émission *20/20*, réseau ABC, le 26 avril 1997), Ellen Degeneres avouait qu'elle avait eu des rapports sexuels avec des hommes avant de découvrir son homosexualité. Ces rapports, elle les décrit comme franchement décevants et bien des femmes hétérosexuelles pourraient en dire autant. Il nous semble qu'il y a une raison bien élémentaire à cela. Trop peu d'hommes, de 17 à 77 ans, ont entendu la boutade féministe : « Il n'y a pas de femmes frigides, il n'y a que des hommes maladroits ! » On évoque l'exemple de la femme de 50 ans qui déclare à son conjoint : « Désormais je ne veux plus de rapports sexuels, si tu veux du sexe, va voir ailleurs, moi j'ai fait ma part ! » Par son dépit, elle exprime sa déception pour ce qu'elle n'a pas reçu durant toutes ces années, à travers les rapports sexuels « utilitaires » et son ras-le-bol d'avoir dû se prêter d'office au rôle de fournisseuse de sexe à demande, à « l'ayant droit ». Dans le même ordre d'idées, combien d'adolescentes d'aujourd'hui n'ont connu des relations sexuelles que le geste dominateur de celui qui n'éprouvait que l'urgence d'éjaculer pour se soulager...

L'expérience enseigne que les jeunes amants, non éduqués sur la réalité psycho-sexuelle du sexe opposé, risquent de connaître des ratés et des déceptions qui, pour certains, deviendront durables, faisant finalement voir le sexe comme bête et frustrant : un défouloir pour les hommes et une obligation sociale pour les femmes. Plusieurs cas de frigidité ont commencé pour certaines à force de faire semblant de jouir de peur de décevoir leur partenaire.

12. L'érotisme masculin et féminin : une question de différence

« Contrairement à une opinion très répandue, la fréquence des fantasmes érotiques est identique chez l'homme et chez la femme ; seule diffère leur nature. Les fantasmes érotiques féminins les plus fréquents impliquent une dimension relationnelle de la sexualité : *être caressée par un homme avec beaucoup d'affection et de tendresse.* Les fantasmes masculins les plus répandus réduisent la sexualité à une relation d'objet partiel coupée de tout contexte affectif : *se faire embrasser les organes génitaux par une femme, embrasser les organes génitaux d'une femme, etc.*[2] » Au départ, la femme est plus romantique que sexuelle et l'homme est plus sexuel que romantique. Pour résumer, on pourrait dire que, de façon prépondérante, la femme rêve d'être cajolée et l'homme rêve de « baiser ».

13. Le mariage et le sentiment de propriété

La notion de mariage impliquait dans l'esprit de plusieurs la notion de propriété. Le mariage, c'était obtenir la licence accordant le droit de requérir des faveurs sexuelles de celle qui se devait de les fournir par son engagement matrimonial. Dans le mariage, tout devenait permis, disait-on ! Et le mariage continue d'être dans l'esprit de plusieurs dinosaures un acte d'appropriation plutôt qu'un engagement social et personnel où l'on signifie sa volonté de vivre en couple et d'être fidèle l'un à l'autre. C'est ainsi qu'il n'y a pas si longtemps on souriait lorsqu'on entendait une femme dire que son mari l'avait violée ! Comment cela se pouvait-il, alors qu'il se servait de *ce* qui lui appartenait de façon légitime ? Ces propos peuvent paraître outranciers aujourd'hui mais ils expriment malheureusement une réalité qui était encore courante il y a moins d'une décennie alors que plusieurs hommes voyaient le mariage comme un simple permis pour coucher avec la femme respectable qu'ils convoitaient !

L'épisode de la nuit de noces

Depuis des siècles et jusqu'à il n'y a pas si longtemps, la nuit de noces représentait pour la femme la découverte de sa sexualité aux mains de son mari, « son nouveau maître ! » Activité sociale courue, toute la noce assemblée guettait, le lendemain, la mine de l'épousée

---

2. Dr Gilbert TORDJMAN, *Le couple, réalité et problèmes*, p. 132.

pour deviner et vérifier si « ça » s'était bien passé et si elle avait aimé « ça » ! Pratique d'une époque encore toute récente, combien de femmes ont gardé un souvenir douteux ou amer de cet épisode rituel de leur nuit de noces où elles sont « devenues femmes ». En réalité, elles venaient de faire l'objet d'un transfert de titre de propriété : enfants, elles appartenaient aux parents ; par le mariage, elles devenaient la propriété de leur mari. Combien d'années faudrait-il pour effacer de leur mémoire le traumatisme d'un acte accompli souvent sans préliminaires appropriés, son nouveau partenaire n'écoutant que ses propres désirs et ne connaissant très sommairement que l'aspect mécanique de la « chose »...

Le vocabulaire posait bien le problème : la « défloration » ou le « dépucelage » exprimait l'enjeu. Une condition demeurait essentielle pour la jeune femme : arriver vierge au mariage, la présence de l'hymen devant le confirmer ! C'est ainsi que le mot « hymen », dans le vocabulaire usuel des XVIIᵉ et XVIIIᵉ siècles, était synonyme de mariage. Combien de jeunes filles prévenues contre les relations sexuelles avant le mariage n'avaient aucune idée de ce qui les attendait aux mains d'un individu souvent tout aussi ignorant qu'elles...

S'ajoutait à cela un autre contrôle social intrusif, celui par lequel on tentait de vérifier s'il y avait eu dérogation à la règle interdisant la « consommation » avant la nuit de noces. Ainsi les commères du village, devenues pour la circonstance les gardiennes « après le fait » de l'intégrité des mœurs, calculaient le temps écoulé entre les noces et la naissance du premier enfant et, s'il y avait lieu, les mariés ainsi « démasqués » se voyaient inévitablement dans l'obligation de se disculper en expliquant que leur enfant était né avant terme ! Ah ! le bon vieux temps !

14. Le mariage, un projet désuet ?

Les « fiançailles » nouveau style ou le refus du mariage

À l'heure actuelle, le mariage a un problème de taille : il fait peur à plusieurs aspirants, surtout aux enfants issus de familles bouleversées par le divorce des parents. Pour contourner la réticence des candidats à la vie à deux à s'engager formellement, avec cérémonie et réception, dans ce qu'il est convenu d'être appelé « le mariage », on a remis à la mode les fiançailles prolongées, qui étaient de coutume, il y a 400 ans (jusqu'à l'époque du concile de Trente où cette pratique fut interdite). Les amoureux souhaitant vivre en couple le font désormais sans cérémonie et souvent sans aucun contrat explicite. La décision de faire vie commune, sans contracter de mariage formel, est une coutume récente qui a pris un tel ascendant sur la société québécoise actuelle que les mots « mari » et « femme » ont été bannis du vocabulaire ! Désormais on leur a substitué les mots branchés « mon *chum* », « ma blonde » « mon copain », « ma copine » ou encore l'insipide « conjoint ».

Lorsqu'ils survivent aux contraintes de la réalité, plusieurs des ces couples vivant en « union de fait » décident éventuellement de se marier lorsque l'enfant s'annonce.

Le refus de l'engagement formel et public par le mariage est une nouvelle réalité collective, particulièrement manifeste au Québec. Elle exprime l'état de désintégration de la fibre sociale traditionnelle, le manque de confiance dans les institutions actuelles et dans la société à venir. Le couple « de fait », c'est-à-dire formé sans engagement officiel, était déjà une réalité courante pour ceux qui se voyaient et se sentaient socialement isolés ou dont le sentiment d'appartenance à la collectivité familiale ou à une communauté formelle quelconque n'était plus senti ni vécu effectivement. Phénomène particulier au Québec, la désaffection croissante des gens envers les institutions religieuses et sociales contribue à ce qu'il y ait aujourd'hui presque autant de couples de fait que de couples mariés formellement.

15. Le mariage thérapeutique

« Ça va l'assagir ! » disait-on autrefois du jeune homme rétif qui prenait du temps à se ranger : « Il couraille, il prend un coup, il fait toutes sortes de mauvais coups, on va le marier !... »

Dans la même veine, d'autres, doutant de leur identité sexuelle ou se découvrant homosexuels, croyaient que le mariage allait les « guérir ». Aux États-Unis, le groupe Exodus regroupe des homosexuels réformés qui ont décidé et réussi, selon eux, à modifier leur style de vie pour le rendre conforme à la normalité. Ces gens disent avoir retrouvé pour de bon l'hétérosexualité, plusieurs d'entre eux se sont mariés et disent avoir désormais une vie sexuelle normale. Ces changements sont-ils possibles et réalistes ?

L'ambivalence de l'identité sexuelle se rencontre au cours du développement de la personnalité de l'enfant. Ainsi, la grande enfance correspond souvent et généralement à une période homo-sexuelle platonique : c'est comme si on opérait un recul devant l'autre sexe avant d'être prêt à se lancer à sa poursuite !... En effet, durant la grande enfance, entre 10 et 13 ans, l'aliénation vis-à-vis du sexe opposé est bien connue, les filles jouent ensemble et ne veulent rien savoir des garçons qui, à leur tour, regardent les filles en ne souhaitant pas leur compagnie. L'homosexualité, en tant qu'étape du développement psycho-sexuel de la personnalité, est un phénomène reconnu. Dans la grande majorité des cas, cette forme d'homo-sexualité platonique passagère s'évanouit au cours des premières années de la puberté. Certains individus, cependant, peuvent con-server une identité sexuelle ambivalente durant toute leur adoles-cence. Cela favorise le fait que ces derniers se retrouvent engagés dans une aventure homosexuelle où l'activité sexuelle est souvent incessante et effrénée. La vie sexuelle ne se résume alors qu'à la recherche de l'excitation et de l'euphorie dans un type d'activité sexuelle que l'on appelle : « le sexe pour le sexe ». Ces mêmes individus, une fois arrivés à l'âge adulte et se sentant las de ces relations vides, faites d'« amours sans lendemain », se voient prêts à revoir radicalement leur orientation sexuelle.

Cela est très différent du cas de ceux qui se découvrent une identité sexuelle différente de leur sexe biologique. Parfois, certains d'entre eux se sont engagés d'abord dans une activité hétérosexuelle, sans que cela ait contribué à faire changer leur identité homosexuelle secrète ou inconsciente. Pour ces derniers, la découverte de leur homosexualité demeure souvent une tragédie personnelle, l'identité sexuelle « normale » étant foncièrement souhaitée par la majorité. Pour cette seule raison, plusieurs personnes, dont l'identité sexuelle psychologique est confuse où même franchement homosexuelle, veulent à tout prix se conformer, souvent sans grand succès, à leur identité sexuelle biologique.

Ce problème de l'identité sexuelle « anormale » va continuer secrètement ou inconsciemment à les hanter, aucune démarche ne réussissant à réunir dans la conformité leur identité sexuelle psychologique et leur sexe biologique. Vue de cette façon, on peut dire que l'homosexualité correspond à un problème profond de la personnalité.

Être bien... ou être mal dans sa peau

Les troubles de l'identité

Philippe est un bel homme qui a beaucoup de succès en société et en affaires. Il a épousé Odile, une femme qu'on dit être peu attrayante. Philippe *plaît* aux femmes, ses nombreuses conquêtes l'attestent ; pour sa part les années passent et Odile se sent de plus en plus délaissée par Philippe qui rentre tard et boit immodérément. Comment expliquer son comportement ? Il fait carrière, son entreprise est florissante et il a du succès. Il a des enfants intelligents et gentils mais il ne les voit que très rarement, car il ne vient à la maison que pour se coucher ou pour changer de vêtements. La plupart du temps, il explique qu'il doit partir à l'extérieur de la ville pour affaires... Parfois Odile est réveillée par le téléphone aux petites heures du matin, à l'autre bout du fil une femme amère, une ex-conquête de Philippe qui cherche à se venger depuis qu'il l'a laissée tomber. Comment expliquer cette descente aux enfers de Philippe qui démontre de plus en plus tous les signes que l'alcool est devenu pour lui un problème majeur malgré toutes ses dénégations ?

Pourquoi ce problème ? Que cache-t-il ? C'est que depuis son adolescence Philippe n'arrive pas à s'avouer qu'il est homosexuel et que les femmes, il les aime toutes mais aucune en particulier. En effet, il se découvre incapable de soutenir une relation amoureuse durable avec l'une d'elles plus qu'une autre et finalement, il se sent très mal dans une relation exclusive. Par ses aventures sans lendemain et par l'abus d'alcool, il s'est engagé dans une course pour fuir l'éventualité de la rencontre avec lui-même, et par ses multiples conquêtes tout comme par son activité sexuelle effrénée, il cherche à se convaincre qu'il est ce qu'il n'est pas.

La présence du problème de l'identité sexuelle entraîne souvent des troubles du comportement se manifestant entre autres par l'alcoolisme et diverses toxicomanies. Le milieu des artistes, par sa visibilité sociale, est révélateur de ce phénomène du «problème-écran», mécanisme inconscient poussant une personne à entretenir un problème socialement acceptable, pour en cacher un autre qui l'est beaucoup moins. Qu'on pense aux vies tourmentées comme celle d'Elton John et de plusieurs artistes connus qui ont fini par avouer publiquement leur homosexualité, contribuant ainsi à se défaire de leurs «problèmes-écrans». Il y a enfin une pléiade d'individus qui n'ont jamais pu s'avouer leur homosexualité, à eux mêmes et aux autres, ce secret continuant de perturber toute leur vie.

16. La sexualité : une valeur humaine

«Aimez-vous la muscade? J'en ai mis partout[3]!»

L'excès a mauvais goût. Lorsque la sexualité est bien intégrée dans la vie du couple, elle enrichit la vie amoureuse, mais elle devient encombrante quand elle prend toute la place et devient le but de la vie. La sexualité ne doit pas faire perdre de vue l'intégrité des personnes. Lorsqu'on n'a plus de respect pour soi et pour l'autre, la sexualité offense, diminue et finalement **chosifie** les personnes.

Comme l'argent et le pouvoir, la sexualité est une force puissante qui peut épanouir ou asservir. À l'image de toutes les valeurs prométhéennes, la sexualité, lorsqu'on en perd le contrôle, cesse de servir et domine la vie personnelle. Devant les transports de la passion et contre les effets de la séduction, la sagesse suggère l'application du principe d'être «maître chez soi». La sexualité appartient à la personne et elle est là pour la servir, mais lorsque ses pulsions sexuelles prennent le dessus, on en devient vite l'esclave et on se retrouve enchaîné dans une aventure qui ne mène qu'à une forme d'aliénation.

La dimension spécifiquement humaine de la relation sexuelle

La relation sexuelle exprime d'abord chez l'humain, à l'image des autres espèces animales, la nécessité de se reproduire.

3. Cité par Mgr GRENTE, *in La composition et le style.*

À travers l'histoire, on a aussi trouvé «le sexe pour jouir» comme moyen pour l'individu de se défouler physiquement et psychiquement, tout comme cela se pratique chez les primates.

Il y a eu enfin le sexe qui accompagne l'amour où le plaisir partagé des partenaires correspond à la rencontre intime. Ainsi, lorsque l'expérience sexuelle se vit à travers une relation interpersonnelle stable, le sexe prend alors un sens différent et unique où il n'est plus question alors pour chacun de prendre son plaisir comme il le peut. Ces partenaires ont pu installer dans leur relation interpersonnelle un niveau d'intimité et de confort transactionnel qui leur permet de se révéler quelles caresses leur sont agréables et celles qui le sont moins, l'un guidant l'autre dans la recherche de la jouissance partagée. On arrive à se détendre, à jouer et à jouir ensemble en toute liberté et sans arrière-pensées.

C'est par la relation intime, autant psychique que physique, que l'homme peut rencontrer le mystère de la femme et la femme celui de l'homme. Selon la critique d'art anglaise, sœur Wendy Beckett[4], le sourire énigmatique de Mona Lisa prenant la pose devant Leonardo de Vinci s'explique par le fait que cette dernière, sachant le peintre homosexuel, comprenait alors qu'il n'avait pas connu le plaisir de la rencontre intime avec une femme et qu'il demeurait étranger à son mystère.

17. Craindre la routine?

Les partenaires sexuels qui ont connu une fois l'ivresse de la passion, mais qui n'ont vécu ensuite qu'une relation sans intimité, n'ont sûrement pas fait l'expérience de ce mystère de l'amour conjugal qui fait de chaque rencontre sexuelle un événement unique. Cette expérience durable et pourtant toujours nouvelle est le secret des couples qui ont trouvé le sens de l'amour vraiment partagé. Quand les relations sexuelles font partie d'une véritable rencontre intime entre les partenaires, le risque de tomber dans ce que plusieurs croient inévitable, la routine et le désintérêt, n'existe plus. On comprend à

4. Série d'émissions diffusées au réseau PBS en 1996-1997.

travers cette expérience que l'autre est un univers qu'on n'a jamais fini d'explorer.

La relation sexuelle joue à l'intérieur du couple un rôle primordial qui permet aux partenaires de dépasser les tracasseries et les vicissitudes inhérentes au quotidien. La santé du couple dépend en grande partie de la qualité de la vie sexuelle qu'ils partagent.

Chapitre VII

LE TANDEM AMOUR-POUVOIR

COMME SOCIÉTÉ, nous sommes entrés dans une phase réductrice des valeurs qu'on avait jusqu'à maintenant jugées essentielles. D'emblée, à la façon d'un réflexe, on minimise et on soustrait la valeur aux gestes importants que l'on pose. Tout ce qui évoque le sacré est rejeté d'office. Le banal s'est installé et tout arrive; jouant les cyniques, on ne se surprend de rien. Ainsi, on entretient l'idée que les relations sexuelles peuvent se réduire à n'être qu'une activité physique et une activité de loisir. Faire l'amour, baiser et puis après... Lorsqu'on est en manque d'amour ou de sexe, on essaie ici et là, changeant constamment de partenaire, tentant à répétition de retrouver la magie d'un soir, mais rien de cela ne dure. Devenu insignifiant, le geste de s'engager dans les liens sacrés du mariage ne peut plus rien apporter de gratifiant, il est devenu inutile, car dépourvu de signification. À la moindre déconvenue, on lance la serviette et on regarde ailleurs...

1. La perte de sens ou la désacralisation du mariage

Le cinéma nous montre une séquence où le marié embrasse la mariée : les nouveaux époux s'embrassent voluptueusement devant toute l'assemblée. Ce geste symbolise la fête de l'amour-passion. Cet engagement-pour-la-vie que l'on prend, semble-t-il sans arrière-pensées, n'est même pas incompatible avec l'éventualité que, dans quelques mois, ces nouveaux mariés vont s'entre-déchirer et éventuellement se séparer. Le cinéma, par sa nature, s'intéresse à tout ce qui produit des images qui ont un attrait quelconque. L'amour partagé, l'amour-rencontre, celui qui promet la durée, est souvent plus prosaïque, il n'a pas toujours des aspects très romantiques ni très photogéniques.

Traditionnellement et jusqu'à il n'y a pas si longtemps, le mariage signifiait à la fois un geste sacré et profane. Geste sacré, il consacrait l'engagement des époux devant Dieu et devant les hommes et manifestait leur volonté de respecter ces engagements. Geste profane, il était aussi l'occasion de faire se rencontrer les intérêts familiaux, tout comme celui de réaliser la volonté personnelle des partenaires de s'émanciper et enfin, pour certains, le mariage procurait la possibilité de jouir de relations sexuelles sans encourir le risque de la réprobation sociale. Pour d'autres, derrière la volonté de se marier se cachait très souvent le désir de ne pas rester «vieux garçon» ou «vieille fille» dans une société qui montrait du doigt ceux qui restaient célibataires.

Dans les dernières décennies, tout cela a basculé et dans certains milieux, ce sont ceux qui songent à se marier qui sont regardés comme des êtres à part! Que s'est-il passé? Quel est l'avenir d'une société qui refuse d'accorder un sens aux gestes posés et qui refuse désormais de se prendre au sérieux?

2. Feue l'unanimité : entre morale et moralité

Parler aujourd'hui de morale évoque une réalité qui ennuie ou qui fait peur parce qu'on en a longtemps abusé. À une époque où la société nord-américaine croyait n'avoir qu'une seule voix, ses leaders parlaient d'autorité et ils le faisaient au nom de tous. Les individus n'avaient que le «choix» d'adhérer aux vérités reconnues par la majorité de la population. Dans ce contexte, la morale était le moyen par lequel la collectivité cherchait à imposer aux individus la façon «correcte» de vivre et de penser. C'était l'époque de l'unanimité; il n'y avait pas de place pour la différence. Ainsi réduite, la morale ne pouvait plus que signifier le conformisme. Cet héritage douteux n'empêche pas quelques nostalgiques d'évoquer encore aujourd'hui cette époque comme étant celle du bon vieux temps. Ils ont oublié l'intolérance et la bigoterie d'une société qui n'hésitait pas à montrer du doigt ceux qui ne suivaient pas aveuglément les conventions.

Assujetti par le contrôle systématique de la façon collective d'être et de penser, on n'avait guère le souci de respecter les libertés individuelles et on ne craignait pas de sombrer dans le ridicule pour imposer sa conception de la conformité. La morale (c'est-à-dire la moralité publique) était alors perçue comme un instrument du pouvoir et elle servait à niveler les différences interpersonnelles.

Depuis, on a vécu l'éclipse de la morale et, aux yeux de plusieurs, elle est devenue un concept désuet et dépassé. On a désormais opté pour le subjectivisme absolu : celui de la morale personnelle ou morale à la carte, où ce qui est bien et ce qui est mal est maintenant jugé au jour le jour, au gré de son humeur. La morale, si on admet qu'elle ait encore un certain sens, est une question réservée à l'univers individuel.

Le subjectivisme et le relativisme, avec leurs notions commodes, achoppent cependant sur la question de la réalité objective[1]. C'est là qu'on est confronté au fait que le domaine de la morale ne peut se limiter qu'au champ de la gérance personnelle. On doit admettre qu'elle concerne aussi tout le champ de l'action collective et des rapports entre les personnes. Le respect de l'autre et de soi-même demeure la base de ce qui est moral : c'est-à -dire le souci absolu et permanent de la vérité et du respect des personnes. Si on tient compte de ces critères fondamentaux, on constatera que la règle purement subjective du « Je prends ce qui fait mon affaire » comme base du choix des valeurs n'a pas toujours de sens.

a) Le couple et le choix des valeurs

L'acte moral fait appel aux convictions intimes des personnes. Ainsi, ce sont les convergences ou les divergences profondes entre leurs choix moraux qui rapprochent ou qui éloignent finalement les partenaires potentiels. La compatibilité du couple exige que les conjoints aient en commun les valeurs qu'ils considèrent fondamentales. Peut-on continuer de partager la vie de celui ou de celle qui adopte

---

1. Sur la question du concept de réalité objective, voir chapitre IX.

au quotidien des attitudes fondamentales qui sont diamétralement opposées aux siennes ? Si dans sa relation on ne partage que les aspects mineurs de la vie, on n'y retrouvera pas de véritable intimité des cœurs. C'est la rencontre et la compréhension commune des choses importantes de la vie qui font de la rencontre un événement significatif au plan personnel. La morale dicte les choix de vie des personnes et donne le ton dans la façon qu'ils ont d'envisager leurs responsabilités ; c'est ainsi que la morale a finalement le dernier mot.

b) La liberté

Quand on parle de liberté, il faut insister sur sa réalisation concrète au-delà des concepts idéalisants, tout comme de son utilité pour tous les hommes ; autrement, que peut bien signifier la liberté ? Le mot liberté possède-t-il une valeur en soi, ou est-ce un mot à chérir et à enchâsser dans une déclaration solennelle pour ensuite en négliger l'usage ? Pour se concrétiser, la liberté doit pouvoir prendre tout son sens existentiel. Ainsi, pour l'être humain, la liberté, c'est de pouvoir faire quelque chose de sa vie et d'entreprendre des projets comme celui de s'engager auprès d'une autre personne. Sans liberté, le geste posé n'a pas de valeur ni de sens.

Les sociétés autoritaires ont toujours eu tendance à faire fi de la liberté personnelle. Il se dégage de ce contexte une méfiance frileuse devant tout ce qui représente une menace éventuelle à l'ordre établi. C'est la même chose pour les familles autoritaires qui refusent d'accorder l'usage de la liberté à leurs membres. Dans de tels milieux comme pour tous ceux qui en sont privés, l'apprentissage de la liberté prend davantage l'allure d'un défi absolu plutôt qu'un droit essentiel à la poursuite d'une vie normale.

c) L'infantilisation du partenaire

La liberté n'est pas un vain mot. Même au sein du mariage, chacun doit pouvoir porter ses chaussures tout comme le fardeau de la vie. Dans le couple, le respect de la liberté de l'autre fait la différence entre l'amour et l'esclavage. Poussées par leur ambition de s'assurer de l'avenir en prenant charge de la gérance de leur entourage, trop de personnes contrôlantes dépassent la limite de ce qui est tolérable et cherchent systématiquement à diminuer la liberté de leur conjoint. Soucieuses de maintenir leur pouvoir, elles n'hésitent pas à s'ingérer dans les détails de sa vie par des : « Ne fais pas ceci ! » « Je t'ai dit de faire cela ! » « Écoute ce que je te dis ! ». Mais elles vont encore plus loin, et questionnent son bon jugement : « Tu n'es pas raisonnable ! » « Tu ne réfléchis pas ! » « Tu ne comprends pas le bon sens ! » Ce qui se cache derrière de tels propos, c'est le travail psychologique de destruction de l'ego de l'autre, que l'on voit comme menaçant parce qu'il est différent du sien. On veut alors le diminuer pour mieux le contrôler en le pressurisant pour finalement le faire fléchir. À cette fin, on poursuit l'autre par des admonestations : « Montre-toi plus docile ! » « Fais ce que je te dis ! » « Écoute mon expérience ! » L'effort systématique de dénigrement et de démolition de l'ego du conjoint contribue finalement à installer chez ce dernier un sentiment d'incapacité et d'inadéquation. Infantilisée par un tel traitement, la personne se retrouve à la merci du conjoint dominateur.

Finalement asservie et si elle ne s'enfuit pas avant, la personne qui subit un tel traitement en vient à se voir autrement ; elle se sent progressivement diminuée et de plus en plus incapable. À force d'entendre qu'elle est dépourvue de jugement, son intégrité personnelle se retrouve compromise alors qu'elle subit des pressions pour s'en remettre à l'autre et céder son autonomie.

La personne dominatrice fait le vide autour d'elle et, dans le couple, elle contribue à démobiliser son conjoint en lui signifiant qu'elle sait mieux faire que lui. Le résultat de son entreprise n'est pas toujours ce qu'elle désirait naïvement obtenir, mais en rabaissant ainsi son conjoint, elle ne l'incite pas à faire mieux, comme elle l'espérait, mais l'empêche d'essayer de nouveau.

Dans le couple, la liberté de l'un s'oppose à la contrainte physique ou psychologique, tout comme à la possession ou à l'appropriation de la part de l'autre. La valeur de l'union conjugale dépend entièrement du sentiment de disposer de la liberté d'en faire partie. C'est l'état de liberté qui signifie l'engagement des partenaires qui, lorsqu'ils n'en disposent pas, ne peuvent s'engager valablement l'un envers l'autre.

d) Liberté et pouvoir

Une des conditions pour être heureux et pouvoir jouir de la vie dépend du sentiment que l'on a de détenir sur sa propre vie la liberté, assortie d'un pouvoir approprié. À cette fin, l'exercice du pouvoir sur sa destinée doit être vu comme possible et probable[2]. Ce type de pouvoir est essentiel pour jouir de la faculté de se gérer.

Il ne faut pas confondre le pouvoir avec le jeu du pouvoir, une entreprise qui s'exprime par le contrôle que l'on exerce ou tente d'exercer sur les autres, de façon intéressée et sans motifs légitimes. De même, pour certaines personnes le mot liberté a pris un sens absolu, celui du refus de toutes contraintes[3].

La liberté, une valeur inutile ?

Une des conséquences subtile de l'infantilisation des enfants par les parents, c'est le refus de ces enfants de vivre l'engagement qu'ils voient comme contraire à leur sentiment de liberté. De plus en plus, la conception que plusieurs jeunes adultes ont de la liberté se limite à celle du concept de la liberté individualiste qui commande de se dégager de ses responsabilités quand celles-ci deviennent trop contraignantes et que l'on s'y sent coincé. Cette attitude, déconcertante chez un adulte, c'est le prix à payer pour le type d'éducation dispensée par les gentils parents surprotecteurs qui ont voulu soustraire leurs pauvres petits enfants aux soucis de la vie. Devenus incapables de s'engager sérieusement, ces derniers, alors qu'ils atteignent l'âge adulte et qu'ils se lancent à la recherche d'un partenaire, adoptent rapidement des attitudes de quant-à-soi, en refusant de poursuivre toute relation qui demande un investissement personnel. Ces gens espèrent candidement trouver une personne, autre qu'une prostituée, qui les distrairait en les accompagnant dans des sorties, les ferait jouir quand ils en ont envie et qui s'effacerait ensuite discrètement, afin qu'ils puissent poursuivre ailleurs leurs activités

---

2. *Cf.* émission *On Happiness*, John Stossel, au réseau ABC, le 4 septembre 1997, à 22 h.

3. Comme par exemple les feux de circulation qui sont considérés être une contrainte inadmissible.

ordinaires de loisirs avec leurs amis. Dans la vie, ces derniers ne veulent pas de quotidiens harassants ni de conséquences aux actes, ils veulent simplement continuer d'aller au gré de leurs fantaisies, tout comme des enfants pour qui d'autres s'occuperaient du lendemain.

Dans cet esprit, les notions de la responsabilité de gérer sa vie et de s'engager auprès d'une autre personne constituent également des négations de la liberté personnelle. Pour ces « incapables », dont l'éducation a fait des dépendants et des irresponsables chroniques déconnectés de la réalité de vivre en société, le mot liberté a perdu tout son sens existentiel.

3. Le sens du mot pouvoir

À l'instar de la morale, on a l'impression que le mot pouvoir a mauvaise presse, c'est comme si le fait d'avoir du pouvoir devenait immoral. Pourtant, disposer de pouvoir est essentiel à une gérance autonome mais il ne faut pas croire que la détention du pouvoir constitue un moyen magique qui permet de tout faire et de tout entreprendre en ignorant la réalité des contingences humaines et la présence des autres. On ne peut agir de façon valable en ignorant l'intégrité et les droits des autres. Le pouvoir, c'est la possibilité d'agir et d'accomplir quelque chose à l'intérieur des paramètres de la réalité objective. C'est aussi la possibilité de prendre des décisions sans être constamment à la merci de celles qui ne nous appartiennent pas. Une démarche morale qui n'est pas accompagnée du pouvoir de la réaliser n'est qu'une illusion.

Pouvoir et société

L'usage du pouvoir fait partie des nécessités de la vie collective. S'il est exercé dans un cadre moral, c'est-à-dire respectueux des vraies valeurs, il permet à l'individu de se réaliser et à la société de progresser. Ainsi, on admet volontiers que le chef du gouvernement d'un pays et ses ministres ne peuvent gouverner efficacement et réalistement s'ils ne disposent pas d'un pouvoir approprié. L'exercice du pouvoir est un phénomène qui concerne tout le monde, mais son usage, surtout lorsqu'il se prolonge indûment, n'est pas toujours compatible avec les préoccupations morales et peut devenir rapidement abusif. Subjugé par l'attrait puissant du pouvoir pour le pouvoir et s'abritant autrement sous les prétextes les plus nobles, on aboutit souvent, en société, à refuser à l'autre ce qui lui revient de droit. C'est l'histoire de l'humanité. L'apôtre Paul résumait ainsi le problème : « car je ne fais pas ce que je veux, mais je fais ce que je hais ! » Rm, 7, 15.

4. Le pouvoir efficace : occulte ou transparent ?

Le pouvoir le plus efficace n'est pas toujours celui que l'on voit s'exercer. En effet, le pouvoir occulte est efficace, car il ne peut être contré puisqu'il s'exerce à l'insu des gens. On conçoit alors facilement que le pouvoir occulte et secret soit, par définition, un pouvoir antisocial, car il est celui des groupes d'intérêt et celui de quelques individus privilégiés qui, par leur argent et leurs relations, ont accès aux coulisses du pouvoir où ils peuvent faire jouer leurs influences aux dépens des citoyens ordinaires (en versant par exemple des sommes de plus en plus importantes aux partis politiques).

Dans la même veine, on pense à l'exercice de contrôle subliminal qu'exercent certaines personnes sur leur conjoint et sur leurs enfants, cela à leur insu. Ayant fait un travail occulte de désinformation par le martèlement et la répétition des vérités « officielles », ces personnes mènent leur entourage de façon subtile et obtiennent ce qu'elles veulent des gens sur qui elles exercent leur pouvoir sans que ces derniers s'en rendent vraiment compte.

5. L'économie du pouvoir au sein du couple

Même si on ne rêve que d'y parler d'amour, on doit reconnaître qu'au sein du couple, la réalité du pouvoir existe, et ce pouvoir, on doit apprendre à le partager. Selon les personnalités des partenaires, les résultats de l'exercice du pouvoir diffèrent, de même que la manière utilisée pour l'exercer.

Se fondant sur le respect des personnes, le pouvoir, au sein des couples interactifs, s'exerce à travers la discussion et le partage. À l'opposé, on retrouve dans les types de relations maritales plus statiques l'action du jeu de pouvoir subtil ou occulte des gens qui se gardent bien de ne jamais révéler le fond de leur pensée, mais qui agissent avec « diplomatie » et subtilité pour l'appliquer efficacement. Qu'ils commandent l'autre d'autorité ou qu'ils minaudent et le séduisent, ce qui compte finalement, c'est d'obtenir ce qu'ils veulent ; il ne s'agit pour eux que d'y mettre le temps et le prix.

a) Le jeu de pouvoir et l'abus de pouvoir

Quand le pouvoir de gérance d'une personne se rend au-delà du registre autorisé par la réalité de vivre au sein de la société et empiète sur celui des autres, l'exercice du pouvoir devient problématique et il peut se transformer en une entreprise d'asservissement.

Pour une foule de gens, aimer l'autre, c'est subtilement le prendre en main et le contrôler. Si cela peut paraître difficile à croire, c'est pourtant cela que bien des mères de famille, nos « saintes mères » qu'on disait formidables, avaient entrepris de faire avec leur mari et leurs enfants. Écoutez des gens parler de leur mère qu'ils adorent : « Elle est comme la *tour de contrôle,* elle voit à tout, elle ne peut pas prendre de vacances, car toute la famille dépend d'elle ! Toute l'information, toute l'activité familiale fait l'objet de sa supervision, c'est elle qui voit à tout, qui donne les nouvelles, qui garde les enfants, etc. Ma mère est adorable ! » Elle prend toute la place, monopolise toute l'attention et entend bien garder le contrôle de sa famille sinon, que deviendrait-elle ?

b) La personne intrusive

On évoque ici l'image de quelqu'un qui s'invite chez vous et, sans cérémonie, stationne sa voiture en plein milieu du parterre parmi les pivoines. La personne intrusive est cette personne encombrante qui se dit et se croit motivée par les meilleures intentions mais demeure sourde ou indifférente aux demandes à l'effet de se mêler de ses affaires et continue d'accabler résolument son entourage de ses attentions mal avisées, excessives et continuelles. À ses yeux, c'est justement de ses affaires que son conjoint ou ses enfants, même ceux arrivés à l'âge adulte, de même que les amis du couple, soient constamment scrutés dans leurs moindres gestes pour s'assurer qu'ils respectent le programme indiqué. As-tu mangé tes épinards ? devient ensuite : Respectes-tu ton régime ? Mange donc moins de pain ! Conduis prudemment ! Fais ceci, fais cela, etc. Ces personnes ont été éduquées à une époque où il était indiqué de se mêler des affaires de son conjoint et des personnes de son entourage. Inquiète et anxieuse, la personne intrusive tente de conjurer autour d'elle les mauvais sorts, les blessures, la maladie et la mort... Paradoxalement, cette dernière se révèle avoir une faible opinion d'elle-même et elle n'hésite pas à harceler les autres pour se valoriser. Croyant faire œuvre utile, elle oublie que les responsabilités qu'elle assume sans réserve ne lui appartiennent pas. Elle n'a pas réalisé que l'autre était oublié là-dedans et que ce sont en fait ses propres inquiétudes métaphysiques qui dictent ces admonestations inopportunes qui accablent ceux qui en sont l'objet. Convaincue d'être dans son droit, cette personne qui se dit bien intentionnée récidive à chaque occasion en empoisonnant le climat familial.

6. L'exercice du pouvoir au sein de la famille traditionnelle

Si le mariage traditionnel confirmait, en apparence, le pouvoir de l'homme, c'est surtout par la maternité que la femme accédait au pouvoir. De plus, en mettant au monde un garçon, elle réalisait le but fondamental du mariage traditionnel, celui de la continuation du nom et de la lignée. Devenue mère, elle pouvait désormais régner sur la famille (si son mari ne lui faisait pas obstacle) et exercer un pouvoir effectif.

Il arrivait aussi que l'homme qu'elle avait épousé avait lui-même été contrôlé par sa propre mère, ce qui faisait souvent de lui un mineur permanent et un individu qui, dans le couple, ne faisait pas le poids. On le disait alors faible, effacé, souffreteux, quand il n'était pas vantard, ivrogne et découcheur ; tous ces qualificatifs pouvant être attribués à trop de pères de famille insignifiants. Ces traits de caractère et de comportement révèlent effectivement la faiblesse de celui qui avait pour mission d'incarner la figure d'autorité. Derrière cette demi-portion d'homme se retrouvait une mère dominatrice et surprotectrice qui, avec les meilleures intentions du monde, assumait tous les pouvoirs sur la famille. Comme conséquences, en proportion de la dimension de la férule maternelle, les chances de ses enfants et surtout celles des rejetons mâles de parvenir à la maturité étaient d'autant réduites.

Lorsque éducation signifie dressage

Ceux qui approchent de la cinquantaine ou qui l'ont déjà (et même des plus jeunes qui souffrent également de toutes sortes de problèmes personnels) doivent revoir plusieurs aspects de l'éducation qu'ils ont reçue pour vérifier si, quelque part, ils n'ont pas, à une époque pas trop lointaine, été soumis au dressage, la méthode couramment utilisée autrefois dans les familles tout comme à l'école, et qui correspondait alors, aux yeux de plusieurs, à l'éducation.

Ce n'est qu'au prix d'une réflexion au sujet de la place accordée aux gestes d'amour *versus* les inquisitions de l'éducation contrôlante que l'on réussira à mieux se gérer et à améliorer sa relation avec ses proches, les premiers à souffrir des comportements résultant d'une telle éducation. Aimer quelqu'un, c'est d'abord lui permettre d'être lui-même. On pourrait alors se demander si ses relations avec son partenaire, ses parents et ses enfants respectent ce principe et permettent un échange spontané et gratuit ou si, au contraire, elles ne se résument à n'être qu'une autre tentative de téléguidage?

La bombe à retardement

France tient un commerce de lingerie. Jeune femme dans la quarantaine, sportive, indépendante et enjouée, elle aime la compagnie des hommes, mais elle ne peut se résoudre à vivre de façon permanente avec l'un d'eux. Pour elle, c'est l'aventure amoureuse brève qui l'attire le plus, car il n'y a pas là d'attentes ni d'engagements. Elle a déjà été mariée, il y a de cela une vingtaine d'années. À cette époque, son mari et elle ont essayé d'avoir des enfants, sans succès, même si au point de vue médical rien n'expliquait leur infertilité. Ce mariage n'a pas survécu à leurs infidélités réciproques mais cela ne la désole pas car, explique-t-elle, le mariage n'était pas un état qui lui convenait. Elle s'y sentait étouffée et l'idée d'être fidèle à un mari la faisait se sentir prisonnière. Aujourd'hui, elle vit seule, n'en voulant pas plus.

À peine adolescente, sa mère l'avait prévenue inopinément alors qu'elle allait garder des enfants : « Ne m'arrive pas enceinte ! » Avertissement troublant pour une pré-adolescente ignorante de ce que signifiait le mot sexe ! Comme conséquence, les obsessions de sa mère envers le « sexe maudit » semblent l'avoir rendue incapable de vivre une relation suivie et stable et d'avoir à son tour des enfants...

Par besoin ou par curiosité, elle s'est résolue à consulter une psychologue. Peu à peu, au long des rencontres, elle a commencé à découvrir l'ampleur des séquelles d'avoir eu comme mère une personne obsessive et contrôlante, peu aimante ni chaleureuse.

Le contrôle psychologique est une entreprise parentale répandue qui a, de part et d'autre, été interprétée à tort comme une démonstration d'amour. Est-ce bien cela l'amour ? Y aurait-il un autre côté à la médaille ? Le tandem débridé de l'Amour-Pouvoir ne serait-il pas l'âme de cette entreprise où l'amour n'a plus qu'un rôle de figurant et où le pouvoir s'exprime librement dans cette volonté de contrôle qui, à bien y penser, n'est pas si désintéressé que cela, malgré l'effort de désinformation répandu par ses promoteurs.

7. Le respect de l'autre

Pour remédier ou prévenir les abus de pouvoir au sein de la relation, il importe de se questionner sur son attitude foncière devant l'autre. Est-on prêt à lui faire une place réelle à l'égal de celle qu'on voudrait avoir pour soi-même ?

Le respect de l'autre est l'ingrédient essentiel de toute relation humaine. Dans tous les cas, il commande de :

- traiter l'autre comme son égal ;
- lui faire confiance ;
- lui accorder la place qui lui revient ;
- ne pas le superviser ni le reprendre comme s'il était un enfant.

Ces conditions sont essentielles à toute relation qu'on veut être plus que ponctuelle ou superficielle. Cela est encore plus vrai dans la relation de couple où le défaut de respecter l'autre compromet sérieusement son avenir.

Le paradoxe Amour-Pouvoir au sein du couple

Quelle est la place du paradoxe Amour-Pouvoir dans la relation de couple ? Si, au plan relationnel, l'amour exige le respect et l'estime de l'autre, trop souvent l'action du « pouvoir » signifie finalement qu'on oblige, force, humilie et finalement écrase l'autre. Chez les personnes rigides et insécures, le besoin de dominer est impérieux, c'est leur façon d'essayer de « contrôler » l'avenir, en essayant de tout prévoir. Ce besoin d'obtenir, coûte que coûte, ce qu'elles veulent, oblige leur partenaire à s'exécuter. Certains dominateurs ne sont pas très subtils ; chez eux, pas de détours, pas de « peut-être », ni de velléités dans l'expression de leurs désirs, ce sont des ordres qu'ils donnent sans précautions oratoires. Enfin, les personnes les plus futées imposent leurs quatre volontés, subtilement, avec assurance et souvent à l'insu de leur partenaire obligeant. En effet, la manipulation-domination efficace passe inaperçue : voilà une des raisons qui fait qu'on ne peut juger de la dynamique d'un couple sans le connaître bien ! Et c'est ainsi que l'amour conjugal est encore vu comme une façon de s'approprier l'autre et de le dominer :

> « Viens plus près ! Approche-toi ! dit amoureusement l'araignée à la mouche ! »

Peu importe la manière employée, celui qui veut contrôler ne poursuit qu'un seul et même but, celui de s'approprier l'autre. Finalement, la poursuite individuelle du pouvoir s'opposera toujours à l'épanouissement de l'amour conjugal ; et si on persiste dans l'entreprise de subjuguer l'autre, on risque de provoquer la démolition de l'intégrité psychologique du partenaire, l'affrontement violent et la séparation du couple.

Chapitre VIII

Les conflits
et leurs causes

Il se trouve des gens dont la nature heureuse donne l'impression que rien ne les dérange et que, dans la vie, ils voguent en effleurant la surface des flots... mais cela est loin d'être le cas pour la majorité d'entre nous. L'expérience quotidienne de la vie à deux nous enseigne que même si les deux partenaires sont très amoureux l'un de l'autre, il est pratiquement impossible de vivre ensemble, jour après jour, tout en étant soi-même et de ne jamais éprouver de discorde.

1. Les situations de conflits

Et surviennent les conflits : les conflits reliés à des causes profondes comme les désaccords sur le choix des valeurs sur la façon de vivre et d'entrer en relation avec les autres ou encore les conflits bénins provenant de divergences momentanées ou de variations de l'humeur. Ces conflits peuvent durer des secondes, des mois ou des années ; être facilement résolus à la satisfaction des deux ; n'être réglés que partiellement après de longs palabres ou persister de façon latente ou manifeste.

Les facteurs en cause dans ces conflits sont multiples. Parmi les principaux, on peut mentionner : 1° la distance existant entre les partenaires ; 2° la présence de tempéraments conflictuels ; 3° l'existence d'écrans psychologiques ; 4° l'état de santé général des partenaires; 5° les divergences d'opinion sur des questions importantes comme, par exemple, la gestion financière.

a) La distance entre les partenaires

La distance que l'on retrouve entre les partenaires résulte de l'addition de toutes sortes de causes engendrant des « espaces », le premier espace étant celui présent au départ, au moment de la rencontre des partenaires. S'ajoutent ensuite, avec le temps, d'autres espaces comme ceux qui surgissent à la suite d'affrontements non liquidés.

Outre la distance physique ou psychologique, inhérente à l'individualité, plusieurs autres causes peuvent entraîner l'accroissement des distances interpersonnelles :

- LA DISTANCE CULTURELLE : elle est à la fois subtile et omniprésente, elle se manifeste selon les différences d'origine sociale, d'identité culturelle et du niveau d'éducation.
- LA DISTANCE AFFECTIVE : elle est souvent le résultat du manque de tendresse entre les partenaires et de l'adoption, par au moins l'un des deux, d'une attitude de repli.
- LA DISTANCE ÉMOTIVE : elle est provoquée par les attitudes agressives, les impatiences, le manque de confiance et de respect mutuel.
- LA DISTANCE MORALE : elle provient des divergences profondes au sujet de l'adoption et du respect des valeurs que chacun perçoit comme fondamentales.
- LA DISTANCE SEXUELLE : elle reflète les différences de niveau de la libido et de l'intérêt pour l'activité sexuelle et aussi du goût ou de l'absence de goût pour le rapprochement et la proximité physique et sexuelle.

b) Les tempéraments

Oui, on rencontre parfois des personnes conciliantes pour qui, d'emblée, il n'y a pas de problème, et si d'aventure il y en a un, ce dernier ne sera jamais dramatisé, car, de toutes façons, ce problème pourra se régler sans qu'on en fasse un drame. Ces personnes ont des natures patientes et elles ne s'emportent pas devant les contrariétés de la vie.

Il y a aussi les malcommodes, tout comme les impatients et les irritables, pour qui les contrariétés procurent l'occasion de publiciser leurs nombreuses frustrations qu'ils ont « patiemment » accumulées au long des années ! C'est ce qui fait dire : « Ne réveillez pas le chat qui dort ! »

Ces derniers ont comme voisins les intolérants : ceux qui relèvent le moindre désagrément et le consacrent en offense majeure.

Enfin, il y a les boudeurs que l'on retrouve isolés dans leur coin... bien à la vue de tous ! Par le repli sur soi, ils installent immédiatement des distances dans la relation, chaque fois qu'il leur apparaît nécessaire de faire expier à l'autre un déplaisir qu'il serait coupable d'avoir provoqué. Une telle attitude entraîne à coup sûr la distance et l'usure accélérée dans la relation.

c) Les écrans psychologiques

Certaines personnes adoptent en toutes occasions, une attitude d'extrême amabilité. Cependant, si on y regarde de plus près, on constate que leur amabilité est pleine d'épines. Lorsque l'on côtoie régulièrement ces personnes, on a tôt fait de découvrir que leur attitude n'est en fait qu'un écran dissimulant leur rage intérieure. Chez elles, cette rage est souvent rattachée à des événements de leur passé et elle est de nature réactionnelle. On devine que ces derniers n'ont pas vécu ce qu'ils auraient voulu. Ils ont sans doute subi au cours de leur enfance ou de leur adolescence des vexations et des humiliations, le plus souvent de la part de leurs proches ou de personnes en autorité qui, par leurs attitudes abusives, ont laissé chez eux des blessures profondes. Pour réussir à bien passer la rampe en société, ces personnes bien éduquées ont donc appris à dissimuler et finalement à nier leurs véritables sentiments. Si cette attitude qui nie la réalité de leurs sentiments profonds persiste malgré les expériences indiquant le contraire, elle contribuera à enrayer l'évolution des relations à l'intérieur de leur couple.

Les arrière-pensées

À l'occasion, on a des échanges avec des personnes et, en écoutant leurs propos, on s'aperçoit, à notre grande surprise, qu'ils indiquent la présence d'arrière-pensées à notre endroit. Que ce soit à la suite d'un contentieux ancien ou à cause de l'attitude foncière de celui qui n'arrive pas à accorder sa confiance à son partenaire, les arrière-pensées révèlent dans tous les cas l'incapacité d'établir une relation authentique et elles hypothèquent irrémédiablement l'avenir de toutes relations. Dans d'autres cas, les arrière-pensées se retournent contre leur auteur et contribuent à ce qu'il soit la cause de ses propres misères.

> « Le secret du bonheur, c'est que même si on a des rêves pour l'avenir, ce qui importe maintenant, c'est de jouir de ce qu'on a. » Cette phrase raisonnable, Dany se la répète tous les jours mais cela ne réussit pas à lui faire chasser les arrière-pensées qui l'accablent. Ainsi, elle continue de dire que si sa vie avait été autre, elle serait plus heureuse aujourd'hui. En fait, elle a dressé toute une liste de griefs du passé qui l'empêchent de vivre de façon épanouie. Mais comment pourrait-elle obtenir que des événements passés puissent être réparés dans le futur ? À cela, elle n'a pas de réponse.

L'indélicatesse : l'agression déguisée

« Ton nez, plus je le regarde, plus il a l'air long ! » « En tout cas, on ne peut pas dire que tu as maigri récemment... » Ces commentaires impertinents suscitent des questions qui risquent de demeurer sans réponses : pourquoi tenir ces propos ? Veut-on blesser l'autre en lui disant des choses qui l'attaquent dans son ego et qui risquent d'avoir chez lui un effet dévastateur ? À première vue, ces propos expriment l'insensibilité ou l'idiotie de leur auteur et forcent celui qui les reçoit à s'interrroger sur les motifs de son conjoint de les avoir tenus... Est-il crétin ou méchant ? Cherche-t-il à humilier ou veut-il exercer un jeu de pouvoir aux dépens de son partenaire ? Quoi qu'il en soit, ces paroles ont, de façon immédiate ou à retardement, des effets pernicieux et dévastateurs qui risquent d'hypothéquer pour de bon l'avenir de la relation.

d) La maladie

L'état de santé, physique et mental, de chacun des partenaires a un impact déterminant sur la relation de couple. À l'occasion, ce peut n'être qu'une banale grippe, une rhinite chronique ou les effets secondaires de certains médicaments qui affectent le corps et alourdissent le cerveau (le transfert des informations nerveuses est alors réduit par la perte de sérotonine). En conséquence, la personne qui se sent l'esprit engourdi prend facilement panique lorsqu'elle est sollicitée. Ce peut être aussi le cas lorsqu'une maladie grave met en danger la survie de l'un des partenaires et entraîne des perturbations psychologiques provoquant un état d'esprit côtoyant la déréliction.

La ménopause

Une nouvelle source de problèmes majeurs pour un nombre de femmes qui dépassent la quarantaine est la ménopause. Cette période de tribulations est une époque charnière de leur vie et elle s'accompagne parfois de conséquences dramatiques. Si, chez certaines femmes, cette période n'entraîne que de légers désagréments, pour d'autres, des problèmes multiples peuvent durer une décennie et plus. Pour quelques-unes, on pourrait comparer les effets de la ménopause, par leur intensité, aux affres des pires symptômes prémenstruels. On découvre rapidement l'altération de l'humeur chez la personne qui, jusque-là, avait un caractère amène, et qui se transforme en personne irritable et dont l'humeur est soumise à des variations dramatiques. La labilité émotive, apparue soudainement, s'installe et domine le décor ; résultat : la qualité des relations interpersonnelles à l'intérieur du couple risque de se dégrader dangereusement.

Le remède : d'abord l'insistante recommandation de consulter un médecin *compétent* avant de consulter un psychologue. En effet, une hormonothérapie appropriée peut, s'il y a lieu, refaire le balancement hormonal et faire disparaître les symptômes en quelques heures !

e) Les divergences d'opinion

Les divergences d'opinion n'annoncent pas toujours l'éventualité d'un conflit. Ainsi les partenaires ont pu voter aux élections pour des candidats différents sans que la question se transforme en conflit. De même, le choix de la couleur de l'auto qu'on veut acheter ou du prénom pour le nouveau-né ne provoquent pas nécessairement le déchaînement des passions. Cependant, la question de la gestion des revenus et dépenses du couple constitue un enjeu majeur et elle est souvent la cause de conflits.

2. Les conflits reliés à la gestion du porte-monnaie

a) L'argent et la recherche du bonheur

On croit encore, spécialement en Amérique, que, si on le désire, il est possible d'acquérir, à la fois la richesse, le pouvoir et le bonheur. Ailleurs, dans les différentes cultures, les traditions séculaires ont stratifié durablement la société et confiné la richesse au sein de quelques familles et chez certains groupes sociaux. Chez eux, l'illusion qu'il est possible pour tous d'y accéder n'existe pas. En Occident cependant, plusieurs rêvent de posséder de l'argent, ce qui, à leurs yeux, garantirait la liberté et le bonheur. Pourtant, les témoignages sont unanimes pour confirmer que la plupart des gens riches, loin d'être dégagés et libres, ne cessent d'empiler et, pour ce faire, ne reculent même pas devant des économies de bouts de chandelles. Enfin, un sondage établit que les personnes vraiment riches se déclarent souvent moins heureuses que les gens dits dans la moyenne[1].

b) Argent = Pouvoir

Exception faite de certains individus qui sont nés dans l'opulence, la plupart des gens, même ceux qui ont de l'argent à ne plus savoir quoi en faire, subissent l'attrait de la richesse. Cela démontre que l'argent est le vrai moteur du pouvoir : l'un n'allant pas sans l'autre.

---

1. *Cf.* émission *On Happiness*, John Stossel, au réseau ABC, le 4 septembre 1997, à 22 h.

Celui qui rêve d'argent rêve du pouvoir et de la liberté qu'il y associe ; cependant, ce dernier ignore la réalité ordinaire de ceux qui ont réussi à en accumuler. En effet, la plupart des gens qui, par leurs efforts d'économie ou de travail, sont devenus riches et même immensément riches se montrent incroyablement mesquins et calculateurs et rien d'autre que la perspective d'avoir encore plus d'argent les fait réagir, démontrant ainsi la justesse de l'adage : « L'argent est un bon serviteur mais un bien mauvais maître ! »

« Ces réflexions ne concernent que les voisins », nous réplique-t-on : « Nous, si on avait de l'argent, on saurait quoi en faire, on ferait le nécessaire pour que tout le monde autour de nous soit heureux ! » Cette illusion altruiste hypothétique est durable mais vite oubliée quand, par hasard, on rafle le magot. Et, pour percevoir la « taxe sur le rêve », la loterie nationale utilise comme leurre cette notion que la chance appartient à tout le monde, même si les possibilités réelles d'un individu de gagner demeurent infimes.

c) Le couple et la gestion financière

Au sein du couple, la gestion de l'argent peut facilement devenir une pomme de discorde, surtout lorsque les partenaires ont des visions différentes et des attitudes divergentes là-dessus.

Cette question du partage de la richesse ou, dans la plupart des cas, de la gestion du manque de richesse, est souvent au menu du jour des couples de type juxtaposé. En faisant des calculs subtils, on croit pouvoir répartir équitablement la charge financière individuelle des conjoints. À cet effet, on additionne les dépenses du couple et on les divise en proportion des revenus de chacun ou encore on se contente de couper la poire en deux ! Dans tous les cas, les notes de dépenses et les factures accumulées se retrouvent à l'origine de longues séances où la calculatrice et les humeurs s'échauffent. En même temps, les relations interpersonnelles deviennent brûlantes de frustrations et les conflits qui suivront seront enflammés ! La question finale demeurant : Comment peut-on arriver à couper un cheveu en quatre sans le dénaturer ?

Pourtant, le bon sens commanderait que l'intimité pécuniaire accompagne l'intimité physique et psychologique. Mais dans bien des cas, la relation conjugale s'est engagée sur une tangente qui semble irrécupérable, la question de l'argent étant le reflet des conflits latents qui minent le couple :

> Charles dépense, c'est son trait de caractère le plus évident, et Diane, son épouse, éponge ses dettes. Les deux travaillent, Diane est secrétaire dans une institution bancaire et Charles exerce depuis vingt ans la profession de dentiste. Son cabinet lui procure un revenu très confortable qui devrait le mettre à l'abri des soucis financiers, mais tel n'est pas le cas, tant ses besoins sont immenses et inassouvis. Disons-le franchement, Charles souffre d'une compulsion obsessive qui le pousse à vouloir se procurer tous les nouveaux produits annoncés à la télé et dans les magazines. Comme conséquences, son revenu, même substantiel, ne peut suffire et Diane se voit obligée de payer l'épicerie et d'acquitter le solde des cartes de crédit. Dans le couple, l'un dépense et l'autre écope de la facture. S'étant au départ endetté dans des placements douteux, Charles n'arrive pas à épargner. De plus, ses dépenses personnelles sont tellement élevées qu'il ne peut payer sa quote-part des frais du ménage.

> Cette situation foncièrement injuste révèle le fait d'un couple dysfonctionnel. Quelque chose ne va pas au sein de ce couple et cela remonte au moment où ils se sont engagés dans leur relation. Dès le départ, il y a eu chez eux une décision implicite qui s'est confirmée dans les faits, celle de diviser les responsabilités. Ainsi Diane s'est appropriée la gérance de la maison et l'éducation de leurs enfants et on a l'impression que cette décision reflétait le sentiment qu'elle ne faisait pas foncièrement confiance au sens des responsabilités de Charles. On constate qu'il n'y a pas eu dans ce couple un partage de la confiance mutuelle. Très tôt, le couple s'est figé dans une relation de circonspection sinon de méfiance, l'un sachant que l'autre réduisait sa place dans les décisions importantes, craignant, à juste titre (semble-t-il), les dépenses immodérées de son partenaire. Charles a donc dû se contenter du droit limité d'émettre ses commentaires plutôt que d'être vraiment mis à contribution dans leur couple.

> Diane continue d'éponger le déficit et Charles s'est replié davantage sur lui-même, vivant ses fantaisies... et son problème. Le vrai face-à-face, comme les affrontements-ajustements qui auraient dû se produire au début de leur relation, n'a pas eu lieu. Certes, il y a eu entre eux des milliers de petits différends qu'ils ont poussés sous le tapis. Il y a eu aussi les jérémiades de Diane qui se confiait à ses sœurs, excédée

qu'elle était du comportement irresponsable de son mari. Charles se défendant mollement, tout cela s'est peu à peu résorbé et leur isolation mutuelle n'a cessé de s'accentuer. Charles dépend toujours de la générosité obligée de Diane qui ne veut pas envisager l'idée de remettre en question leur mariage. On se retrouve ici avec la surprotection s'opposant à l'irresponsabilité. Le déséquilibre au sein de cette relation est absorbé par la capacité d'abnégation de Diane, qui bloque l'interaction normale qui les aurait forcés à trouver une issue à cette impasse. On a choisi, malgré l'évidence, de faire comme s'il n'y avait pas de problème, recherchant l'apparence d'un équilibre plutôt que de s'interroger sur la nature des forces qui engendraient le déséquilibre au sein de leur couple. Avec le temps, leur couple est devenu le parfait exemple d'un cas de symbiose névrotique, où les deux partenaires se sentent mutuellement prisonniers de ce que l'un fait vivre à l'autre et choisissent malgré tout de ne rien faire pour changer quoi que ce soit.

Les partenaires étaient-ils vraiment capables de vivre une relation de mutualité? La rigidité des attitudes qu'ils ont adoptées l'un envers l'autre révèle-t-elle la non-viabilité de leur couple? Ils ont tout essayé, sauf de se parler franchement, quitte à s'affronter et pouvoir se dire finalement ce qui n'allait pas en énonçant clairement les limites de leur seuil personnel de tolérance devant les excès de l'autre. Aujourd'hui, ils s'exercent à continuer à s'endurer, même si la situation est à peine supportable, Diane devant continuer de travailler pour empêcher les huissiers de frapper à la porte. Cette situation insensée a évacué ce qui pouvait subsister du sentiment amoureux et le ressentiment profond s'est solidement installé. Et les deux continuent d'espérer, contre toute attente, que quelque chose de positif survienne et leur permette de dire: ça valait la peine de persévérer malgré tout!

d) La cigale et la fourmi
peuvent-elles être heureuses ensemble?

Malgré le fait qu'ils disposent tous deux de bons revenus, Philippe et Françoise sont cousus de dettes. Cette situation ne les empêche cependant pas de dépenser pour des sorties au théâtre, au cinéma ou pour des dîners au restaurant où ils parcourent sans hésitation la carte des vins et autres gâteries coûteuses. Leur mode de vie constitue à leurs yeux une nécessaire diversion de la tension associée à leurs milieux de travail. Vivant au jour le jour dans un luxueux appartement, ils ne s'arrêtent pas pour réfléchir à la possibilité que leur imprévoyance risque de leur jouer un vilain tour. Lourdement endettés, ils emprunteront davantage, s'il le faut, pour payer les intérêts de leurs dettes accumulées.

À l'opposé, Simon et Simone se sont rencontrés à cause de leur prénom identique et de leur même penchant prononcé pour l'économie. Ils n'ont pas encore quarante ans et ils ont déjà fini de payer leur maison et matelassé confortablement leurs portefeuilles d'actions des plus grandes compagnies. Mais cette réussite dans l'épargne a un prix que l'on visualise quand on visite leur modeste demeure où l'antique téléviseur noir et blanc indique leur détermination à thésauriser. De même, leur auto a plus de dix ans et leurs périodes de vacances se passent à repeindre la maison en attendant leur sortie du 24 juillet, celle de leur anniversaire de mariage.

Existentiellement, ces deux couples ne vivent pas une situation pénible, car ils partagent d'emblée les mêmes sentiments sur la gestion de l'argent. La question est plus problématique lorsque la manière de vivre et la conception de l'épargne séparent les partenaires. Si la rencontre de deux cigales ou celle de deux fourmis présente de bonnes chances d'être harmonieuse, celle de la rencontre entre la cigale et la fourmi risque d'être plus problématique. La cigale et la fourmi représentent deux visions diamétralement opposées de la gérance, non seulement celle de l'argent, mais aussi celle de la façon d'envisager tous les autres aspects de la vie. Le couple formé par la cigale et la fourmi, c'est la collision de deux mondes : celui de l'épargne et de la prévoyance contre l'insouciance et le plaisir immédiat, peu importent les lendemains difficiles. Pour réussir leur vie de couple, le cas échéant, la cigale devra se faire violence et restreindre son désir de dépenser et la fourmi devra mettre en sourdine son côté rabat-joie, contribuant à évacuer tous les plaisirs quotidiens.

Jules est comptable et il a travaillé toute sa vie à aider ses clients à se sortir de leur précarité financière. C'est comme ça qu'il a rencontré Jeanne qui n'arrivait pas, malgré de bons revenus, à boucler son budget personnel. Aimant les mêmes activités sociales, ils se sont donc rencontrés sur le plan sentimental et ont pensé faire vie commune. Jules étant persuadé que Jeanne avait besoin de son assistance et de sa sollicitude amoureuse, ils se sont épousés, Jeanne accueillant volontiers l'aide empressée de Jules.

Il paraît que si, dans leur couple, Jules domine et conserve le pouvoir, leurs épargnes vont croître, mais que si c'est Jeanne qui prend le dessus, Jules va y laisser sa chemise...

Comment départager deux tendances complètement divergentes, sinon en coupant la poire en deux? Épargner afin de se mettre à l'abri des imprévus et aussi pour pouvoir s'accorder à l'occasion une fantaisie comme un voyage en Europe ou dans les Caraïbes? Il leur faudra apprendre ensemble à épargner tout en s'accordant aussi le droit de s'amuser et de fêter, l'important étant d'harmoniser leurs vues sur l'élaboration d'un budget réaliste pour le quotidien.

**3. Les enjeux de la recherche du pouvoir:
la lutte inégale entre les hommes et les femmes**

a) La maîtrise du discours

Par leur maîtrise du discours, plusieurs femmes démontrent une capacité verbale supérieure à leur partenaire et elles sont capables de le confondre rapidement. Pour la femme qui veut contrôler un homme par la discussion, ce dernier ne constitue pas souvent un adversaire de taille. Ainsi, lorsqu'il se découvre manifestement incapable d'affronter sa partenaire sur le terrain verbal, l'homme dépourvu d'arguments rationnels pour poursuivre la discussion découvre sa faiblesse et risque de paniquer devant sa déconfiture. S'il ne décide pas alors de se taire et de se replier sur lui-même, il peut être tenté d'utiliser le seul moyen qui lui confère la supériorité immédiate: la force physique.

b) La violence dans le couple

On parle beaucoup des agressions physiques dont les femmes sont victimes et on associe souvent la question de la violence entre les conjoints à l'image des hommes à «gros-bras-petite-tête». Cette caricature s'appuie sur de nombreux événements connus de violence conjugale, mais c'est loin d'être toujours le cas. Étant abrité par la consigne du silence, le véritable phénomène de la violence dans le couple est un problème subtil et insidieux, car cette violence est d'abord et surtout psychologique. Au départ, elle est reliée à la disparition ou à l'absence du sentiment amoureux et à la réapparition des jeux de pouvoir entre les partenaires. La violence s'exerce de part et d'autre, les hommes contre les femmes et vice versa. Comme phénomène, la violence ne se limite pas aux gestes physiques, elle est tout autant une entreprise perfide et pernicieuse où l'un tente de diminuer et d'humilier l'autre par toutes sortes de manipulations psychologiques.

On a, à tort, simplifié (et tordu) la question de la violence à l'intérieur du couple en désignant toujours les femmes comme les seules victimes du jeu de pouvoir violent où toutes les sortes de coups sont échangés. À ce titre, le problème de la violence endémique se pose d'abord chez les couples de type superposé où elle est associée clairement à la question de l'appropriation du pouvoir, et cela, de façon constante et récurrente.

Chez les couples juxtaposés et fusionnels, la violence se présente surtout par épisodes isolés lorsque surgissent des désajustements trop manifestes qui provoquent les affrontements tant redoutés. Le ton monte et le couple se retrouve alors devant un constat d'échec. La violence, c'est alors comme le fusible qui saute, c'est l'explosion de la tension accumulée par les conflits latents ou non résolus et difficiles à réconcilier avec l'harmonie du couple. Pour les gens en situation relationnelle de type statique, la reprise du jeu de pouvoir pourra provoquer éventuellement un barrage de reproches entre les conjoints, ou encore installer entre eux un silence accablant, signalant à nouveau la non-acceptation de l'autre tel qu'il est.

Des épisodes isolés de violence peuvent aussi se rencontrer chez les couples «interactifs». Le type de couple «interactif» est le type relationnel le moins complaisant pour les partenaires qui sont encore plus exposés aux affrontements ponctuels, car cette dynamique les force constamment à se remettre en question.

Dans la vie de couple, les partenaires s'engagent rapidement sur la corde raide lorsque réapparaissent les jeux de pouvoir qui suivent la baisse du sentiment amoureux. Des conflits peuvent se produire à la suite de l'épuisement physique et psychologique et ils accompagnent souvent la maladie chronique débilitante. L'épuisement physique et psychique et les frustrations majeures qu'on a accumulées à la suite d'attentes non comblées sont les conditions qui provoquent inévitablement les affrontements majeurs et l'installation dans le couple du processus de destruction du sentiment amoureux. Dans plusieurs cas, l'explosion de la violence constitue l'issue inévitable des multiples petits affrontements refusés qui reviennent par la porte arrière.

C'est la présence de l'amour mutuel combiné avec le cheminement vers la maturité qui permet à chacun des partenaires de prendre sa place au sein du couple et de se sentir respecté. L'action de ces deux forces est le meilleur remède pour prévenir la récurrence des écarts violents. Cependant, comme c'est souvent le cas, la violence engendre la violence et si le processus conflictuel menant à la désintégration s'emballe, la personne affectée devra, de gré ou de force, consulter un professionnel de la santé qui pourra, s'il y a lieu et si c'est possible, prescrire un traitement approprié accompagné d'une psychothérapie.

4. Épuisement physique et psychologique et violence conjugale

La vie d'aujourd'hui, avec ses ambitions sociales illimitées, fixe des enjeux souvent impossibles à réaliser et contribue à l'épuisement des personnes. Combien de gens poussent très loin l'effort pour réussir dans la vie ou, tout au moins, augmenter leurs revenus afin de conserver un train de vie souvent bien au-delà de leurs moyens. Presque tout leur temps se passe au travail, alors l'inévitable épuisement finit par les rejoindre, en les mettant dans un état psychique propice à l'effondrement. Alors tout ce qui tient dans le couple ne tient plus que de façon précaire, tout dynamisme ayant disparu du fait de la fatigue accumulée. Souvent déficiente au départ, la communication entre les partenaires peut être ébranlée par un simple événement qui précipite alors la tempête. La rage explose et c'est l'épisode de violence. Dans ce cas, il ne faudrait pas confondre et associer cette manifestation de violence avec un quelconque jeu de pouvoir visant à asservir l'autre. Cette violence n'est que la manifestation irrationnelle et désespérée de gens épuisés, exsangues, qui souffrent parfois sans le savoir de dépression chronique[2] et qui ne

---

2. Voir chapitre XI.

voient plus le bout du tunnel, leur vie se résumant à n'être qu'une perpétuelle course contre la montre.

a) Toujours plus !

Le modèle traditionnel de l'éducation exigeante faisait croire aux meilleurs élèves qu'ils devaient toujours faire plus. « La note de 99 %, ce n'est pas 100 % ! » se faisaient dire par leurs parents ces élèves modèles de qui on n'attendait rien d'autre que la perfection. Une fois devenus adultes, on voit ces mêmes élèves modèles travailler, ou plutôt « s'acharner à faire carrière », tout en souhaitant avoir simultanément une vie de couple réussie, enrichissante au plan personnel et être en même temps des parents, présents et attentifs, pour leurs enfants. On croirait voir *Superman* ou *Superwoman* en action. Cependant, le résultat est prévisible et les conséquences à long terme sont navrantes. On se retrouve à bout de forces mais on se doit d'être diligent au travail et on continue d'agir comme si de rien n'était. On se demande alors pourquoi on est si peu performant et on continue de presser le citron au maximum. En bout de ligne, le bilan de la vie de ces personnes pourra compter plus d'un échec ; le plus souvent, il y aura celui de leur vie de couple, ensuite celui de leur famille et seulement en dernier lieu, celui de leur carrière : il fallait bien faire un sacrifice quelque part...

b) Le travail et l'épuisement

Certains types d'occupations ou certains contextes de travail peuvent être cause d'épuisement. Qu'on pense à certaines tâches, comme par exemple celle du camionneur de qui on exige qu'il roule continuellement, 18 ou 20 heures par jour, sans prendre de véritable repos. Après quelques années, quand ces gens ne se sont pas tués sur la route, ils sont forcés d'abandonner le travail pour des raisons de santé. Peu importent les diagnostics des médecins ; ces travailleurs se retrouvent complètement vidés de leurs ressources vitales. Il y a des limites à pousser quelqu'un ! Tout effort qui n'est pas compensé par un repos approprié mène au surmenage et si on ne fait rien pour arrêter le processus d'usure, l'épuisement qui suivra sera la « dernière étape », celle qui entraîne des séquelles permanentes et irrémédiables.

L'épuisement peut se manifester de toutes sortes de façons mais derrière les différents symptômes, on note surtout l'usure et l'irritation chronique du corps et l'épuisement mental. L'épuisement prive la personne de ses capacités lui permettant de jouir de la vie et de fonctionner avec les autres. Quand on est complètement épuisé, on s'immobilise et on s'affaisse, l'inactivité chronique qui suit entraînant, à plus ou moins long terme, l'inanition et la mort prématurée. L'épuisement, c'est le cercle vicieux mortel.

L'épuisement n'est pas toujours celui provoqué par le travail harassant ou la maladie, il y a aussi celui qui est la conséquence d'un programme de gestion de sa vie qui ne tient pas compte de la réalité, c'est-à-dire de ses ressources et de ses limites. L'épuisement précipite la personne dans un gouffre d'où il est difficile de l'extraire.

Chapitre IX
COMPOSER AVEC LA RÉALITÉ

POUR EXPLIQUER LE PHÉNOMÈNE du devenir et pour répondre à la question de savoir si les êtres sont prédéterminés ou prédestinés, le philosophe grec Aristote avait proposé une explication générale, basée sur quatre causes.

La première, la cause formelle, autrement désignée sous l'appellation d'âme, déterminait la nature de l'être formé, d'où la signification du terme «hylémorphisme», c'est-à-dire: «matière informée». Même si, en dehors de la scolastique[1], on a mis de côté depuis des siècles les concepts aristotéliciens de la causalité, on pourrait dire aujourd'hui que l'ADN est une version moderne de la cause formelle! L'ADN évoque le concept d'encodage génétique, un encodage qui est exclusif à un individu, sauf pour les jumeaux identiques qui représentent pratiquement un seul individu biologique et ont alors le même bagage génétique.

1. Les dispositions et prédispositions
pour composer avec la réalité

C'est le phénomène des jumeaux identiques qui a permis aux chercheurs de vérifier la part de la détermination génétique de l'être humain. En réunissant, 20 ou 30 ans plus tard, plusieurs couples de

---

1. La philosophie d'Aristote et de saint Thomas d'Aquin, telle qu'enseignée au Moyen Âge dans les grandes universités (écoles).

jumeaux identiques, séparés à la naissance et éduqués dans des milieux différents, on a pu distinguer chez ces derniers les traits innés de ceux acquis[2]. Cette dernière étude a finalement démontré que plus ou moins 50 % de nos traits de caractère sont d'origine génétique, le reste dépendant de l'influence d'autres facteurs tels l'éducation, le milieu culturel et les effets des variations du fonctionnement psychique (les différentes causes qui influent sur le fonctionnement du cerveau). S'il se trouve effectivement chez l'humain des traits prédéterminés de caractère[3], l'ajustement et le contrôle du développement de la personnalité n'est pas entièrement déterminé, ce qui permet à une personne de modifier ou d'améliorer sa performance d'adaptation sociale. Cette indétermination essentielle fait aussi place à la liberté individuelle, celle qui autorise la recherche fondamentale d'un sens à sa vie. C'est ainsi qu'est défini le cadre de la réalité humaine.

Cela démontre que l'humain n'est pas, comme certains le prétendaient, un pantin programmé. Certes, il y a dans le bagage héréditaire de chaque individu une base, une certaine quantité de gènes qui confèrent à sa personnalité des tendances, des inclinations à avoir certaines attitudes, à préférer certaines choses et à penser d'une certaine manière et, pour le reste, il y a l'influence de l'éducation et du milieu culturel. À cela, on doit ajouter le résultat idiosyncratique des interactions entre l'acquis et l'inné. C'est la part individuelle de liberté qui va permettre à chaque individu de modifier la façon qu'il a de vivre sa vie et de faire face aux difficultés inhérentes au quotidien.

2. Les attitudes fondamentales devant la vie

Chacun voit le monde à sa façon. D'un individu à l'autre, on a sa manière personnelle de composer avec la réalité et cela colore

---

2. *Cf.* l'étude récente (1997) du Dr Thomas BOUCHARD de l'Université du Minnesota.

3. *Cf.* sur ce sujet, l'émission *Witness: Twins, the Divided Self,* réseau CBC, le 2 novembre 1997, à 20 h. Et aussi l'émission *On Happiness,* réseau ABC, animée par John Stossel, le 4 septembre 1997, à 22 h.

fondamentalement sa façon d'être. Afin d'illustrer différentes manières d'envisager la réalité, nous avons regroupé, à travers des personnages, quatre principaux types d'attitudes.

a) L'idéaliste

On a tous rencontré, un jour ou l'autre, le personnage encombrant du dictateur bienveillant, cet individu qui a le projet personnel de sauver le monde contre lui-même. Concrètement, son projet n'exprime que son ambition personnelle de dépasser les limites de la réalité humaine, vue comme imparfaite et finie, pour tenter d'accéder finalement à la réalité divine définie comme parfaite et infinie.

> Pour Pierre, la lecture de Platon et de saint Augustin durant son cours classique s'est combinée à l'éducation religieuse qu'il avait reçue de sa mère et ont laissé sur son esprit une marque indélébile. Chez lui, pas d'à-peu-près, pas de demi-mesures, tout doit être disposé partout et toujours de façon parfaite. Cependant une telle attitude ne correspond pas seulement au maniérisme dérisoire de ceux qui ne peuvent souffrir qu'un objet soit déplacé dans leur environnement, car Pierre se prend aussi très au sérieux et veut avoir la main haute sur toute la gestion de son milieu, autant que sur sa vie personnelle. En tout temps, il vise à atteindre l'idéal de la perfection. Nullement dérangé par ce qui paraît être déraisonnable et irréaliste, Pierre fait partie du groupe de ces individus bien intentionnés, dont la vie est dominée par la notion de la grandeur de l'idéal à atteindre. Ces derniers ne comprennent pas que cette recherche de l'idéal se révèle être finalement étrangère à la réalité humaine, surtout lorsque la volonté de se dépasser se confond à celle de devenir des êtres supérieurs aux autres, au lieu de devenir pleinement soi-même, en tenant compte de ses limites.
>
> On dit que le chemin de l'enfer est pavé de bonnes intentions et c'est le cas de la recherche humaine de la perfection. Même si Pierre s'est trouvé une partenaire qu'il commande avec l'autorité d'un maître, celle-ci n'arrivera jamais, à ses yeux, à être à la hauteur. Que ce soit dans sa façon de ranger la maison ou d'ordonner ses pensées, sa vie doit se conformer à la règle de l'idéal de la perfection qui constitue pour lui un objectif impérieux. Mais loin de cheminer vers la perfection, cette recherche d'absolu, exempte de compromis, se réduit dans les faits à n'être tout simplement qu'une autre forme d'aliénation.

Cet idéalisme s'inspire de la pensée platonicienne qui décrivait l'univers idéal comme étant la seule vraie réalité, même si cette réalité était inaccessible au commun des mortels. L'influence de l'idéalisme a dominé à travers l'hellénisme, l'univers intellectuel de l'Antiquité, une bonne partie du Moyen Âge et elle s'est faufilée jusqu'à nos jours, alimentant à l'occasion les délires d'individus aux tendances paranoïaques.

Préconisant l'individualisme et s'affublant de prétentions de supériorité, on n'hésite pas à juger de haut les autres, croyant être des purs et durs, résistant aux compromissions du monde ordinaire. Ces êtres supérieurs se retrouvent socialement isolés, car inatteignables. Déconnectés de la réalité extérieure, ils vivent dans un univers fermé et malsain où il n'y a pas de place pour ceux qui sont différents d'eux.

b) Le pragmatiste

Qui d'entre nous n'a pas rencontré un jour ce personnage charmeur se présentant comme celui qui vous écoute et va contribuer à réaliser vos rêves. À la façon du politicien populiste, il vous dit ce que vous voulez entendre. Pragmatique, il voit à l'immédiat et s'occupe de ce qui est à proximité. Ce qu'il veut obtenir par-dessus tout, c'est le pouvoir et, pour y parvenir, il applique la maxime : « Qui veut la fin prend les moyens ! » et peu importent les conséquences futures. Cette attitude correspond à la vision de l'individu terre à terre qui ne conçoit que la réalité de ses intérêts. Si les autres sont importants pour lui, c'est qu'il dit les servir afin de pouvoir lui-même s'en servir, sa mise en scène gentille et sympathique ne servant qu'à cacher une simple manipulation.

> D'emblée, Armand savait faire ce qu'il faut. Politicien plein d'ambitions, utilisateur avant la lettre du langage *politically correct*, il réussissait aussi à plaire à son auditoire qui en redemandait. Il était de ceux qui disent ce que les gens aiment entendre. Inutile de préciser que ses carrières publiques et sentimentales furent météoriques. Défrayant surtout les chroniques de la presse à potins, il était toujours entouré des femmes les plus charmantes et les plus « in » du moment. Mais avec le temps, ses succès d'estime ont diminué et se sont évanouis, ses tirades ayant perdu de plus en plus de leur crédibilité.

Aujourd'hui, il demeure un de ces célibataires aimables qui vivent leur solitude dans le luxe de ces endroits chics et sélects.

c) Le fantaisiste

Il aime les occasions de s'amuser et vivre légèrement, sans contraintes, mais à la moindre alarme ou désagrément, il prend la poudre d'escampette. Jamais vous ne le surprendrez à discuter de choses sérieuses qui, de toute évidence, l'ennuient. La vie, n'est-ce pas fait pour s'amuser? aime-t-il répéter. La phrase qu'il aime particulièrement, c'est que « Tout va pour le mieux dans le meilleur des mondes!» C'est ce qu'il veut entendre et quand ce n'est pas possible, à cause des problèmes et désagréments qui se pointent à l'horizon, le voilà reparti sans attendre la suite. En société, on le réclame, car il est de bonne compagnie dans les soirées et cette facilité lui permet de nouer rapidement des liens amicaux dans les nouveaux endroits qu'il fréquente. Il oublie à mesure les événements de sa vie, évitant ainsi de se confronter avec lui-même. Dans son vocabulaire personnel, évoluer signifie éviter.

Jeannot, le petit dernier de la famille, a toujours su plaire à tout le monde avec ses centaines d'histoires drôles. Pas surprenant qu'il ait été très en demande, car il était le compagnon rêvé des parties de chasse ou de pêche! Il n'avait pas son pareil pour dérider la galerie et chasser l'ennui des longues soirées. Joli garçon, il était considéré comme un bon parti par toutes les mères des filles à marier du voisinage. Il n'avait pas vingt ans qu'il se mariait, sous la pression concertée de sa famille, qui espérait le voir prendre ainsi un peu de maturité... Ne voulant déplaire à personne, il s'est plié cette fois-là à la volonté de son entourage, mais voilà: la partie de plaisir qui s'annonçait a chaviré, six mois après les noces. Très tôt, il s'est senti piégé, car il étouffait dans une association où il ignorait quel rôle il pouvait bien jouer. Au début, il s'absentait en passant ses soirées à la brasserie avec sa bande d'amis, anciens et nouveaux. À la maison, la grossesse annoncée de son épouse commandait des responsabilités nouvelles qui lui pesaient. Il est allé en riant assister à l'accouchement mais on a dû l'étendre sur une civière lorsqu'il s'est évanoui quand l'enfant s'est pointé. Dans les semaines qui ont suivi, on voyait bien qu'il était morose et ne se remettait pas des suites de l'accouchement de son épouse. Devenu de plus en plus bizarre, on a constaté un jour qu'il était parti sans laisser de mot d'adieu, car tout ce qui lui arrivait était trop pour ses moyens. On n'a plus jamais entendu parler de lui jusqu'au jour où l'un de ses anciens voisins le rencontre en Floride où il habitait avec une riche veuve de l'âge de sa mère dans un village de joyeux retraités.

d) Le réaliste-humaniste

Il y a enfin le réaliste-humaniste qui accepte le défi de vivre l'aventure de l'amour-rencontre et de laisser se développer chez lui tout le potentiel interactif de la relation interpersonnelle. Pour lui, l'autre a une importance essentielle et il sait que s'il cessait d'être en relation avec lui, il perdrait sa propre référence à la réalité humaine.

> Vivant une grande insatisfaction suite à ses échecs relationnels, Paul a entrepris de se poser des questions sur lui-même. Peu à peu, la réponse lui est venue. Il devait changer ses attitudes devant la vie et devenir plus attentif aux autres. Avec sa nouvelle compagne, il s'est engagé dans un dialogue serré qui lui a fait voir une façon différente d'aimer. Du chacun pour soi ou du tout pour l'autre, ils sont ensemble passés à un partage mutuel plus gratifiant. L'amour et la souffrance, tout comme les réajustements nécessaires, leur ont alors permis de tourner leur vie vers des réalisations communes qui leur font dire combien de chemin ils avaient parcouru depuis leur rencontre.

3. Le conflit entre l'idéalité et la réalité

Si on convient que la réalité telle qu'on la perçoit aujourd'hui ne correspond plus au concept qu'avait formulé Platon (où l'idéal constituait le réel), on conviendra qu'au mot réalité, on puisse adjoindre un concept réciproque, celui de « l'idéalité », qui serait son pendant.

> Ayant toujours été idéaliste dans l'âme, Thérèse souffre du fait que les choses soient ce qu'elles sont. En effet, ce qui lui arrive diffère tellement de ce qu'elle anticipe, et presque à chaque jour, elle additionne ses déceptions. L'idéalité ou, comme elle le dit, « sa grande idée » qu'elle a élaborée pour les choses à venir, ne cesse d'être contrariée par la réalité quotidienne. Ce qu'elle souhaite, ce qu'elle rêve, ne cesse de se défiler. Thérèse vit ce conflit entre son idéalité et la réalité de façon amère. Son idéalité, qu'on pourrait qualifier d'adolescente, lui a toujours fait croire qu'il s'agissait d'espérer très fort

quelque chose pour que cette chose se concrétise, or depuis des années, elle réalise de plus en plus que c'est bien loin de se produire, et sa conception des choses est sans cesse remise en question par la tournure des événements.

a) L'idéalité ou comment les choses devraient être

L'idéalité, c'est le souci de conceptualiser et d'ordonner mentalement les choses qui sont de notre ressort propre (c'est alors ce qui nous permet de les changer), tandis que la réalité exige de nous que l'on cherche à voir les choses pour ce qu'elles sont, en dehors de notre intervention pour les conceptualiser. L'idéalité surgit de l'intérieur de soi, c'est elle qui dirige l'introspection et nous permet de faire face à l'urgence de penser le pourquoi et le comment des événements et finalement son vouloir être, conformément à ce que nous pensons que les choses doivent être.

Contrairement à la réalité, l'idéalité appartient en propre à la personne. Elle est le résultat de l'interprétation que fait son esprit de la réalité et de la façon par laquelle la personne veut s'y insérer. La prise de maturité est le résultat d'un dialogue intérieur qui reflète l'interaction continue entre les deux pôles : idéalité-réalité.

LA RÉALITÉ

La réalité, c'est comment les choses sont, et c'est d'abord à travers l'apport des autres qu'on la découvre et qu'on en fait l'expérience. La réalité est là, en soi tout comme en dehors de soi, et elle existe par elle-même, indépendamment des perceptions que l'on peut en avoir. Alors, peu importent les efforts et la brillance de son esprit, dans la plupart des cas, la réalité immédiate ne se laisse découvrir que peu à peu, par le tâtonnement, et il est aussi vrai que les explications que l'on formule à son sujet ne demeureront toujours que de lointaines approximations pour expliquer ce qui arrive et ce qui est.

b) L'idéalité, la recherche de l'harmonie des idées

«Avant donc que d'écrire, apprenez à penser :
Selon que notre idée est plus ou moins obscure,

L'expression la suit, ou moins nette, ou plus pure ;
Ce que l'on conçoit bien s'énonce clairement,
Et les mots pour le dire arrivent aisément[4]. »

Cette invitation de Boileau révèle le sens de l'action de l'idéalité et de son importance dans l'élaboration de nos pensées.

L'idéalité, c'est ce qui permet à la personne, suite à ses observations, de concevoir, d'organiser et de structurer son intervention au sein de la réalité selon le résultat qu'elle veut obtenir. Qu'on pense, par exemple, à la puissance de l'idée maîtresse de l'architecte Frank Lloyd Wright qui pouvait, d'un seul jet, produire des plans révolutionnaires comme ceux du musée Guggenheim à New York.

À un niveau plus prosaïque, on pense à la volonté d'une personne de toujours coordonner ses vêtements et ses bijoux, en attribuant à cet exercice une importance qui peut aller jusqu'à ce qu'elle refuse de sortir si elle n'a pas trouvé la combinaison idéale. Déconnectée de l'interaction avec la réalité, l'idéalité peut alors inciter quelqu'un à tenter de transformer sa réalité personnelle, voulant ainsi la rendre conforme à l'idée qu'il s'en fait, par la recherche de la « perfection », et exercer, de cette façon, un contrôle sur les événements, les personnes et les choses qui l'entourent. Pour ces derniers, l'idéalité correspond ultimement à la recherche systématique pour participer à l'unité essentielle du cosmos à travers la recherche de la cohérence du plus grand nombre de détails de son univers personnel[5]. Pour ceux qui partagent de tels sentiments, cette idée maîtresse de l'ordonnance des choses doit être respectée afin qu'ils puissent maintenir leur équilibre. Cet effort d'application de l'idéalité fait finalement appel à un concept central personnel qui donne paradoxalement l'impression qu'un tel concept est extérieur à soi, car il se réfère à une vision idéale et globale, à laquelle on a le sentiment que toutes les choses devraient se conformer.

Chez certains, l'idéalité prend une très grande place dans leur gestion du quotidien, réduisant souvent du même coup la place de

---

4. BOILEAU, Art poétique, Chant I, lignes 151 à 154.

5. Rechercher ainsi la connaissance de l'unité harmonieuse du cosmos, dans laquelle chaque élément a sa place organique, donc utile. *Cf.* Rudolf BULTMAN, *Le christianisme primitif dans le cadre des religions antiques*, p. 29.

la réalité dans leur vie. Pour ces derniers, ce qu'ils imaginent et ce qu'ils pensent est plus important que ce qu'ils voient et ce qu'ils expérimentent. C'est ce qu'on pourrait appeler « vivre dans sa tête ».

À l'opposé, l'idéalité médiocre ou précaire de certaines personnes contribue à ce que l'image mentale de ce qu'elles veulent faire ou de ce qu'elles doivent faire soit étriquée et peu utile. Ici, les gestes spontanés, issus de la routine, ou les gestes gratuits, faits par imitation ou par impulsion, prennent le pas sur l'idéalité. On fait ce que l'on croit que tout le monde fait sans s'interroger sur le pourquoi et le comment de notre action.

Par exemple, le défaut d'idéalité se manifeste chez ceux qui ont dressé les plans d'un hôpital où l'échappement de la ventilation s'est retrouvé à côté de l'entrée d'air frais, contribuant ainsi à ce que l'air vicié soit rediffusé dans l'hôpital. Le plus souvent, le défaut d'idéalité se constate dans les routines personnelles fondées sur des habitudes séculaires, expliquant par exemple l'insertion de la « petite marche » dans les escaliers, par les menuisiers d'autrefois, tout comme dans l'irrégularité de la fenestration des maisons québécoises artisanales du XVIIIe siècle. La force de l'habitude sert à expliquer des milliers de gestes quotidiens qui ont perdu depuis longtemps leur signification mais que l'on répète sans jamais se demander pourquoi on les fait. Pour la personne, l'action de l'idéalité est essentielle au développement de son intériorité, mais elle doit, pour ne pas s'égarer, entretenir en même temps une interaction constante avec la réalité.

c) La dictature de l'idéalité : la recherche de la perfection

Négligeant les indications de la réalité, certaines personnes laissent leur idéalité les dominer complètement. Devant la vie, leurs attitudes foncières correspondent à celles de l'idéaliste. Ces personnes fondent leur vision de la réalité sur des perceptions reliées à leurs rêves et à leurs attentes profondes plutôt que sur l'effort de se rendre compte de ce qui existe à l'extérieur d'eux et de ce qui se passe chez les autres. Cette attitude correspond à l'idéalisme de la grande enfance, qui amène le jeune à formuler de façon élaborée sa vision personnelle de ce qui l'entoure en adoptant la version de ses parents ou celle d'autres adultes qui ont exercé sur lui une influence. Pour l'idéaliste, la réalité est vue et revue à travers sa grille personnelle d'interprétation et non pour ce qu'elle est concrètement ; ceci pouvant l'amener à croire que la réalité peut finalement être circonscrite par son effort rationnel d'explication. Ce dernier oublie alors le fait que la réalité existe aussi en dehors des catégories qu'il lui attribue.

Lorsque le travail de l'esprit néglige ou ignore le rapport avec la réalité qui se retrouve alors réduite à n'être qu'un simple irritant, la pensée élaborée en vase clos ne pourra que démontrer l'omni-présence des concepts idéalisants. Si cette personne consent ou se résigne à livrer le contenu de son idéalité, on risque de n'y découvrir qu'un assemblage de concepts arides, véritables élucubrations ignorant les autres et la réalité.

Pour d'autres, l'élaboration de leurs idées est directement stimulée par le contact avec les autres, par l'échange d'idées et l'observation du vécu. La discussion ouverte et le partage sans restrictions constituent pour ces derniers des stimulants nécessaires à l'élaboration de leur pensée. C'est ainsi que l'élaboration de l'idéalité est tributaire de l'alimentation fournie par la réalité que procure l'interaction avec les autres.

Composer avec les personnes et les événements contribue en retour à s'adapter aux circonstances de la vie et à prendre plus de maturité. C'est ce qui permet finalement de résoudre le conflit qui pourrait surgir entre l'idéalité et la réalité.

d) L'idéalisme maladif

Cependant, pour quelques intransigeants, la volonté de se conformer à la dictature de leur idée des choses va contribuer à ce que leur idéalité les domine complètement et entraîne leur repli sur eux-mêmes. Dans le concret, cette incapacité d'adaptation à la réalité correspond à une véritable servitude leur imposant un ordre inflexible dans leur univers personnel qui les prive des interactions significatives avec les autres.

> Depuis le décès de sa mère, Jean, un artiste de la scène, vit seul dans sa grande maison où tout doit être à sa place. Parfois, lors des rares réceptions qu'il donne, il arrive qu'un invité déplace un objet sur une table et voilà Jean dans tous ses états. Dans le même ordre d'idées, sa

vie personnelle est programmée des mois à l'avance et tout doit se conformer aux plans qu'il a soigneusement établis. Pour lui, il n'y a pas de place pour l'improvisation et chaque événement imprévu entraîne un bouleversement qui lui demande des mois pour s'en remettre.

Ces personnes ne badinent pas avec ce qu'elles croient que doivent être les choses de leur univers personnel. Cela se révèle être tellement important, que l'idée qu'elles ont de ces choses devient pour elles une véritable obsession et les règles qu'elles ont édictées doivent être suivies avec rigidité, sinon tout s'écroule. Pour elles, la vie devient un véritable esclavage des impératifs qu'elles se sont imposés à elles-mêmes et qu'elles veulent imposer aux autres. En voulant tout anticiper, il en résulte, chez eux, une grande anxiété. Tout ce qui les entoure doit être soumis à leur férule implacable cherchant à déterminer tout ce qui existe autour d'eux. Cette application est péremptoire, nécessaire et systématique. Ceux qui partagent leur giron n'ont alors qu'une alternative : se soumettre ou fuir. Pour ces personnes foncièrement aliénées, la réalité ne conserve qu'un petit rôle insignifiant et elles ne s'y réfèrent que pour les choses de moindre importance qui n'attirent pas d'abord leur attention et qui ne sont pas incluses dans ce qui est le domaine de leur idéalité. C'est ainsi que l'un des symptômes paradoxaux rencontrés dans certaines manifestations de la maladie mentale est celui de la recherche maniaque de la perfection.

Trébucher sur les fleurs du tapis

C'est ce qui arrive lorsque l'on perd de vue l'essentiel en se laissant dépasser et submerger par les tracas et les soucis ordinaires. Pour trop de gens, le quotidien et ses problèmes organisationnels deviennent le centre de leurs préoccupations. « Il faut… il faut ! » répètent-ils à chaque jour comme une rengaine étourdissante, évacuant ainsi le plaisir de vivre et, peu à peu, leur existence prend la tournure d'une souffrance permanente.

La rigidité

La rigidité, c'est le contraire de la souplesse ; pourtant la rigidité d'une personne peut quelquefois passer pour une qualité. On dit : « Elle a du tempérament, du caractère, elle sait ce qu'elle veut. » Cependant, si on y regarde de plus près, on constatera que la rigidité empêche la personne de vivre l'imprévu, le non-planifié. Quand le moindre changement provoque la panique ou la colère, cette carence de souplesse cache probablement un ego fragile. Chez d'autres, leur routine quotidienne est tellement coulée dans le ciment que c'est tout un problème pour eux de voir arriver dans leur décor un visiteur imprévu ou une situation inhabituelle. La rigidité se retrouve également dans la tenue de maison. Même s'il est toujours souhaitable de soigner sa tenue personnelle et celle de sa maison, cette occupation ne doit pas se transformer en une activité compulsive-obsessive transformant la vie ordinaire en épreuve permanente. Le souci maniaque de son apparence et la compulsion de ranger sans arrêt ne devraient pas être le but d'une vie. Pourtant, combien de personnes en ont fait des exigences essentielles qui dominent leur vie et celle de leur entourage.

La fragilité de l'ego

Il y a des personnes qui ne peuvent entendre qu'un seul discours, celui qui répète qu'elles sont toujours bonnes et « fines » ! La moindre remarque ou le plus petit reproche qu'on pourrait leur faire les bouleverse et les démolit. Leur fragilité personnelle est telle que par prévention, elles agissent toujours de façon à ne recevoir que des compliments.

Il y a aussi le cas des jeunes filles qui sont obsédées par leur apparence physique. L'industrie des cosmétiques a récupéré cette faiblesse essentielle et on ne compte plus le nombre de jeunes femmes au physique pourtant avantageux qui dépensent des fortunes en produits supposés pouvoir modifier leur corps qu'elles veulent parfait. On ne s'accepte pas telle que l'on est, on voudrait avoir un nez parfait, des seins et des fesses de la bonne grosseur, des cuisses sveltes, etc. On est alors dans les dispositions psychologiques voulues pour faire l'expérience de l'anorexie mentale. Trouble majeur de la personnalité, l'anorexie mentale constitue une attitude inadéquate et catastrophique, fondée sur une tendance innée à adopter une vision idéalisée et distordue de sa personne, révélant incidemment la fragilité, l'isolement et l'insécurité profonde de la personne.

e) L'éducation contrôlante et l'idéalité

L'éducation contrôlante est toujours problématique et lorsqu'elle sévit (surtout à la période de la grande enfance), elle peut contribuer paradoxalement à l'atrophie ou à l'hypertrophie du développement de l'idéalité.

L'idéalité qui n'est pas stabilisée par l'influence de la réalité peut grandir sans limites et devenir envahissante en provoquant une hypertrophie stérile des idées où l'esprit s'agite inutilement. Cependant, le processus d'infantilisation qui accompagne ce mode d'éducation peut aussi contribuer fortement à éteindre l'expression personnelle et les aspirations créatrices du jeune adolescent. Lorsqu'il arrivera à l'âge adulte, il risque de se montrer insouciant et étourdi, illustrant ainsi le défaut d'idéalité. Son idéalité se retrouve atrophiée par un discours éducationnel démotivant et réducteur disant : « Laisse donc faire, n'entreprend rien d'importance ; de toute façon qu'est-ce que ça donne ? » C'est ainsi qu'on aura étouffé chez un jeune le désir de s'affirmer et de prendre de la maturité par la recherche d'autonomie et par le progrès d'une pensée articulée, tout en favorisant le mimétisme de la dépendance.

4. La réalité

a) L'appréhension de la réalité

Quand on est enfant, on n'a pas encore, à proprement parler, de vision différentielle de la réalité. On croit que son esprit contient la réalité, et que l'on n'a qu'à ignorer ce qui nous déplaît pour que cela disparaisse. On s'imagine aussi que, si on le désire vraiment, tout va bien aller, et si ce n'est pas le cas, il ne s'agira que d'affirmer que tout va bien pour se débarrasser de ses problèmes.

Déjà, avant même d'entrer à la maternelle, l'enfant apprend à découvrir le monde extérieur. À travers l'expérience de la socialisation, il comprend désormais que la réalité est extérieure à lui. En gagnant de la maturité, il apprend à faire la part des choses et comprend mieux que le contenu global de la réalité demeure finalement intangible, malgré tous ses efforts pour s'en instruire. Avec la prise de maturité, l'enfant constate progressivement que «ça ne se passe pas toujours comme l'on prévoit», et que la réalité existe en dehors de ses explications, explications qui, même s'il pouvait utiliser un tour de passe-passe mental, ne pourraient jamais contenir et régler les événements survenus, ceux qui surviennent et ceux qui surviendront. De façon permanente, la réalité objective échappe à tout contrôle et chacun découvre ce fait lorsqu'il bute dedans au quotidien, forçant la personne à réviser et à rajuster ses projets et ses ambitions.

Pour toutes sortes de raisons, certaines personnes n'atteindront pas cette dernière étape. Ces gens se révèlent être incapables d'entrer en interaction véritable avec les autres, car ils ne peuvent entendre que ce qu'ils veulent entendre. De plus, leur incompréhension du fait que «la réalité» ne peut être contenue dans leur esprit les prive de l'accès à la réalité objective, contribuant implicitement à ce que, pour eux, le contact humain ne soit autre que ponctuel ou unilatéral.

L'immaturité entraîne l'incapacité foncière de prendre la réalité pour ce qu'elle est et d'agir en conséquence. Cela a souvent pour résultat que l'on entretiendra peu ou pas de relations significatives avec les autres, incluant son conjoint et ses parents. Les dispositions innées de la personnalité, la surprotection vécue au sein d'un milieu familial fermé tout comme les attitudes éducatives inadéquates des parents expliquent le fait que le processus de socialisation ne se soit pas amorcé au moment opportun au cours de l'enfance. Cela pourrait expliquer le fait que, pour certaines personnes, la gestion d'une partie importante de la vie se maintient à un niveau infantile.

b) La réalité objective ou la réalité subjective ?

Il arrive que l'individu qui est en train de rêver croit réellement que ce qu'il vit en rêve est réel. Ainsi, celui qui, dans son rêve, croit avoir égaré sa voiture éprouve alors un réel sentiment de panique et son ébranlement émotif peut durer même après le réveil ; il devra alors se secouer pour se convaincre que ce qu'il vient de rêver n'était pas réel.

Le rêve constitue une forme de réalité subjective à l'état pur. Dans le rêve, la réalité extérieure fournit les accessoires et le cerveau formule l'essentiel du scénario. La voiture qu'on a perdue en rêve peut nous avoir appartenue ou nous appartenir dans la réalité, ou on peut en avoir déjà vu une semblable dans un stationnement. Cependant le scénario, qui constitue la trame de son rêve, n'a très probablement pas existé en tant que réalité objective.

On peut apprendre, dans des livres ou à la télévision, des aspects de la réalité objective comme par exemple des faits historiques ou géographiques. Mais la réalité qui nous touche immédiatement et personnellement dans nos rapports avec les autres ne peut être d'abord comprise que subjectivement. C'est à travers l'éducation, tout comme par les expériences concrètes, que l'on découvre graduellement les éléments significatifs de la réalité.

- La réalité objective (lointaine) La terre est ronde
                    La guerre a lieu en ...
- La réalité subjective (immédiate) Je suis aimé de...
                    Je ne suis pas aimé de...
                    Je suis capable de...
                    Je suis incapable de....

Si la perception et l'appréhension des événements sont des actes essentiellement subjectifs, cela n'entraîne pas que la réalité objective des faits soit sans rapport avec la perception individuelle. Imaginons que l'on marche dans un corridor obscur : au bout de ce corridor, il y a quelque part un mur que nous ne pouvons pas voir. En continuant d'avancer, nous allons éventuellement le heurter. Il en est ainsi de certains angles de la réalité objective qui se présentent subjectivement de la même façon. Peu importent les efforts que l'individu pourra faire pour en déceler la présence, une partie inconnue de cette réalité va se manifester inopinément lorsqu'il va buter dedans. Les conséquences de cette collision peuvent varier d'une personne à l'autre, la prise de conscience demeurant un acte individuel, de même que la réaction devant les conséquences qui vont suivre. C'est la nature même de cette prise de conscience qui, finalement, fera la différence entre ceux qui pourront gérer les événements, au fur et à mesure qu'ils surgiront, et ceux qui vont paniquer, fuir ou s'affaisser.

c) Vivre dans la réalité

Posons-nous la question : désire-t-on vivre au sein de la réalité ou préfère-t-on vivre par procuration à l'intérieur de sa tête ? Ou encore : est-il préférable de vivre vraiment sa vie ou de se contenter de regarder les autres vivre la leur ? Prenons pour exemple ceux qui vivent, par l'entremise de la télévision et de la radio, comme s'ils étaient les voisins de palier de leurs artistes favoris. Qu'on pense aussi à l'entichement des gens pour les personnages des téléromans, certains allant jusqu'à prénommer leurs enfants du prénom des héros et héroïnes de ces mêmes séries. Combien se contentent de vivre dans une forme ou une autre de passivité, n'osant rien entreprendre au plan personnel de peur d'essuyer l'échec.

Accepter de vivre dans la réalité, c'est accepter de vivre de façon conséquente et c'est accepter de vivre pleinement les conséquences de ses actes. Pas question de s'évader ni de prendre la sortie côté jardin. Quand on dit être réaliste, cela signifie que l'on comprend ce que signifie être conséquent et être responsable.

5. Regarder la réalité en face ou jouer à l'autruche ?

« Il n'y a pas plus aveugle que celui qui ne regarde pas ou celui qui ne veut pas voir ! » Il y a aussi celui qui n'a pas appris à regarder ni à discerner les choses importantes des insignifiantes dans sa vie. C'est ainsi que l'on rencontre à l'occasion des gens qui vivent l'enfer tout en pensant que leur situation est endurable. Déconnectés émotivement à force de se replier sur eux-mêmes, ils en arrivent à penser qu'il est normal de subir l'intolérable. Pendant des années, ils ont écopé et enduré en vivant dans la résignation. Isolés et sans point de repère, ils ne pouvaient que s'illusionner sur leur lot et ils n'arrivaient pas à croire que leur vie pourrait s'améliorer. Lorsqu'après une sérieuse remise en question ils réussissent à voir autrement, ils découvrent alors qu'il y a tout un monde entre ce qu'ils vivent et ce qu'ils s'imaginaient vivre. Ils comprennent qu'il est possible d'opérer des changements et, éventuellement, de jouir de la vie en y prenant ce qui leur revient.

a) L'activité vécue comme une fuite en avant

L'activité est essentielle à la vie humaine. Sans activité, la personne décline, perd sa bonne santé physique et met en péril son équilibre mental. Si vous voulez tuer quelqu'un à petit feu, condamnez-le à l'inactivité. Pour la personne normale, l'activité domine et caractérise les périodes d'éveil et elle maintient l'acuité mentale, le tonus musculaire tout comme le fonctionnement harmonieux de l'organisme. En dépensant les énergies renouvelables, l'activité favorise la qualité du sommeil réparateur et rend possible la poursuite de l'activité au long des jours et cela pour toute la vie.

Mais il y a activité et activités. Il y a celles des maniaques de l'activité chez qui elle est incessante et compulsive, car ils sont incapables de s'accorder des répits. Après avoir terminé une activité, ils en recommencent une nouvelle et même parfois une ou deux autres, parallèlement et simultanément, tout cela de façon constante et souvent programmée d'avance. On dirait qu'ils sont des forçats qu'un tortionnaire a condamnés à toujours en faire plus. Véritables esclaves, ils sont aussi leur propre bourreau. Jouir de la vie, s'accorder du bon temps, ça n'a pas de sens à leurs yeux, car leur conception morale ou leur compulsion à l'activité ne tolère pas les loisirs improductifs. Véritables tornades, ils font tout ce qu'il y a à faire et plus encore (voir chapitre XI).

Lorsque ces gens sont momentanément forcés de prendre du repos, on les retrouve accablés par un stress encore plus grand. Ils donnent l'impression que l'activité est, pour eux, un moyen d'éviter de se confronter avec eux-mêmes et avec leurs proches. Cette fuite en avant leur permet de se dérober aux exigences de l'intimité et à l'anxiété rattachée aux échanges soutenus avec une autre personne[6].

Fait étonnant, plusieurs considèrent l'activité excessive comme une entreprise vertueuse ; ils ne comprennent pas que « trop c'est trop » et que c'est finalement pire que pas assez ! Se pliant à un besoin tyrannique, l'actif-compulsif est prêt à dépenser beaucoup d'efforts au service des autres ; cependant, cela ne contribue pas

---

6. *Cf.* Bryan ROBINSON, *Overdoing It,* traduction : *Les gens qui en font trop,* les Éditions Logiques.

nécessairement à ce qu'il soit vraiment attentif à leurs besoins et à leurs vœux ni à ce que ses relations interpersonnelles soient de qualité.

b) Vivre son problème

Dépourvu d'*insights* sur la nature de son vécu et cherchant à oublier ce qui le rend misérable, l'actif-compulsif refait sans cesse les mêmes erreurs, sa vie décevante prenant l'allure du mouvement perpétuel. Sans s'arrêter pour réfléchir, il demeure inconscient de ce qui se passe vraiment dans sa vie. Il marche tout droit, sans tenter de savoir ce qui le motive, pas plus qu'il ne permet à la réalité extérieure de le renseigner sur sa propre réalité. Résultat : il conçoit erronément la nature de ce qu'il vit, car il ne se voit pas faire. Enfin, parce qu'il a ignoré les leçons du passé, il ne pourra pas tirer les conclusions qui s'imposent. Le malaise de vivre se poursuit en s'amplifiant, les frustrations s'accumulent et bientôt les somatisations s'installeront pour de bon.

N'ayant pas la maturité suffisante ni de scénarios adéquats pour s'interroger, on évite ainsi les vraies questions qui pourraient surgir. Pourtant, il ne s'agirait que de trouver le courage de s'arrêter, de réfléchir et de se parler franchement afin de rechercher honnêtement la vérité, qu'elle nous plaise ou non.

c) La réflexion

C'est par la pensée rétrospective que la réflexion s'amorce. Réfléchir, c'est se demander ce qui pourrait survenir suite à ses actions. Cette proposition peut paraître un truisme, mais combien de personnes ne regardent pas avant de plonger ! Réfléchir se résume trop souvent à n'être qu'une activité ponctuelle isolée, commandée par une situation de crise momentanée.

C'est en s'arrêtant pour prendre conscience de ses émotions et de ses pensées, et en revenant ensuite sur ses expériences d'autrefois, que l'on peut apprécier la vraie teneur de l'enjeu pour en juger la qualité tout comme en détecter les carences. En agissant ainsi, on peut tirer profit des erreurs du passé et prévenir la répétition d'actions bêtes et stupides qui ne font qu'aggraver sa situation. La réflexion est la première étape de la construction de son moi, à travers l'élaboration de son idéalité. Elle permet éventuellement à ses relations interpersonnelles d'être plus cohérentes et de mieux coller à la réalité du vécu que l'on partage.

d) Les épreuves

Quand surviennent de grandes épreuves, les partenaires se retrouvent souvent isolés et démunis. S'il arrive que le conjoint ou l'un des enfants soit victime d'un accident grave ou d'une maladie qui risque d'être mortelle, l'équilibre relationnel de la personne se retrouve bien souvent sollicité au-delà de ses ressources et le couple risque de se désintégrer. Ce danger est plus évident dans le cas du couple où les relations interpersonnelles (de la même manière que le partage des tâches et des responsabilités) ont été établies de façon très structurée. Dans ce contexte, les tensions et les conflits latents, présents mais jusqu'alors occultés, réapparaissent à plus ou moins brève échéance et risquent de compromettre l'équilibre statique de la relation et de provoquer son naufrage.

La structure dynamique qui caractérise les relations interpersonnelles des couples interactifs leur permet de mieux affronter les conflits et les épreuves dont personne n'est à l'abri. C'est leur expérience commune de la gestion réussie des petites tracasseries quotidiennes qui leur permet par la suite de mieux composer avec les situations de conflits imprévus et les grandes épreuves. Lorsqu'au sein de ces couples se présentent de telles situations, les personnes se sentent moins vulnérables parce qu'elles savent pouvoir compter l'une sur l'autre et elles se sentent moins isolées.

6. Le réalisme des attentes personnelles : une des conditions essentielles de l'équilibre relationnel

a) À quoi s'attendre ?

Chacun de nous a droit à des attentes. Dans la vie de couple, il y aura injustice si l'un en vient toujours à devoir laisser tomber ses projets et à sacrifier ses attentes parce que l'autre ne leur fait pas de

place. Cette injustice provoque des frustrations qui vont s'accumuler. Cela contribuera finalement à ce que l'irrémédiable arrive
entre les partenaires.

Réussir sa vie de couple commande que l'on soit attentif l'un à
l'autre, attentif à ses propres besoins, à ses fantaisies, de même que
réceptif à ceux de l'autre. Une des règles fondamentales énonce le
principe que pour réussir une vie épanouie, les partenaires doivent
rechercher, pour eux-mêmes et pour l'autre, **l'équilibre entre les
frustrations et les gratifications.**

Un tel programme d'ajustement n'est jamais accompli ni jamais
réussi une fois pour toutes. Chaque jour, de nouveaux problèmes
sollicitent les partenaires pour qu'ils se réajustent l'un à l'autre.
Évidemment, il y aura des ratés, personne ne peut se dire à l'abri des
échecs relationnels, passagers ou permanents, échecs qui ébranlent
même les couples qui paraissent les plus « réussis ».

*b) Les attentes : celles qui vont être déçues
et celles qui peuvent être comblées*

Dans un couple, quelles sont les attentes que l'on peut entretenir
l'un envers l'autre ? Nos attentes sont-elles en rapport avec les capacités conjugales présentes, les siennes et celles de l'autre ?

Même si elle s'adresse à la plupart des gens, la relation amoureuse de type conjugal n'est pas nécessairement faite pour tout le
monde. Combien de partenaires n'ont pas atteint un niveau de
maturité suffisant pour pouvoir conjuguer adéquatement avec une
autre personne ? D'autre part, il y a quelques individus qui n'ont pas
la fibre conjugale très développée et ne peuvent faire autrement que
de laisser leur conjoint isolé, car ils n'apportent pas dans la relation
amoureuse les éléments essentiels à sa viabilité. Les capacités
conjugales diffèrent grandement d'un individu à l'autre. Souvent, la
perception que l'un des partenaires a de la vie à deux peut être très
éloignée de celle de l'autre. La tradition de conjugalité du milieu
d'origine du partenaire est un indicateur précieux pour l'évaluation
de sa **capacité conjugale.** Il y a par exemple le cas de celui qui est du
genre célibataire-de-carrière. Il y a aussi le cas de celui qui est issu de
parents qui ont eux-mêmes échoué toutes leurs tentatives pour vivre

à deux ; ce dernier risque de ne pas désirer faire à son tour une expérience qu'il croit au départ vouée à l'échec.

c) La place des attentes dans la gérance personnelle

Une vie sans attente n'a pas de sens et les attentes sans cesse trompées mènent à l'aliénation et au désespoir. Entretenir des attentes, c'est aussi devoir en examiner le contenu pour voir si elles sont compatibles avec la réalité et les ressources disponibles et se demander pourquoi on continue de maintenir de telles attentes si cela ne peut qu'entraîner la déception assurée. La prudence enseigne qu'il vaut mieux entretenir le moins d'attentes possibles envers les autres. Le progrès vers plus de maturité facilite l'exercice nécessaire qui contribue à mettre de côté les attentes chimériques, en apprenant à déchiffrer mieux l'autre et en acceptant alors l'improbabilité de réaliser certaines de ses attentes.

7. Le challenge de la vie à deux

a) Dépasser les obstacles inhérents
à la réalité d'être un homme ou une femme

L'éducation traditionnelle, à l'époque des couvents de filles et des collèges de garçons, favorisait le maintien des différences culturelles entre les sexes. Même si depuis plus de trente ans la pratique généralisée de la ségrégation des sexes à l'école a disparu au Québec, plusieurs milieux entretiennent les différences et les stéréotypes qui les accompagnent. Il y a encore des familles qui sont des milieux de « filles » et d'autres qui sont des milieux de « gars ». L'éducation dispensée jusqu'à maintenant semble avoir tacitement contribué au maintien de ces stéréotypes. L'éducation à la vie de couple (si jamais on décidait de l'enseigner à l'école) devrait commencer par montrer aux personnes la façon efficace de communiquer au-delà des idiosyncrasies typiquement féminines ou masculines. Un effort éducationnel et le progrès de la maturité personnelle permettront aux futurs conjoints de dépasser des obstacles comme, par exemple, lorsque l'on dit qu'habituellement les femmes ont tendance à réfléchir tout haut et que les hommes ont l'habitude de prendre tout au pied de la lettre.

b) Une question existentielle pour les femmes

Les femmes mûres, confrontées à l'histoire de leur vécu, devraient pouvoir répondre à la question : qui suis-je, en dehors d'être l'épouse de mon mari et la mère de mes enfants ? Paradoxalement, on reproche quelquefois aux femmes de vouloir faire carrière et on dit qu'elles ne peuvent réussir à la fois carrière, maternité et vie de couple. Le débat est là : s'épanouir vaut pour tout le monde, mais vivre à deux et avoir des enfants n'est pas l'affaire de tous. On convient qu'il y a des personnes qui devraient s'en abstenir.

Le mouvement féministe a posé le problème à la façon d'un jeu de qui perd gagne où la femme qui veut faire carrière s'adonne en effet à une véritable course à l'échec. Quand la carrière devient une entreprise individualiste dissociée de la relation amoureuse au sein du couple, le projet de réussir à la fois la carrière, la maternité et la vie de couple ressemble à un casse-gueule garanti. Pourtant, même si cela n'apporte pas toujours le prestige et la considération sociale, avoir des enfants, les aimer, les éduquer, les préparer à la vie, n'est-ce pas là un défi aussi important que celui de faire carrière ?

c) Lorsque les partenaires arrivent à 50 ans

Avoir 50 ans, ou n'importe quel autre âge, ne constitue pas, en soi, un problème, mais parmi les femmes qui n'ont pas fait carrière et qui ont atteint cet âge, plusieurs se retrouvent aux prises avec un problème existentiel. Traditionnellement, la femme qui demeurait au foyer se retrouvait à cet âge entourée de ses enfants et petits-enfants et pouvait jouer alors le rôle gratifiant de grand-mère. Être épouse et mère avait été le centre de sa vie et cela se continuait à travers ses enfants mariés et ses petits-enfants. Ça, c'était autrefois. Aujourd'hui, avec les enfants qui vivent au loin, font carrière, tardent à se caser et plus encore à avoir à leur tour des enfants, la mère de ces enfants se retrouve désormais privée d'une définition personnelle et de scénarios pour les années qui lui restent à vivre. Sa vie, elle l'avait consacrée aux autres et maintenant les autres ne sont plus là ou n'ont plus besoin d'elle. C'est aussi la même chose pour toutes celles qui ont peiné au travail leur vie durant dans des tâches peu gratifiantes qui les ont laissées épuisées et désabusées ; pour toutes ces personnes, la vie n'a souvent pas été plus clémente.

Toutes ces femmes en manque d'une raison d'être, on les voit se rabattant sur une activité obsessive comme le ménage et le rangement et lorsqu'on les visite, on hésite à s'asseoir de peur de déranger l'ordre des lieux. Ce sont les mêmes qui, lorsqu'elles partent en villégiature, entreprennent, une fois arrivées, de faire le ménage du chalet, ne sortant dehors que pour secouer leur balai !

Mais si le ménage et la tenue de maison n'est pas le but d'une vie, que reste-t-il pour meubler son existence lorsque l'on n'a pas développé de projets pour faire autrement ? Souvent, les changements hormonaux de la ménopause s'additionnent chez ces dernières, pour transformer cette étape de leur vie en une période pénible, menant certaines d'entre elles à la dépression et même au suicide.

Le problème de changement de vie, avec la retraite, même s'il existe, semble être moins aigu chez les hommes. Si on fait exception de ceux qui se sont tout donnés à leur carrière sans imaginer de scénario pour l'après-carrière, pour l'homme, penser à lui fait plus souvent partie de sa réalité et les changements dans sa vie semblent avoir moins d'impact.

On dit cependant que bien des hommes, n'ayant pas appris à parler d'eux-mêmes, sont incapables de se confier et qu'ils ne peuvent que ravaler leurs problèmes en les enfouissant bien loin. Pensons à ces hommes muets, incapables de parler de choses significatives, qui ne font que dissimuler leur souffrance en blaguant et en riant aux éclats. Les statistiques alarmantes qui font état du grand nombre de suicides chez les hommes confirment le fait que plusieurs ne vont pas chercher de l'aide lorsqu'il le faudrait.

En conclusion

Partons du principe qu'il y a plus d'une façon de composer avec la réalité. On connaît le cas de l'idéaliste qui s'abandonne à la dictature de son idéalité, presque entièrement élaborée en dehors de la réalité.

Il y a aussi son contraire, le pragmatiste, dont l'attitude correspond à celle du joueur qui se dit que dans la vie on peut facilement y aller au pif, en se fiant à son instinct, au fur et à mesure que les situations se présentent, tout en minimisant l'apport de l'idéalité dans la gestion du quotidien. Chez le fantaisiste, l'idéalité ne s'est pas développée et ne semble jouer aucun rôle. Étant dépourvu du sentiment qu'il est capable d'accomplir quoi que ce soit de significatif, il en est venu à la conclusion que, pour lui, le salut est dans la fuite de toutes les responsabilités. Ainsi, il choisira comme partenaire quelqu'un qui va continuer de surprotéger l'enfant qu'il sera toujours. Enfin, il y a l'humaniste-réaliste qui accepte constamment de soumettre son idéalité au test acide de la réalité, diminuant ainsi le risque, toujours présent, de s'égarer, en entretenant auprès des autres et de lui-même des attentes dépourvues de fondement.

C'est l'idéalité qui établit le niveau d'exigences et d'attentes de la personne et on ne sait ce que valent les idées générées par son idéalité que lorsque ces dernières se retrouvent confrontées à la réalité. C'est alors que bien des rêves s'écroulent comme les glaçons qui tombent du toit. Mais la liberté d'élaborer et d'exercer son idéalité offre aussi à la personne la possibilité de dépasser le cercle de la conformité sociale (confondue par certains avec la réalité) en permettant à son imagination d'explorer les véritables limites de la réalité.

Troisième partie

LES OBSTACLES
À LA VIE DE COUPLE

Chapitre X

LES PROBLÈMES RELATIONNELS

Outre les barrières culturelles, le plus grand
obstacle relationnel du couple, c'est le manque
de maturité de l'un ou des deux partenaires

« ILS SE SONT REGARDÉS, ils se sont compris!» Si la chose se produit
parfois dans la vraie vie, cela est loin d'arriver à tout coup. Pour
s'assurer de l'efficacité de ses communications, il faut s'efforcer de
transmettre à son interlocuteur un message le plus clair possible,
sans utiliser, sauf avec sa complicité, des encodages particuliers, tels
les calembours, charades ou devinettes.

«Je lui ai dit, mais plus tard, j'ai bien vu qu'il n'avait rien
compris!» Que s'est-il passé? Si le contenu du message paraissait
évident selon l'émetteur, il ne l'était pas autant pour le récepteur,
d'où la méprise et l'incompréhension. L'examen de ce qui a été
transmis révèle souvent un contenu plein de sous-entendus, de
subtilités qui limitent l'accessibilité de l'information transmise.

1. La difficulté de communiquer
de façon rentable et significative

a) Lorsque le dialogue est impossible

La communication est essentielle à la vie quotidienne. Cependant,
elle est constamment en bute à des problèmes de transmission ou à
l'incompréhension, surtout lorsque l'un des deux veut aller plus loin

et dépasser le niveau de l'échange sur les nécessités de la vie courante et que l'autre n'en est pas capable. C'est alors que la difficulté de communiquer risque de se transformer en impossibilité de communiquer. Quand les barrières personnelles et les blocages psychologiques surgissent dans le processus, le dialogue qu'on avait cru engager avec l'autre cède rapidement la place au monologue et il devient alors inutile d'insister : la communication ne se fera pas. C'est comme parler dans un combiné de téléphone qui n'est pas branché !

Certaines personnes n'ont pas d'oreilles. Dans une conversation, elles n'écoutent pas leur interlocuteur. Indifférentes à ce que l'autre vient de leur dire, elles reprennent la parole pour continuer leur propos quand elles ne lui coupent pas tout simplement la parole. Plus subtiles, et quand il s'agit de choses qui les dérangent, d'autres personnes font comme si elles n'entendaient pas. S'il y en a qui semblent plus ouvertes, on constate plus tard qu'il y a chez elles un mécanisme quotidien de remise à zéro de leur «odomètre personnel», annulant ainsi tout progrès du dialogue. La veille, on aura pu discuter avec elles sur une question importante mais le lendemain, elles reprennent leur discours habituel comme si la conversation de la veille n'avait pas eu lieu.

Avec les individus à la personnalité fragile, l'échange peut durer aussi longtemps qu'il n'inclut pas de sujets sérieux. En effet, plusieurs semblent n'avoir rien à dire sur rien, sinon la météo, l'actualité sportive ou les émissions de variétés. Pas question pour eux d'aborder plus que ponctuellement, des sujets avec un contenu personnel ou, pire encore, d'émettre des propos ressemblant à des «commentaires» qui pourraient les concerner. En effet, tout ce qui suscite la moindre remise en question provoque chez eux un trouble important et ébranle leur édifice personnel. C'est alors le moment de la collision qu'ils appréhendent avec la fameuse réalité dont ils refusent de connaître vraiment le contenu, et qui signale la fin de l'échange.

D'autres sont déconcertants ; de prime abord, ils se montrent charmants, attachants et plaisants, et la minute d'après, ils deviennent cassants et distants suite à un mot qu'ils n'ont pas aimé. Manifestement, ces gens ne veulent entendre que des louanges et, de toute évidence, la façon qu'ils ont de mener leur vie n'est qu'un exercice pour les obtenir. En société et à chaque occasion où ils sont en cause, ils veulent montrer d'eux une image parfaite. Ce qu'ils font pour conquérir l'approbation extérieure, ils le font avec une application méticuleuse. Avec un tel enjeu, on comprendra que tout échec de leur entreprise de manipulation pour obtenir la faveur des autres, si minime soit-il, entraîne une catastrophe...

Avec leurs partenaires, ces gens agissent souvent, spontanément, comme des enfants. Chaque jour, ils s'empressent de raconter ce qu'ils ont fait, ce qu'ils pensent, mais ils ne démontrent en retour aucun intérêt pour ce que l'autre aurait à leur dire. Engagés pour de bon dans un « échange » à sens unique, ils sont des émetteurs dépourvus de récepteur.

Toutes ces personnes semblent avoir quelque chose en commun : la difficulté à fonctionner adéquatement avec les autres. À l'examen, il semble que pour plusieurs d'entre elles, cette incapacité relationnelle serait reliée à une faible image d'elles-mêmes, qui serait la conséquence de carences affectives et éducationnelles.

b) La communication minimaliste : le monologue à deux

Combien vivent l'expérience du monologue à deux dans leur vie de couple : il parle de sport, de voitures, elle parle des artistes de la télévision et des potins du quartier. Et ce n'est pas grave si l'un n'écoute pas vraiment ce que l'autre raconte, car ils ont toujours vécu ainsi, sans s'adonner à des échanges sur les aspects significatifs de leur vie, ces aspects qu'ils ont souvent choisi d'ignorer ou de taire. Souvent, ces mêmes gens n'ont jamais été écoutés au sein de leur famille ni dans leur milieu de travail. Diminués et tenus pour insignifiants, on leur a toujours dit quoi faire. Comme expérience de communication, plusieurs de ces personnes n'ont connu dans leur famille qu'un brouhaha où tout le monde parlait en même temps sans que personne n'écoute personne.

Comme la chose se produit couramment, on reproduit ce que l'on a connu et on comprend que, dans un tel contexte, la relation interpersonnelle des conjoints stagne, car les attentes ne sont pas là. En conséquence, l'absence de progrès dans la relation n'entraîne pas de nouvelles frustrations.

2. La solitude

Le couple moderne veut échapper à certaines contingences humaines dont la première est la solitude. Pourtant, toute personne qui s'interroge sur les questions fondamentales de la vie se retrouve confrontée à celle de la solitude : « On naît seul et on meurt seul ! » et « La première personne avec laquelle on a à vivre, c'est soi-même ! »

Ce que l'on est, on va le découvrir et le redécouvrir au long des ans, en se posant des questions mais aussi en laissant, à travers les autres, la réalité venir nous remettre en question. Plusieurs découvertes significatives à son propre sujet vont se faire à travers l'interaction avec les autres. Pour pouvoir tirer profit d'un tel périple relationnel il faut, encore là, avoir atteint un certain niveau de maturité.

Pour réussir dans la vie à deux, la personne doit mobiliser ses ressources pour s'ouvrir aux autres et communiquer intimement avec son partenaire, cela constituant un défi constant et nécessaire mais qui n'est pas assuré du succès. La vie de couple la plus intense et la plus intime n'efface pas la réalité de l'étrangeté résidant au fond de chaque personne et qui l'oblige à constamment devoir se ramasser pour reprendre un dialogue sans cesse aux prises avec des interférences reliées au fait d'être des humains faillibles et inconstants.

L'échec relationnel : le repli sur soi
et la solitude dans la vie de couple

> Dans le couple de Liliane et Albert, Liliane pense, parle et décide pour les deux. Son couple, qu'elle souhaite fusionnel, n'existe pourtant que dans sa tête, ce qui démontre son immaturité et son incapacité foncière à s'engager dans une relation vraiment interactive.
>
> Dérapant à l'occasion, Albert se retrouve, pour sa part, dans le vide relationnel, désimpliqué et déconnecté vis-à-vis de sa partenaire. Dans la vie quotidienne, Liliane agit comme si elle avait des œillères : elle ne voit que ce qu'elle veut bien voir et ne vit qu'à l'intérieur du corridor étroit des activités qu'elle a choisies. C'est ainsi qu'elle a déterminé d'avance le périmètre de « sa » réalité. Ce qui est en dehors de ce périmètre ne la préoccupe pas et elle agit comme si cela n'existait pas. Elle ne vérifie jamais la validité de ce qu'elle pense en comparant avec les éléments de la réalité extérieure.

Le drame de ce couple, c'est que les partenaires n'ont jamais pu se rencontrer vraiment. Sans trop comprendre ce qu'il vit, Albert a l'impression de faire un mauvais rêve et, pour sa part, sa chimérique partenaire ne souhaite pas entrer en interaction significative avec lui. Ignorant l'homme qu'il est réellement, elle le décrit d'une façon étrangère à la réalité. De toute façon, elle n'a pas appris à le connaître et elle serait probablement déçue si elle le faisait. Pour survivre, elle continue d'enjoliver la réalité pour la rendre acceptable et vivable. Si jamais elle se laissait aller à regarder la réalité en face, on a l'impression qu'elle « capoterait ». Par l'usage de lunettes roses, la réalité extérieure est transformée par les fabulations enjolivantes de son idéalité. Ainsi, lorsqu'elle parle de sa maison, elle la décrit comme un château et ses enfants sont, à l'écouter, des petits princes. La réalité du vécu des personnes qui l'entourent est niée et l'image de la réalité rêvée prend toute la place. On a l'impression qu'Albert, en tant que partenaire de Liliane, n'est pas important en soi et qu'il aurait pu être n'importe qui. En fait, il ne sert que d'écran de projection pour les fantasmes de Liliane qui avoue : « L'important, ça se passe dans ma tête ! » Préférant entretenir une idéalité déconnectée de la réalité, ce qui se passe dans la réalité extérieure est minimisé et ignoré autant que possible. Même si elle est en tout point la fille de sa mère, elle n'est pas intime avec cette dernière, toutes deux n'échangeant que des banalités. Mais voilà, le beau rêve est terminé, le mari est parti, les enfants aussi, et elle demeure seule et socialement isolée.

La solitude au sein de la vie de couple signifie que plusieurs personnes ne parviendront pas à vivre une communication bilatérale efficace et significative avec leur partenaire. C'est le cas lorsque la communication est perçue comme n'étant qu'une occasion de se raconter soi-même, sans se préoccuper de l'autre ni écouter ce qu'il aurait à dire. En effet, une fois qu'on a dit ce qu'on avait à dire, la communication est terminée. À la longue, une telle insensibilité aux autres va se traduire par l'isolement social, qui est à la fois la cause et la conséquence du repli sur soi.

Le repli sur soi met en péril la vie de couple ; il illustre la rupture ou l'absence de la communication par l'incapacité relationnelle, une sorte d'« absence psychologique », d'au moins un des partenaires. Cette situation est spécialement pénible parce qu'elle met en suspens la vie de couple. Que s'est-il passé ? On n'arrive pas à comprendre pourquoi on est rendu là.

Pour apprendre à se connaître mutuellement, les partenaires doivent adopter une attitude de souplesse réaliste s'appuyant sur le progrès de la *maturité personnelle,* celle qui procure l'assurance et la sécurité intérieure. Témoignant alors de sa capacité de «lâcher prise», l'adoption de cette attitude libère la personne de l'obsession que tout soit conforme à sa façon de voir et de penser, comme de vouloir tout arranger autour d'elle. Avec le temps, on comprend qu'on ne peut tout contrôler et qu'on doit laisser tomber des choses que l'on croyait, à tort, être primordiales. Ayant cheminé vers la maturité, une personne portée à être dominatrice pourra alors mettre en application le principe de «vivre et laisser vivre».

En théorie, la place de l'autre dans le couple devrait être la même que celle que l'on exige d'avoir. Basé sur le respect des personnes, le principe de réciprocité est essentiel à la vie de couple. Sinon, le couple perd son sens et la relation se limite à n'être qu'un exercice gratuit de pouvoir et de domination.

Cela prend une bonne dose de tolérance et de générosité, de part et d'autre, pour s'accepter mutuellement, tel qu'on est, sans exiger que l'autre change. C'est pourtant cela qui constitue le premier défi de la vie de couple.

3. Les obstacles à la communication : le milieu fermé, l'immaturité et les limites de la personnalité

Une évidence s'impose : c'est à travers l'interaction avec les autres que l'on comprend mieux le sens de la réalité et c'est la socialisation qui fait partie des conditions de départ de l'apprentissage de la réalité. Invariablement, cela signifie qu'une personne qui n'a pas vécu le processus de socialisation au moment opportun au cours de son enfance court le risque de ne pas parvenir à s'intégrer aux autres. De plus, l'appartenance à un milieu familial fermé contribue subtilement à l'échec de l'insertion sociale. Citons le cas d'une mère bohème, vivant dans «son monde à elle», et qui entretient chez ses enfants le désir de faire la même chose.

> Louise a une vision à la fois très romantique et subtilement dominatrice de l'amour fusionnel. Luc, son mari, elle l'a vu, elle l'a voulu et elle l'a eu, et sa vie de couple s'est réalisée selon ses désirs. Ceux qui la

connaissent ont l'impression que son mari n'avait que le choix de se plier à ses volontés.

Dominée par ses passions et ses émotions et ayant eu pour mère une personne froide, immature et incapable, elle a dû, pour devenir une mère de famille, se composer un personnage s'inspirant de l'idée qu'elle se faisait de la mère idéale. C'est ce jeu de rôle qui a contribué à la soustraire en grande partie du poids des choses de la vie, vivant sa réalité avec des œillères, sans en subir immédiatement les conséquences. Ainsi, elle aimait « pouponner » et rêvait d'avoir une famille nombreuse. Lorsque son dernier-né quittait le berceau pour un lit, elle souhaitait en avoir un autre. En même temps, à mesure que ses enfants grandissaient, son rôle de mère contrôlante s'amplifiait et ses gestes d'affection maternelle tout comme les marques de tendresse s'évanouissaient. Louise n'ayant pas été affectionnée dans son enfance, elle ne pouvait faire mieux pour ses enfants. Cela semble avoir contribué aussi à ce qu'inconsciemment, elle les pousse très tôt sur la voie de la débrouillardise en leur conférant le sentiment d'avoir atteint précocement la maturité.

Une fois arrivés à l'adolescence, ses enfants comprenaient confusément que s'ils voulaient de l'affection et de la tendresse, ils devaient, à l'exemple de leur mère, se trouver un partenaire qui leur en donnerait. C'est ainsi qu'ils ont commencé très tôt à rechercher « l'âme sœur », celle qui partagerait leurs rêves.

Au départ, Louise avait une vision « spéciale » de la réalité extérieure, résultant de son éducation en vase clos. Ayant elle-même été surprotégée par des parents vivant eux-mêmes « leur réalité » d'une façon originale sinon excentrique, elle s'est exercée à transmettre à ses enfants son « programme ». Il s'agissait là d'une conception romantique et naïve de l'amour où l'on peut s'approprier le partenaire de son choix et le soumettre à ses volontés. Il n'y a pas eu chez elle d'intégration sociale ni d'interaction avec la réalité extérieure, ce qui aurait stimulé sa capacité d'évoluer, d'avancer, de comprendre et d'accepter l'altérité. À son image et sous son influence, ses enfants se sont pour la plupart inscrits dans une trajectoire identique à celle de leur mère et leur attention déborde peu leurs centres d'intérêts individuels. D'une certaine façon, ils vivent une forme sophistiquée de repli sur soi où ils se sentent bien. Cela leur permet de ne pas « s'égarer » dans la réalité extérieure.

Louise a réussi à contrôler subtilement les gens qui l'entourent et elle ne souhaite absolument pas entrer en interaction de façon significative avec ceux qui vivent à l'extérieur de son monde. Cachant sa fragilité profonde, Louise affiche l'image d'une personne sûre d'elle-même et qui n'est nullement désireuse de se regarder aller ni de se remettre en question. Elle est maintenant dans la soixantaine et vit comme elle a toujours vécu, entretenant autour d'elle son milieu social clos dont elle est le pivot central, entourée des siens, condamnés eux aussi à vivre, tout comme elle, en dehors de la réalité...

4. La carence de maturité

Même lorsqu'ils ont dépassé (parfois depuis longtemps) l'âge de la majorité légale, certaines personnes ne parviendront jamais à atteindre la maturité. Cette réalité ne les rejoint pas et leur comportement devant leurs responsabilités se révèle être très en deçà de ce à quoi on s'attend d'une personne adulte.

a) Quand être amoureux et être parent deviennent deux réalités irréconciliables

Combien de mariages n'ont pas survécu à la grossesse de l'épouse ou à la réalité que la conjointe était devenue mère ?

> Tim était très amoureux de Chantal qui ne cessait en retour de lui dire combien elle en était amoureuse. Leur couple semblait être une étoile au firmament de la réussite sentimentale, mais lorsqu'ils sont devenus parents d'une charmante petite fille, tout a chaviré. Incapable d'être relégué au second rang, dépossédé d'une première place qu'il croit désormais avoir perdu au profit de sa fille, Tim se sent délaissé par celle qui jouait auprès de lui le rôle de mère substitut. Amoureux jaloux et possessif, il n'a pas pu adopter un rôle d'adulte qui s'adapte à la réalité d'une nouvelle expérience relationnelle. Derrière cette attitude inadéquate se cache l'immaturité profonde, à l'image de l'enfant unique qui découvre un jour qu'il doit partager sa maman avec un nouveau petit frère.

b) Quand le sexe est sale

La grossesse est un état de gloire pour la plupart des femmes et leur conjoint s'enorgueillit de ce qui s'annonce et promet de réaliser pleinement leur amour. Il arrive cependant que la grossesse provoque l'effet contraire.

Depuis que sa conjointe Laura lui a annoncé qu'elle était enceinte, Roch a soudainement pris ses distances et son amour empressé s'est évanoui. Lui qui était collant à en être tannant est devenu distant. Il a repris ses vieilles habitudes de sortir avec ses copains et a recommencé à fréquenter les bars de danseuses. On a l'impression que depuis que sa partenaire lui a annoncé sa grossesse, elle est devenue intouchable. Le sexe, c'était pour le fun, pour s'exciter, et la venue prochaine d'un enfant nie tout cela.

Au fond, le sexe était pour lui une sale affaire, inconciliable avec la maternité. Enfant impénitent ayant été littéralement couvé par une mère surprotectrice et possessive, il perçoit désormais les relations sexuelles avec sa conjointe comme foncièrement incestueuses! Laura lui apparaît de plus en plus clairement comme une maman, comme celle qui remplace sa mère.

Amoureux possessifs, devenir parents était une expérience pour laquelle ces jeunes adultes n'étaient pas prêts. Enfants carencés et immatures, leur réaction de panique et de désertion révèle que leur évolution personnelle ne s'est pas faite en temps opportun et qu'ils n'atteignent pas la maturité nécessaire pour assumer leurs nouvelles responsabilités.

5. La pseudo-maturité

D'autres, au contraire, donnent à tous l'impression qu'ils sont des adultes à part entière. Cependant, la véritable évolution vers la maturité authentique a plutôt fait place à un problème de pseudo-maturité. Chez ces personnes, la réalité et l'interaction avec les autres n'ayant pas alimenté leur évolution personnelle, le cheminement vers la maturité semble s'être enrayé et déguisé en jeu de rôle.

a) L'origine de la pseudo-maturité

Selon notre hypothèse, l'une des premières causes de la pseudo-maturité serait le fait d'« interférences » survenues au cours de l'une des étapes de la vie, à un moment stratégique du développement psychologique d'un individu, spécialement à la période de la grande enfance.

LES ÉTAPES DE LA VIE

Les étapes de la vie peuvent être regroupées ainsi : la petite enfance, 0-3 ans ; l'enfance, 4-7 ans ; la grande enfance, 8-13 ans ; l'adolescence, 14-15 ans et jusqu'à 18-20 ans (dans plusieurs cas, l'adolescence se prolonge jusqu'à 20 et même 35 ans) et enfin l'âge adulte, après 20 ans, 30 ans, 40 ans et parfois jamais !

• L'enfance, c'est l'univers des émotions simples, du oui ou non, du blanc ou noir, du refus du délai et de la recherche du plaisir immédiat. L'enfant vit dans l'«ici-maintenant», en ne se souciant pas du lendemain qui, pour lui, n'existant pas encore, est dépourvu de signification. L'enfant veut apprivoiser le quotidien en l'inventant par le jeu spontané. Parvenu à la grande enfance l'enfant admire ses parents, il le dit aux autres : «mon père a la plus grosse de toutes les autos» ou encore «ma maison est la plus belle du monde». Cette admiration de l'enfant pour ses parents ou pour d'autres figures parentales comme ses professeurs est exempte de critiques spontanées : l'enfant «avale» facilement ce qu'on lui donne. Lorsque, vers l'âge de six ou sept ans, l'enfant commence à réfléchir, il le fait à la façon d'un miroir, en disant tout haut ce que ses parents ou les autres adultes significatifs de son entourage pensent tout bas. Il pastiche les réflexions entendues de ses parents, qu'il adopte et fait siennes d'emblée. C'est l'époque du «papa a raison». La grande enfance se manifeste particulièrement dans le mouvement spontané d'enthousiasme pour les causes humanitaires, dans son assentiment automatique, dans sa participation aux grands projets idéalistes et, enfin, dans l'absence de défense devant les manipulations des autres.

• L'adolescence, c'est la période où se fait la rupture de l'assentiment presque automatique avec les figures d'autorité. Cela s'exprime par la remise en question de l'ordre établi reçu et accepté au cours de l'enfance. Selon les types de personnalité et la «lourdeur» de l'éducation reçue des parents, la contestation se manifeste brutalement ou imperceptiblement. C'est alors que s'engage le processus de digestion de ce qu'il a reçu de ses parents. L'adolescent conserve cependant ses illusions : il veut réinterpréter le monde et réinventer la roue.

• Dans le contexte actuel, la période de l'adolescence tend à se prolonger et à devenir souvent un état durable. Pour plusieurs, le rejet des valeurs reçues des parents s'est cristallisé et un sentiment d'aliénation est venu confirmer la distance apparue durant l'adolescence et qui semble être devenue permanente.

• Enfin, avec la maturité de l'âge adulte, que l'on atteint progressivement, par l'expérience pleinement vécue des problèmes de la vie et des interactions interpersonnelles, on avance vers l'acceptation de la réalité pour ce qu'elle est. On peut faire régulièrement, de façon de plus en plus éclairée, le bilan de ses acquis et de ses échecs. Ce bilan est ce qui permet de découvrir les nuances entre le pour et le contre et pouvoir finalement faire la part des choses. C'est enfin le moment d'entrevoir la possibilité de la réconciliation avec ses parents que l'on peut voir désormais pour ce qu'ils sont : des humains faillibles avec des qualités et des défauts et non pas le père et la mère idéaux qu'on souhaitait avoir.

b) L'apparition de la pseudo-maturité

Le phénomène de la pseudo-maturité est souvent la conséquence directe d'attitudes éducationnelles inadéquates, comme celle de parents surprotecteurs ou dominateurs. La surprotection « efficace » des parents contribue souvent à bloquer le passage du jeune trop sage à l'étape de l'adolescence. D'autres causes probables de cette apparition pourraient être : 1° le passage subit et prématuré d'un préadolescent à des responsabilités d'adultes durant la période de la grande enfance ; 2° les réticences innées de certains individus à quitter le monde de l'enfance (le cas de l'enfant trop sage). Peuvent parfois s'ajouter à cela : 3° le fait d'être l'aîné ou enfant unique ou 4° être issu d'un milieu familial fermé. Tous ces facteurs sont des obstacles qui compliquent et bloquent le cheminement vers la maturité et contribuent à l'apparition de la pseudo-maturité chez certains enfants, phénomène qui se continuera, même si, entre-temps, ils sont devenus des adolescents et des adultes.

• À 13 ans, Marie, l'aînée de la famille, vit un drame personnel lorsque son père meurt. Elle se retrouve alors dans la situation douloureuse et paradoxale d'être à la fois orpheline de père et privée de mère, car cette dernière est alors complètement dépassée par ce qui lui arrive. Sa mère étant devenue psychologiquement inapte, Marie se perçoit désormais comme étant la protectrice de sa mère. De plus, avec la mort de son père, Marie a perdu son héros et aussi son modèle d'identification, étant donné la faiblesse de l'image de la mère. Cette situation contribue au fait que ce décès marque la fin effective de son évolution vers une plus grande maturité. Ce qu'elle vit, face à sa mère, lui confère la certitude qu'elle a déjà atteint la maturité de l'adulte et ce sentiment concourt à stopper chez elle tout progrès significatif dans le futur.

• À 12 ans, Julie hérite de la tâche de mère et doit s'occuper de son petit frère cadet. Sa mère, déjà avancée en âge, vient d'accoucher et ne se remet pas de sa dernière grossesse. C'est ainsi que Julie se retrouve promue subitement au rôle de mère substitut, rôle qu'elle devra par la suite exercer auprès de ses jeunes frères durant de longues années, jusqu'à ce qu'elle se marie à son tour alors qu'elle arrive au milieu de la trentaine. Pour elle, la maturité, elle l'a acquise tout d'un coup, du jour au lendemain, et cela a contribué à figer sa perception d'elle-même et des choses importantes de la vie qui se sont établies, pour elle, une fois pour toutes.

• Fernand a grandi dans un monde protégé, avec des parents attentifs et soucieux qu'il reçoive le maximum d'attentions. Cela se combinait au fait qu'ils exerçaient sur leur fils un contrôle systématique. Bon élève et garçon sérieux et même s'il n'a pas encore terminé ses études universitaires, il se marie à 21 ans, avec Lucie, une jeune fille de son âge issue comme lui d'un milieu familial envahissant. Parodiant leurs parents respectifs, tous deux éprouvent très tôt le sentiment d'être déjà des «grandes personnes» sans être vraiment passés par la période de l'adolescence avec ses tribulations. Avec les années, leur cheminement de maturité semble aller de plus en plus à rebours et, loin de marquer des progrès, les voilà en train de régresser. Lucie démontre de plus en plus souvent des comportements puérils et déconcertants; Fernand pratique plutôt la fuite en avant en s'absentant de plus en plus souvent du foyer, en s'impliquant dans de multiples comités, en rapport avec sa profession. Les voilà arrivés à 30 ans et rien ne va plus, car la révolte adolescente, longtemps niée, vient frapper à la porte de leur vie avec un air de vengeance. Malgré l'intervention parentale qui continue d'être envahissante, ce sera la séparation du couple, leur relation n'ayant pas résisté à leurs enfantillages mutuels.

Un des effets notables de la pseudo-maturité, c'est que, par mimétisme, la personne adopte dès la grande enfance tous les comportements associés à l'âge adulte, sans jamais vraiment en intégrer la réalité et les responsabilités qui y correspondent. La personne qui est pseudo-adulte fait tout comme si elle était adulte, mais il lui manque certains éléments clés qui lui permettraient de progresser vraiment vers la maturité. En conséquence, ce que cette dernière est appelée à vivre n'est pas intégré à son vécu et cela se reflète dans l'absence d'évolution personnelle et dans la pauvreté de ses relations interpersonnelles.

c) « Jouer à la mère », « jouer au père »

Se prenant très au sérieux, les personnes qui démontrent de la pseudo-maturité disent quoi faire à tout le monde et veulent prendre en main leur entourage. Dans la vie de tous les jours, elles se montrent hypercontrôlantes, autant auprès de leur partenaire qu'auprès de leurs enfants, en les traitant comme s'ils étaient incapables et malhabiles. Lorsqu'ils parlent « d'encadrement » à l'endroit de leurs enfants, ils pensent en fait « contrôle ». En tant que parent, ils choisissent la surprotection et l'exercice d'un contrôle rigide dépourvu de nuances. Ils tiennent, coûte que coûte, à garder leurs enfants dans la dépendance. Alors qu'ils sont sans enfant, ils n'hésitent pas à s'improviser comme le « parent » de leur entourage immédiat !

Parmi les indices révélant la présence de pseudo-maturité, il y a l'incapacité de tirer profit de l'expérience de la vie. On a l'impression qu'au long des années, ces gens ne « vivent » pas vraiment ce qui leur arrive et qu'ils sont incapables de tirer les conclusions qui s'imposent. Cette incapacité de se confronter aux évidences laisse croire qu'ils vivent comme s'ils étaient à l'intérieur d'un rêve.

Une autre caractéristique de la pseudo-maturité est de se prendre très au sérieux en exécutant les tâches les plus ordinaires avec zèle excessif, rigidité et intransigeance. Un tel comportement peut signaler la présence d'immaturité résultant du défaut d'adaptation aux exigences de la réalité.

Ceci n'empêche pas ces personnes de s'accorder candidement un crédit illimité pour leur performance en société. Peu attentifs aux autres en tant qu'autres, ils surestiment la qualité de leurs transactions sociales. Très attentifs aux besoins des autres, tel qu'ils les imaginent, ils ne vérifient jamais auprès des intéressés pour connaître leurs souhaits ni leurs besoins véritables. Paradoxalement, cette forme d'inattention aux autres n'empêche pas certains d'entre eux de leur consacrer leur vie! Ils ont oublié quelque part de se questionner sur la pertinence de leurs actions auprès des intéressés et sur la qualité des informations qu'ils croient détenir sur ce sujet.

d) La pseudo-maturité : le double visage de Janus

Janus, le dieu romain des portes, était montré sur les effigies avec deux visages. Ces deux visages signifient selon nous les deux aspects d'une même personnalité. Il n'est donc pas question de «double personnalité» mais plutôt de l'existence de deux moments bien définis et séparés, au sein d'une même personnalité. Pour reprendre l'image des deux visages de Janus, prenons celui qui se trouve sur le côté extérieur ou public de la porte : ce visage, c'est ce que l'individu montre à la société en général. Du côté intérieur ou privé de la porte : c'est le visage qu'il montre à ses proches dans l'entourage restreint de sa famille.

En effet, une personne peut démontrer de la compétence dans ses tâches professionnelles et, paradoxalement, afficher dans sa vie privée des attitudes et tenir des discours qui ressemblent le plus souvent à ceux d'un enfant (le syndrome Bill Clinton[1]) ! À l'abri de sa demeure, elle ne sent plus la nécessité de jouer un rôle et sa conduite peut, à l'occasion, témoigner de sa personnalité foncièrement puérile, à l'image de ses relations affectives qui sont vécues sous le signe de la dépendance infantile. Ce comportement ne correspond pas à des changements de personnalité, changements où l'individu deviendrait quelqu'un de très différent de ce qu'il a été auparavant. Ce changement de visage se rapporte plutôt au phénomène de l'adoption du jeu de rôle dans la gérance de la vie quotidienne, ce qui correspond à l'attitude typique de celui qui souffre de pseudo-maturité. Devant les autres, on montre le visage qu'on croit devoir montrer. On agit en fonction des attentes présumées de ses parents et des gens en autorité ; on veut alors être perçu comme

---

1. Les observateurs s'entendent pour dire que les capacités politiques de Bill Clinton dépassent de loin ses compétences relationnelles dans sa vie personnelle.

quelqu'un de raisonnable, à l'image de celui qui a reçu une bonne éducation. Avec ses proches, tout est différent; derrière le paravent de l'intimité de son domicile, on peut se laisser aller et montrer qui on est vraiment, c'est-à-dire un enfant qui peut dire impunément n'importe quoi et agir de façon étourdie. De toute façon, ce n'est pas grave, tout cela étant excusé d'avance, car, de l'avis de ses proches, les propos qu'ils tiennent sont puérils et n'ont pas vraiment d'importance. Dans l'entourage immédiat de la personne pseudo-mature, un parent ou un conjoint s'occupe pour elle des choses importantes; elle peut donc temporairement mettre de côté son rôle de «grande personne». Le lendemain matin, cependant, elle reprendra consciencieusement son rôle d'adulte en retournant au travail comme le ferait la personne sérieuse qu'elle croit être et qu'elle fait croire aux autres qu'elle est.

Se manifestant surtout par la volonté de l'individu d'établir son contrôle personnel sur l'entourage, la pseudo-maturité est rattachée à l'idéalisme de la grande enfance et elle se combine à l'incapacité transactionnelle de la personne à faire de la place aux autres dans son espace intérieur. La pseudo-maturité entraîne aussi l'adoption d'une attitude foncièrement rigide devant la vie, ce qui fait que ces personnes ont du mal à entrer significativement en relation avec les autres.

La pseudo-maturité ne provient pas d'un défaut d'intelligence ni d'un manque d'éveil mental, elle est spécifiquement une forme d'inconscience apprise, produisant une incapacité de comprendre et, à ce titre, elle est un phénomène propre à celui qui ne progresse pas vers la maturité. Comme conséquence, cette incapacité psychologique contribue à ce que cette personne ignore l'importance de plusieurs aspects déterminants de la réalité.

6. La vie de couple: pour adultes seulement

La vie de couple, on l'a compris, ne s'adresse qu'aux adultes, c'est-à-dire à ceux qui disposent d'un niveau certain de maturité. Alors, quand devient-on adulte? On pourrait dire qu'on atteint véritablement l'âge adulte (pas nécessairement dans cet ordre):

- quand on connaît relativement bien ses capacités, forces, faiblesses, carences et limites ;
- qu'on entrevoit avec réalisme ce que la vie nous réserve ;
- quand on sait faire dans sa vie la différence entre l'essentiel et
l'accessoire ;
- quand on sait utiliser son jugement pour appliquer les nuances
nécessaires devant les événements de la vie quotidienne ;
- quand on est conscient de ses obligations envers les autres et
qu'on sait se montrer responsable de ses actes.

Le progrès de la relation interpersonnelle dépend de la capacité
des partenaires de progresser vers la maturité personnelle. D'autre
part, la qualité, l'intensité et la durabilité des relations interpersonnelles entre les conjoints sont tributaires de la qualité de l'équilibre
intérieur de chacun des partenaires, de leur désir mutuel de se connaître, de s'engager et de poursuivre le projet commun de vie à deux,
malgré les passages difficiles et douloureux rencontrés.

Devenir un adulte

L'âge adulte signifie qu'une personne vit et évolue avec les autres en
acceptant d'emblée l'influence des interactions interpersonnelles.
L'expérience de la vie provient de la capacité qu'on a d'éprouver
vraiment les événements et de les vivre pour ce qu'ils sont. Cela
permet de mieux comprendre et de mieux juger la teneur et les
implications personnelles et sociales, etc.

L'observation et l'expérience nous enseignent que l'impossibilité
d'acquérir de la maturité et l'incapacité de quitter le monde de
l'enfance sont souvent reliées au fait d'être issu d'un milieu social
fermé ; de même, la présence dans l'histoire personnelle de surprotection est un des facteurs principaux contribuant à bloquer le
cheminement vers la maturité.

7. Une question d'équilibre

Julien Green, dans son roman *Moïra*, expose le cas d'un jeune étu-
diant très sérieux, de religion protestante fondamentaliste, originaire
de la campagne, qui, dans les années 1920, était venu à l'université

d'une petite ville du sud des États-Unis pour y étudier le grec afin de pouvoir lire le Nouveau Testament dans le texte d'origine. Ce jeune homme se trouve une pension de famille pour y demeurer. La fille de sa logeuse se révèle être une jeune femme très attirante et cette dernière, fascinée par la timidité puritaine du jeune homme, s'emploie à le séduire. Elle y réussit trop bien et celui-ci, après avoir eu avec elle un rapport sexuel, l'étrangle, tentant ainsi, en faisant disparaître la cause de son «péché», de nier ce geste inadmissible à ses yeux! Ce livre écrit par un écrivain d'origine américaine, né à Paris, ayant aussi vécu et étudié aux États-Unis tout en étant un romancier français célèbre, illustre selon nous la nature précaire de l'équilibre personnel rigide de type «statique» et les conséquences désastreuses qu'il y a à se fier à cet équilibre. Ce type d'équilibre, associé à la pensée linéaire[2], est l'un des obstacles qui empêchent les partenaires d'évoluer et de transformer leur vie de couple en une réalité viable.

a) Deux types d'équilibre s'opposent : l'équilibre statique et l'équilibre dynamique

- L'ÉQUILIBRE STATIQUE est celui qui tient aussi longtemps que rien ne change et qui est rompu au moindre mouvement. Prenons l'exemple d'un crayon qu'on ferait tenir debout sur l'une de ses extrémités. Survient la plus légère secousse et, immédiatement, ce fragile équilibre est rompu. Voilà qui illustre la précarité de l'équilibre statique. Si cet état d'équilibre ne demande aucun effort, une fois rompu, l'effort pour rétablir cet équilibre va exiger une grande dépense d'énergie.

Transposée au plan psychologique, la rupture de l'équilibre personnel de type statique risque en toute occasion de provoquer de graves conséquences. L'équilibre statique se cache surtout derrière la vision simpliste où l'on refuse, par exemple, de regarder les choses telles qu'elles sont parce qu'on évite généralement d'appeler un chat

---

2. La pensée linéaire correspond à l'opération arithmétique : $2+2 = 4$. Dans cette façon de penser, il n'y a pas de place ni de compréhension pour les paradoxes et les autres subtilités propres à l'humain. En fait, on pourrait dire que l'Occidental contemporain pense de façon linéaire mais agit de façon paradoxale.

un chat. C'est l'univers du : « Je ne veux pas le savoir ! », « N'insistez pas, ça ne me concerne pas », « Cachez ce sein que je ne saurais voir ! » et autres tartuferies !...

La réalité peut paraître menaçante, surtout si on refuse obstinément de l'envisager, préférant se rabattre sur des vérités toutes faites. Qu'on le veuille ou non, la réalité agit comme la meule du moulin et elle réduit en poussière toutes les illusions sans faire de distinctions. Souffrant d'insécurité, on ne peut alors que s'accrocher aux certitudes officielles ou aux superstitions qui, on le sait, n'empêchent pas les événements de se produire, tout comme la pensée magique n'agit que dans l'esprit de ceux qui y croient et non sur la réalité elle-même.

- L'équilibre dynamique est l'équilibre qui se combine au mouvement qui intervient pour réaliser et maintenir la stabilité entre les différentes forces en présence, à l'exemple de quelqu'un qui apprend à faire de la bicyclette. Sans cesse le cycliste bouge imperceptiblement son corps de droite à gauche, se balançant ainsi pour garder l'équilibre qu'il sent menacé mais qu'il réussit malgré tout à garder. Avec le temps et l'habitude, cet équilibre sera facilement conservé par la souplesse musculaire, commandée par son cerveau (cervelet) ; c'est ce qui lui permettra de corriger et d'ajuster au besoin l'effet des différentes forces de rupture de l'équilibre.

Cette notion d'équilibre dynamique peut s'appliquer à la gestion personnelle de sa vie. Chacun à sa façon, on recherche tous un certain équilibre en rapport avec le mode de gestion de sa vie personnelle. La recherche de cet équilibre exige un effort constant d'ajustement aux sollicitations de la réalité mais, en même temps, il permet à la personne de développer des capacités d'adaptation pour faire face aux difficultés de la vie quotidienne.

b) Les types d'équilibre et les différents types de couples

Qu'ils soient statiques ou dynamiques, ces deux types d'équilibre se retrouvent à l'intérieur des couples et ils correspondent à la façon de vivre des partenaires et à leur manière de s'intégrer dans la réalité.

Ainsi, l'équilibre statique correspond à la personnalité rigide et à la pensée linéaire. D'autres, ayant pris conscience du phénomène humain de la pensée paradoxale[3] et constaté la nécessité de s'adapter continuellement aux sollicitations de la réalité, ont adopté spontanément le mode d'équilibre dynamique.

- L'ÉQUILIBRE STATIQUE se retrouve spécialement chez les couples de types juxtaposé, superposé et fusionnel. Il exprime leur désir de maintenir la stabilité à tout prix. À leurs yeux, les concessions sont dangereuses et coûteuses, car elles annoncent la possibilité que des changements imprévisibles surviennent et ébranlent leur couple.
- L'ÉQUILIBRE DYNAMIQUE se retrouve essentiellement chez les couples interactifs. La libre interaction amène les partenaires à constamment se réajuster et à modifier, au besoin, l'état d'équilibre préalablement atteint dans leur relation, cela sans le compromettre ; les forces d'adaptation jouant alors pour assurer le maintien d'un nouvel équilibre.

8. L'apprentissage de la vie en couple, la découverte de l'autre

Au cours des premières années de leur vie de couple, le manque de maturité des jeunes partenaires peut contribuer à ce qu'ils ne se voient pas, l'un et l'autre, comme ayant des caractères et des personnalités propres. On imagine volontiers l'autre comme étant une copie de soi-même, à qui on prête spontanément ses goûts, ses idées et son mode de vie. Captivés au quotidien par leur travail et leur vie professionnelle, plusieurs conjoints ne se voient trop souvent qu'à la sauvette, entre deux courses. Dans de telles conditions, les occasions

---

3. La pensée paradoxale pourrait s'illustrer par l'anecdote suivante : la compagnie de savon Colgate-Palmolive a mis en marché le détergent à lessive *Arctic Power* en expliquant dans sa publicité que ce détergent fonctionnait à l'eau froide. Persuadés, les gens se sont empressés d'acheter et d'utiliser *Arctic Power* mais, en même temps, ils ont continué de laver à l'eau tiède, ignorant la suggestion du fabricant, convaincus de la meilleure efficacité du lavage à l'eau tiède, peu importent les prétentions du marchand de savon qui a, malgré cela, réussi à leur vendre son produit.

de rencontre et d'échange interpersonnels sont presque accidentelles et les chances de se connaître à fond sont rares. Si jamais cette rencontre de l'autre-en-tant-qu'autre se produit, ce n'est souvent qu'après plusieurs années et, dans la plupart des cas, c'est après que les partenaires auront fait l'expérience de plusieurs crises relationnelles qu'ils arriveront enfin à s'aimer en pleine connaissance de cause, tout en acceptant l'altérité du partenaire. Pour plusieurs, enfin, la place qu'occupe l'autre dans leur décor personnel demeurera précaire, tout comme la relation dans laquelle ils se sont engagés.

a) Faire une place à l'autre dans la relation

On peut penser à l'autre tout en l'ignorant effectivement ! C'est le cas lorsque l'on n'écoute pas son interlocuteur, ou bien, alors qu'il n'a pas encore fini de parler, l'on est déjà en train de lui fournir une solution ; ou encore, une personne ne fait qu'amorcer son propos et on lui coupe la parole pour dire qu'on a aussi vécu la même chose. Combien de ces personnes font la publicité de leur programme dédié à l'autre : elles disent s'inquiéter de lui mais, en même temps, elles n'ont jamais songé à le consulter pour connaître ses besoins. « T'occupe pas, je sais mieux que toi ce dont tu as vraiment besoin ! » La sollicitude sourde et aveugle des parents surprotecteurs est le meilleur exemple de cette absence d'écoute. Avec les meilleures intentions, on s'ingère dans les affaires de l'autre et on intervient dans son espace personnel sans motifs valables. Centrés sur ellesmêmes, ces personnes ne se remettent pas en question, car jamais le doute sur la pertinence de leur façon d'agir ne les effleure. Au sein du couple, une telle attitude illustre l'impossibilité d'engager un dialogue véritable et c'est le cul-de-sac de la relation interpersonnelle.

b) Se remettre en question

La démarche de la remise en question de soi, suscitée par le doute raisonnable, pousse les personnes à s'interroger sur elles-mêmes. Pour toutes sortes de raisons, dont celle du refus du changement, cette démarche essentielle se retrouve absente de la vie d'une foule de gens. Ainsi, on renvoie du revers de la main toutes les interrogations problématiques qui pourraient survenir, ces dernières étant jugées péremptoirement comme impertinentes ou inutiles. Cette attitude foncière cache la peur de se voir tel que l'on est ; elle est aussi la conséquence d'une éducation débilitante qui a installé l'infantilisme et interdit à la personne l'accès à la maturité.

L'éducation traditionnelle, à l'image du milieu culturel ordinaire, ne favorisait pas ce genre de questionnement. On n'incitait pas les gens à aller plus loin et à s'interroger ni à revenir en arrière et à fouiller dans leur histoire personnelle. La plupart du temps, la relation avec les autres se faisait sous la forme d'une improvisation continue. Quelques insatisfaits ont voulu dépasser ces limites et aller plus loin afin de mieux comprendre la nature des difficultés reliées au maintien de la relation. Mais cela a surtout eu comme conséquence qu'aujourd'hui, plusieurs ne souhaitent vivre la relation avec l'autre que telle qu'elle se présente, sans désirer s'investir personnellement. Craignant l'inconnu ou les tracas, on veut vivre à deux en surface, sans effort, et, quand ça n'ira plus, on s'éloignera... Cette attitude ressemble à un mécanisme de défense commandant la prudence : « Il vaut mieux ne pas soulever le couvercle de la poubelle ! » C'est comme si on croyait que s'interroger sur la nature de sa relation de couple risquait inévitablement de mettre à jour des tensions et de provoquer des incidents menant à des affrontements qui sont vus comme pénibles, inutiles et douloureux et donc à éviter. On a parfois l'impression que, pour certains couples, le premier affrontement sera aussi le dernier ! Ils se sentent incapables de vivre une telle expérience et ils sont persuadés que s'ils s'échappaient à dire vraiment ce qu'ils pensent l'un de l'autre, il faudrait ensuite qu'ils se séparent.

c) L'examen des composantes de la relation

Dans les relations interpersonnelles, la réalité extérieure constitue la base de vérification de la pertinence de nos actions auprès des autres.

- Quel est le type de relation que j'entretiens avec l'autre ?
- Est-ce une relation ouverte où je lui accorde la place qu'il a à prendre ?

- Est-ce une relation fermée où il ne trouve pas sa place en tant qu'autre ?
- Que valent mes bonnes intentions et comment se traduisent-elles auprès des autres ?
- Sont-elles vraiment valables aux yeux de ceux à qui elles s'adressent ? Permettent-elles l'évolution et l'avancement de la relation ?
- Mes bonnes intentions sont-elles ignorantes des vœux, des souhaits et des besoins de ceux à qui elles s'adressent ?

d) Faire le point tout en acceptant l'incertitude et le doute

La recherche de la maturité et de l'autonomie passe par le questionnement sur son évolution personnelle. À de fréquents intervalles, on s'arrête pour faire le point, à la façon d'un capitaine qui veut savoir où son navire est rendu au long d'un périple. Le but de l'opération : en arriver à faire face à la réalité en appelant les choses par leur nom, que cela nous plaise ou non, en évitant de maquiller des faits par le choix de formulations aimables et « convenables », même si elles sont étrangères aux faits. C'est ainsi que les partenaires d'un couple devraient s'interroger, et lorsque surviennent les confrontations, accepter que l'un ou l'autre puisse se tromper, sachant que les décisions, de même que les attitudes devant les problèmes de la vie, ne sont pas toujours exemptes d'erreur. La confiance en soi favorise le fait que l'on soit capable d'examiner les prises de position importantes de la vie, et que le doute raisonnable ait toujours une place dans ses réflexions.

S'interroger et se confronter à soi-même est une étape nécessaire pour éviter des surprises désagréables. Pour chaque personne, la démarche de se connaître soi-même, c'est-à-dire entretenir avec soi-même une relation d'intimité, permet de savoir, au gré des événements, qui on est vraiment. C'est à cette condition que la compréhension de ce qui se passe autour de soi peut être vraiment intégrée. Dans un couple, la seule condition préalable pour permettre de se parler des vraies affaires, c'est d'avoir confiance en soi et dans son partenaire. Cela nous assure que nos propos, commentaires, interrogations seront également reçus et compris pour ce qu'ils sont, sans provoquer de drame. *On n'avance dans la vie qu'avec ceux qui nous aiment.*

SE REGARDER ALLER

Un moyen utile de découvrir et de juger ce qui se passe dans ses rapports avec les autres, c'est de s'observer soi-même comme si on se voyait à une certaine distance, comme le ferait une tierce personne. On devrait faire cette vérification fréquemment, de la même façon qu'on jette un coup d'œil dans le rétroviseur pour vérifier ce qui se passe derrière soi lorsque l'on conduit une auto.

Chapitre XI
LES PROBLÈMES DE SANTÉ MENTALE

CE CHAPITRE est un exposé fondé sur nos expériences et nos opinions personnelles au sujet de la maladie mentale. Phénomène mal connu d'une majorité de gens, il concerne pourtant beaucoup plus de monde que l'on ne le croit généralement. L'attitude la plus fréquente est de regarder la question de la maladie mentale par le mauvais bout de la lorgnette en disant : « Ça ne nous concerne pas, on sait que cela existe, mais ailleurs ! » Comme si une telle affirmation suffisait à conjurer le mauvais sort.

D'autres, voulant se montrer compréhensifs, estiment que les problèmes comportementaux rencontrés sont invariablement de nature psychologique, postulant ainsi qu'ils se régleront d'eux-mêmes avec le temps.

Les maladies mentales, même celles qui ne se manifestent qu'à un niveau bénin, ont la caractéristique commune d'altérer la qualité de la relation interpersonnelle. Pour le couple, cela signifie que la présence d'irritants, subtils ou majeurs, hypothèquent sa survie et dans les cas les plus graves, ils entraînent le risque de vivre, sans trop savoir pourquoi, une véritable descente aux enfers.

Ce texte, qui ne constitue qu'un bref survol vise à faire ressortir les problèmes relationnels qui pourraient être suscités par la présence de la maladie mentale chez au moins l'un des partenaires du couple.

1. Un grain de folie

Tous, qui que nous soyons, avons quelque part en nous un grain de folie, un volet de notre comportement qui, de façon momentanée ou récurrente, se révèle être complètement déraisonnable et échappe à une explication sensée. En regardant sans complaisance ces comportements, on comprendra que s'ils devenaient plus fréquents ou prenaient une ampleur démesurée, ils pourraient alors indiquer une maladie mentale ou des problèmes psychologiques sérieux.

Au cours des dernières années, on a démontré que l'origine spécifique de la maladie mentale était génétique ou congénitale. De plus, la maladie mentale ne fait plus aujourd'hui l'objet du même opprobre social et de l'ostracisme viscéral d'autrefois où le malade et ses proches étaient à jamais stigmatisés. Il n'y a pas si longtemps, lorsque l'on savait que quelqu'un avait déjà été interné dans un « asile d'aliénés », comme on désignait ces immenses hôpitaux-prisons-entrepôts psychiatriques, il était montré du doigt et plusieurs changeaient de trottoir plutôt que de le croiser dans la rue. De même, une femme qui avait, à la suite d'un accouchement, souffert de psychose post-partum, risquait de passer le reste de sa vie en hôpital psychiatrique, si son mari n'acceptait pas qu'elle revienne au foyer.

La maladie mentale est encore dans l'esprit de plusieurs un sujet tabou. Ainsi, on n'admet pas volontiers avoir eu des absences de jugement comme, par exemple, l'automobiliste qui, pour se venger, tente de provoquer la sortie de route de celui qui l'a malencontreusement coupé quelques minutes auparavant, ou encore celui qui heurte un piéton sur le bord de la route et continue son chemin, espérant ainsi échapper aux conséquences de son geste... Enfin, on n'a qu'à penser au cas de certains passagers de vols internationaux, qu'ils soient des inconnus, des p.d.g. de grandes compagnies ou des vedettes du *jet set*, qui se comportent de façon tellement aberrante qu'ils doivent être évacués de l'avion et incarcérés, lors d'une escale d'urgence. Une fois interpellés, ces délinquants affichent à l'endroit de leurs gestes une mémoire très sélective, occultant complètement les aspects incriminants de leur comportement. On peut supposer que ces mêmes personnes peuvent démontrer dans leur vie quotidienne des aberrations similaires dans leur façon d'agir avec leur partenaire et leur entourage.

2. Problèmes psychologiques ou maladie mentale ?

Même si, dans la vie de tous les jours, la plupart des gens entretiennent un bon contact avec la réalité, la présence de problèmes psychologiques peut parfois provoquer des interférences dans leur gestion personnelle. À un niveau plus élevé de gravité, la présence de la maladie mentale provoque l'apparition d'absences partielles ou totales, momentanées ou permanentes de la capacité personnelle de composer avec la réalité.

Le fait que la maladie mentale puisse produire des comportements qui s'apparentent à ceux suscités par les problèmes psychologiques entraîne une certaine confusion dans l'évaluation du problème rencontré.

a) La maladie mentale

La « maladie mentale », évoque encore pour plusieurs l'hôpital psychiatrique tel que montré dans le film *Vol au-dessus d'un nid de coucou* ! Il arrive encore que des gens souffrant de maladie mentale doivent être internés brièvement ou de façon permanente, mais on ne peut réduire la maladie mentale à cette vision caricaturale. En fait, la grande majorité des personnes atteintes par la maladie mentale continuent de vivre en société et passent souvent inaperçus. Certains s'en tirent mieux que d'autres grâce à des traitements appropriés.

Que ce soit de façon discrète, occulte ou théâtrale, la maladie mentale se manifeste de bien des façons. Ce peut être le cas de l'anorexique pour qui la maigreur représente un objectif qu'elle[1] entend atteindre et mener à son terme (fatal). Pour l'enfant autistique, c'est l'isolation affective qui entraîne le fait qu'il ne démontre pas le désir ni le besoin d'entrer en rapport avec ceux qui l'entourent. Bien plus, il craint les marques sincères d'affection de ses proches autant que les coups. Chez le sociopathe criminel, on découvre dans son entreprise antisociale l'inversion des valeurs

---

1. Même s'il y a des garçons qui souffrent d'anorexie, la très grande majorité des cas connus sont ceux de jeunes femmes.

sociales reconnues, qui se manifeste dans le jugement tordu des relations qu'il a avec les autres.

Il y a aussi le phénomène connu des psychoses, comme la schizophrénie et la psychose maniaco-dépressive (PMD). La première contribue à ce que la personne qui en souffre devienne profondément vulnérable et incapable de composer normalement avec toute une gamme de problèmes relationnels. La seconde (PMD) se manifeste souvent plus tardivement que la première et elle est l'affection la plus commune qui surgit à l'âge adulte ; elle contribue à ce que la personne qui en est affectée se comporte parfois de façon étrange et déconcertante.

Dans tous ces cas reliés à la maladie mentale, la perception de la réalité (concernant un ou plusieurs de ses aspects) est affectée de façon importante, cela pour une courte période ou de façon durable. Le phénomène de la psychose peut se produire chez des personnes très intelligentes et parfois très perspicaces, spécialement lorsqu'il s'agit de détecter chez les autres des problèmes similaires aux leurs. La psychose rend la personne incapable de gérer complètement, partiellement ou momentanément le quotidien ; elle se manifeste typiquement par des épisodes de délire, d'hallucinations ou de dépression majeure. Ce comportement est facilement repérable, car ceux qui en sont atteints agissent de façon bizarre et incohérente. Cependant, ces derniers symptômes ne sont pas toujours présents et certaines personnes, particulièrement celles ayant des traits paranoïdes subtils, savent maintenir toutes les apparences de la sanité. Leur délire se faisant selon un mode paradoxal, il est imperceptible pour ceux qui les côtoient brièvement. Cependant, si on y regardait de plus près, on pourrait constater que leur gérance de la réalité est, dans les meilleures occasions, peu adéquate et que, dans certaines circonstances, elle se dégrade rapidement et disparaît. Cela n'empêche pas ces personnes d'occuper quelquefois des postes importants, et même de poursuivre une carrière professionnelle. En examinant leur performance, on pourra constater qu'elles accomplissent leurs tâches avec une application maniaque et détachée, tout en démontrant au plan interpersonnel une égale indifférence aux autres, combinée à une « capacité » sociale de faire « comme si », tel un rôle de théâtre.

Réalité inéluctable des contingences humaines, la maladie mentale, à des degrés divers, affecte directement ou indirectement tout le monde, un jour ou l'autre. Chez les uns, elle ne se manifestera pas dans toute son ampleur, seules certaines idiosyncrasies anodines pourront signaler sa présence latente. Chez d'autres, des symptômes plus spectaculaires indiqueront l'ampleur de la maladie, le tout se combinant au degré d'isolement affectif de la personne. Dans certains cas, la psychose se manifeste d'abord à travers une dépression intense et profonde. L'état psychotique, c'est la manifestation de l'incapacité massive, transitoire ou permanente, d'un individu à fonctionner normalement et à s'adapter aux circonstances en opérant les changements nécessaires. Dans plusieurs cas, un traitement pharmacologique adéquat, accompagné d'un support psychothérapeutique, peut pratiquement faire disparaître les symptômes de la psychose.

b) Les problèmes psychologiques

La maladie mentale et les problèmes psychologiques sont dans l'esprit de plusieurs une seule et même chose. Si parfois ces deux types de problèmes peuvent, en apparence, sembler être tout aussi graves, la présence de problèmes psychologiques n'entraînera pas d'hallucinations ni de délires ni de perte de contact avec la réalité. Comme cela arrive à bien des gens normaux, la personne aux prises avec des problèmes psychologiques peut, sous le coup d'un choc émotif, démontrer une perception erronée des faits et paniquer ou s'égarer momentanément. Cela ne l'empêchera pas de retrouver, à plus ou moins brève échéance, son équilibre et un comportement plus adéquat. De plus, sa relation avec les autres ne sera pas sérieusement et durablement compromise comme dans le cas de la maladie mentale non traitée.

Dans tous les cas, il importe de savoir si le problème vécu est d'origine fonctionnelle ou réactionnelle. En effet, avec le temps et l'évolution de la personne vers plus de maturité, tout comme par l'entretien de meilleures relations avec les autres, un problème réactionnel (d'origine psychologique) tend à se régler de lui-même, contrairement à un problème fonctionnel (dû à la présence de la maladie mentale) qui ne tend qu'à s'aggraver, à moins que la personne affectée reçoive un traitement approprié.

3. La cause et l'origine des problèmes mentaux

Si dans le cas de la psychose, on a pu établir avec certitude que les dysfonctions rencontrées ont dans la grande majorité des cas une origine de nature fonctionnelle[2] héréditaire ou congénitale, reliée au développement du cerveau, les causes de la névrose sont plus complexes. Ainsi, dans certains cas, les comportements névrotiques peuvent à la fois dépendre d'une dysfonction cérébrale et être aussi reliés à des traumatismes ou à des blocages psychologiques, qu'une psychothérapie pourrait contribuer à faire disparaître.

Un article du *National Geographic* (Joel L. Swerdlow, *Quiet miracles of the brain*, juin 1995, p. 2-41) parle du cas du schizophrène. On démontre, par des illustrations, que son cerveau présente des anomalies, lorsqu'on le compare à celui de son frère jumeau identique qui ne souffre pas de cette affection. Cela illustre le fait que des troubles de la personnalité, comme ceux des schizophrènes, n'ont pas essentiellement comme origine des perturbations psychologiques, mais sont la conséquence de la présence de carences « développementales » ou de malformations du cerveau.

a) Une histoire de famille

Signes d'une époque, on a imaginé, conçu et formulé des explications psychologiques pour tous les problèmes de comportement connus. Ainsi, la psychanalyse a élaboré des explications sur les causes de la maladie mentale comme la schizophrénie et la PMD comme elle l'avait fait avec plus de succès pour les névroses, la compulsion obsessive, etc. Pourtant, depuis des siècles, on avait observé qu'il y

---

2. On a aussi noté que des stress importants d'ordre physique et psychologique provoqués par les sévices psychologiques graves combinés à la privation de nourriture et de liberté peuvent provoquer des psychoses réactionnelles comme l'ont démontré les expériences de détenus politiques victimes des mauvais traitements. Cette réaction au stress peut expliquer l'apparition de la psychose réactionnelle post-partum.

avait des familles de musiciens, des familles d'aventuriers et des familles affligées plus lourdement que les autres par l'alcoolisme ou par la maladie mentale. On avait aussi noté qu'à des degrés divers, on retrouvait dans ces familles la continuité intergénérationelle d'un type de comportement qui ne pouvait passer inaperçu. Encore là, on s'empressait de désigner l'influence prépondérante du milieu social, de l'éducation reçue et de l'environnement culturel pour expliquer ce fait. On sait maintenant que les maladies mentales comme l'autisme, l'anorexie, la schizophrénie et la psychose maniaco-dépressive ne sont pas la conséquence d'une « carence d'attentions maternelles » et on a pu établir qu'elles n'ont pas spécifiquement de causes psychologiques même si des facteurs psychologiques jouent souvent un rôle dans l'apparition des symptômes.

Une étude[3] portant sur des cas de jumeaux identiques, séparés à la naissance et éduqués par des parents différents dans des milieux différents, a permis d'établir qu'environ 50 % du comportement humain est inné ; c'est-à-dire que les tendances de base du comportement font partie de l'héritage génétique et que l'éducation, combinée à l'ambiance culturelle du milieu dans lequel l'enfant a été élevé, contribuent pour l'autre moitié aux caractéristiques du comportement.

La question de fond est donc : les problèmes du comportement qui se manifestent chez une personne sont-ils de nature fonctionnelle ou réactionnelle ? On associe les causes réactionnelles à la présence d'hypothèques psychologiques non résolues et souvent oubliées. Ce peut être un traumatisme suite à un abandon. Par exemple, un père a, sans explication, abandonné sa famille alors que le sujet était enfant, et sa mère ne s'en est jamais remise. On retrouve quelquefois chez une personne des traits de caractère qui provoquent un processus d'autodestruction. L'acuité de ces problèmes de comportement peut avoir une cause psychologique, biologique ou la combinaison des deux.

D'autres troubles sont plus subtils et demeurent impossibles à cerner à première vue, comme par exemple la présence de traits paranoïdes. Maîtres du déguisement et de la manipulation, les per-

---

3. Voir chapitre IX.

sonnes qui en sont affectées cajolent, agressent ou adoptent la candeur à volonté et se font rarement coincer. Se révélant être des personnes socialement toxiques, elles agissent de façon à refiler leurs problèmes à leur partenaire ou aux gens de leur entourage qui en subissent les conséquences à leur insu.

Différents troubles mentaux reliés au dysfonctionnement du cerveau peuvent être en grande partie corrigés par une médication. Colette Dowling, auteure du livre *Rien ne sert de souffrir,* rapporte le cas du « *petit bonhomme sale* » qui avait, durant des années, encombré l'aile psychiatrique d'un hôpital et qui, grâce à une médication appropriée, avait pu quitter l'hôpital pour commencer à vivre une vie normale. Quelques mois plus tard, il revenait à l'hôpital avec les mêmes symptômes, car, se sentant guéri, il avait abandonné sa médication.

b) L'apparition de la maladie mentale

Un exemple typique rencontré dans plusieurs cas d'anorexie illustre le mode d'apparition de la maladie mentale. D'abord, il y a la présence des prédispositions et, lorsque s'ajoute l'événement déclencheur (qui, dans le cas de l'anorexie, peut n'avoir été qu'un commentaire oiseux, une taquinerie inopinée sur un début d'embonpoint au moment de l'adolescence), voilà enclenché le processus qui peut finalement mener la personne à l'auto-annihilation.

Dans le cas de la schizophrénie, l'événement déclencheur peut être un changement d'habitude de vie auquel l'individu n'arrive pas à s'adapter. Par exemple, un jeune qui a fait de brillantes études arrive sur le marché du travail et se retrouve devant une nouvelle réalité, dépourvu de scénario pour faire face à ce qui représente pour lui de l'inconnu et de l'imprévu et ne parvient pas à s'adapter à la pression exercée sur lui. Décontenancé, l'insomnie, la dépression et finalement la panique le mènent vers la décompensation psychotique. Pour d'autres, des événements ordinaires de la vie courante comme une simple rencontre peuvent un jour, sans crier gare, provoquer un dérapage vers la PMD.

Qu'elle soit tributaire ou non d'incidents déclencheurs, la labilité à décompenser révèle l'atteinte profonde du « moi » et de son extrême vulnérabilité. La psychose peut être le résultat d'une disposition innée qui correspond à la présence d'un gène défectueux ou d'un incident congénital. Le tabagisme, l'alcoolisme, la consommation de drogues ou de certains médicaments, enfin, une simple grippe de la mère au cours de la grossesse, peuvent entraîner certaines malformations au cerveau de son enfant. Il y a aussi le facteur de l'adoption d'un style de vie favorisant la présence d'éléments déclencheurs qui mettent la personne labile dans les conditions propices à la manifestation d'une psychose.

Dans tous les cas, l'état dépressif entraîne l'augmentation de l'effort pour continuer à gérer sa vie au quotidien. Lorsqu'il s'installe et prend de l'ampleur, il réduit à néant la capacité de jouir de la vie et celle de progresser. De même, la dépression chronique, même celle de faible intensité, finit à la longue par immobiliser les personnes atteintes en supprimant chez elles le goût de vivre et de jouir. La morosité qui s'est installée ayant évacué leur capacité dynamique laisse alors les soucis et les inquiétudes prendre le dessus sur la joie de vivre.

Dans la vie, tous n'ont pas les mêmes capacités pour réussir ou pour faire face aux désagréments quotidiens. Très tôt, certains démontrent avoir un ego fragile qui met facilement en péril leur équilibre personnel. Mais tout cela n'est rien en comparaison des obsessions envahissantes qui empêchent la personne de fonctionner au jour le jour, d'où l'émergence du problème du suicide qui résulte d'un sentiment durable d'incapacité de s'extraire de ses problèmes, combiné à une obsession débilitante condamnant inexorablement cette personne à vouloir en finir.

Derrière le phénomène de la maladie mentale se cache l'incapacité de composer avec les problèmes inhérents à la vie. La principale répercussion de cette incapacité est celle de la diminution importante et même de la réduction à néant de la possibilité que cette personne bâtisse et entretienne avec les autres des relations interpersonnelles valables et significatives.

Pour la personne qui souffre de psychose, la maladie mentale correspond à l'image d'un navire désemparé dans la tempête qui, à chaque nouvelle lame, risque de sombrer. L'hydre aux multiples visages qu'est la maladie mentale signifie finalement qu'il existe chez celui qui en souffre une hypothèque importante grevant ses relations interpersonnelles.

c) L'importance du diagnostic

Celui qui éprouve des troubles psychotiques souffre-t-il de schizophrénie ou de psychose maniaco-dépressive ? Chez certains individus sortant à peine de l'adolescence, les symptômes se confondent facilement et si un effort pour bien saisir la nature du problème de base n'est pas fait, le risque de passer à côté du bon diagnostic est manifeste. De plus, dans certains cas, la médication prescrite ne donne pas de bons résultats. Ainsi, 20 % des cas de PMD ne répondent pas au traitement standard au lithium. De plus, si à la suite d'une hospitalisation on s'empresse de donner congé au patient, celui-ci se retrouve souvent laissé à lui-même, sans accompagnement et sans qu'on sache s'il prend ses médicaments. Enfin, dans plusieurs cas, les patients combinent alcool ou drogue à leur médication, ce qui constitue un *cocktail* dangereux et parfois létal.

Un support psychothérapeutique combiné à la participation à un groupe d'entraide sont essentiels pour celui qui a un problème de maladie mentale et qui est soumis à une médication. Le contact humain (comme celui offert dans les groupes d'entraide) permet d'échanger et de partager avec d'autres ; il demeure un élément déterminant pour aider quelqu'un à s'extraire de l'emprise de la maladie mentale.

4. La névrose ou la propension à empoisonner sa propre vie

Si la névrose ne pose pas un problème de la même nature ni de même gravité que celui de la psychose, elle demeure une cause certaine de problèmes relationnels. Prenons le cas d'une personne qui souffre de névrose compulsive-obsessive. De toute évidence, sa gérance quotidienne est adéquate mais elle dérape sur un aspect précis qui la dérange de façon exagérée, les microbes, les ascenseurs, les aubaines, la foudre, etc. Son jugement fonctionne adéquatement, mais quelquefois elle n'arrive pas à l'intégrer dans la gérance de ses émotions délinquantes qui la dominent alors complètement. Ses réactions compulsives s'ajoutent à la constatation qu'elle ne maîtrise pas, dans certaines circonstances, ses pensées ni ses réactions malencontreuses et la conscience de cette perte de contrôle la désole. Qu'on pense au choc qu'éprouve le collectionneur à la vue d'une pièce rare dont il ignorait l'existence, ou à l'état d'agitation du « maniaque des achats » durant une vente de liquidation. Le phénomène de la névrose illustre la présence chez l'individu de troubles mentaux fonctionnels originant d'une dysfonction cérébrale ou d'un problème psychologique réactionnel ou de la combinaison des deux.

Pour plusieurs, la névrose est caractérisée par des gestes inutiles qu'ils posent pour ensuite les regretter. Cela est différent du cas des « mordus de quelque chose » qui n'éprouvent que très rarement et que très brièvement le sentiment qu'ils ne devraient peut-être pas s'adonner si intensément à une activité qui leur procure, en toutes occasions, des gratifications. Dans tous les cas, on pourra constater le repli sur soi de la personne affectée.

a) Névrose et compulsion[4]

Lorsque la névrose s'installe, elle se combine rapidement aux habitudes de vie entraînant des compulsions comme celle de laisser le cortège de ses soucis envahir et colorer son quotidien pour le transformer au gré des événements. Le problème fondamental rencontré ici est celui de la perte de signification réelle de l'événement perturbateur. La réalité s'égare lorsqu'un certain épisode, anodin en apparence, se retrouve transformé en quelque chose de dérangeant et de démesuré. Ce phénomène d'amplification peut aussi devenir perturbant pour ceux qui vivent à proximité. Derrière ce comportement se cache la poussée irrépressible des inquiétudes profondes et l'influence de problèmes personnels ou la présence de traits problématiques héréditaires. Si cette personne réussissait à prendre conscience des conséquences inhérentes de ce problème personnel, elle réaliserait qu'elle a passé une bonne partie de sa vie à s'en faire pour

---

4. La compulsion est une pulsion irrépressible qui, lorsqu'elle s'installe, asservit complètement celui qui en est victime.

rien. Dans ce contexte, la personne névrosée ne peut plus seulement être qualifiée d'obsédée par des futilités, elle se retrouve entraînée dans un processus qui contribue à enliser son esprit dans des préoccupations qui l'empoisonnent, la paralysent et, éventuellement, la rendent non fonctionnelle. La névrose, c'est finalement l'esclavage des détails aux dépens de l'ensemble, c'est la tyrannie de l'inutile.

b) La névrose compulsive-obsessive

Que ce soit l'exemple du « maniaque » d'un hobby ou celui de l'acheteur-compulsif, on peut parler, dans ces cas, de névrose obsessive-compulsive. Confrontés à leurs obsessions, ces gens ne trouvent que des excuses maladroites n'expliquant en rien leur comportement. Prenons le cas de l'acheteuse compulsive qui ne peut plus entrer dans sa chambre tant celle-ci est encombrée par l'amoncellement de centaines d'aubaines inutiles et superflues auxquelles elle n'a pu résister. Même si elle n'a pas encore déballé ses acquisitions des derniers six mois, elle est toujours prête à justifier ses achats compulsifs et récidiver à la première occasion.

Sous l'effet de son obsession, le compulsif se retrouve submergé, dans le secteur de sa vie touchant à son obsession, par une perception envahissante et irrationnelle de la réalité. Plutôt que de tenter de solutionner son impasse comportementale, il passe son temps libre à recenser, élaborer et deviser des activités générées par son problème personnel, contribuant ainsi à l'entretenir. L'importance objective des événements se retrouve altérée et l'impact émotif des choses reliées à son obsession est grossi et déformé. L'événement ou la chose appréhendée prend pour le compulsif une importance telle, qu'il échappe à sa capacité mentale de le voir pour ce qu'il est, d'où le sentiment de désarroi. Mais à quoi tient ce sentiment qui peut parfois voisiner la panique, si ce n'est le fait que la personne n'arrive pas à regarder la question qui l'occupe avec une quelconque objectivité ni de prendre un recul suffisant qui lui permettrait de percevoir ce problème avec plus de réalisme.

Les troubles obsessifs-compulsifs sont à la fois cause et effet des difficultés qu'éprouvent ceux qui en sont accablés. Si on peut parfois soulager provisoirement la personne qui souffre du syndrome compulsif-obsessif par une médication aux antidépresseurs, il faut aussi l'inciter à ce qu'elle améliore ses relations interpersonnelles qui souffrent du centrage égocentrique sur ses problèmes. La solution durable à ce trouble du comportement passe par l'ouverture aux autres et l'amélioration des relations avec ses proches.

c) Le suicide, la solution finale

La chute en vrille, tant redoutée des aviateurs, a presque toujours une conséquence fatale car on peut difficilement s'extraire d'un avion engagé dans ce tourbillon irrémédiable. N'est-ce pas la même chose qui arrive à la personne engagée dans la spirale de la solitude reliée au sentiment d'isolement social, de déconnection, de la souffrance d'être menant à l'apathie affective et finalement au suicide ?

Pour la personne qui se sent accablée par une situation personnelle qu'elle croit sans issue, l'idée du suicide peut surgir comme *la* solution à ses problèmes. Au long des mois, le projet de suicide qu'elle élabore lui procure enfin le soulagement psychologique inespéré. Avec le temps, cette idée s'installe à la façon d'une obsession et agit telle une drogue. Pour cette personne, le suicide est devenu l'ultime projet qui lui procure une jouissance qui lui avait échappé autrement. Peu d'arguments peuvent alors atteindre celle qui est obnubilée par son projet fatal. Psychologiquement isolée, elle s'y consacre entièrement et l'issue ultime sera la bonne ; et rien, si on ne peut la rejoindre avant, ne la fera dévier de ce projet définitif et absolu.

5. La résolution névrotique des problèmes

La présence de la névrose chez une personne est signalée par la récurrence de pensées inutiles limitant la jouissance de sa liberté et entraînant l'usage inconscient de stratégies inefficaces pour résoudre les problèmes personnels qui l'accablent. Malgré les échecs répétés, la personne névrosée poursuit constamment le même processus. Ces manœuvres entraînent une dépense psychologique importante où l'économie de sa gérance personnelle est ignorée.

Typiquement, la personne névrosée est l'auteure et le chef d'orchestre de ses propres misères. Sa vision des choses ne lui permet pas de régler ses problèmes, car elle ne les voit pas tels qu'ils sont. De plus, elle manque souvent de confiance en elle et dans la possibilité de s'en sortir, car elle ne croit pas pouvoir trouver éventuellement une solution sensée à ses problèmes. Ses échecs répétés ne réussiront pas à la convaincre d'abandonner ou de modifier ses stratégies perdantes.

a) La négation

La négation est une attitude qui consiste à tenter de solutionner ses problèmes en les niant. Devant un événement perturbant, on pense et on agit comme s'il n'existait pas en remettant en question l'existence même de l'événement. On tentera aussi d'en reformuler la substance, afin de s'en fabriquer une version édulcorée qui ferait moins mal. Niant toutes les évidences, on affirme : « Le problème n'existe pas, ceux qui en parlent se trompent. Chaque fois qu'un problème surgit, on n'a qu'à l'ignorer ; si on ne s'en occupe pas, il finira par disparaître de lui-même. »

b) L'inadéquacité

L'expression « personnalité inadéquate » sert à qualifier celui qui affiche une absence chronique de « savoir faire » dans les occasions importantes de la vie. C'est le cas de celui qui, dans ses rapports avec les autres, comprend mal ou ne connaît pas les conventions sociales reconnues sur la manière de faire dans une circonstance donnée et s'embourbe dans la moindre difficulté. L'inadéquacité illustre souvent la conséquence de carences éducationnelles qui ont comme résultat l'absence de socialisation, la faible image de soi, le manque de confiance. Chez certains individus, leur gaucherie naturelle reflète la présence de traits innés de la personnalité.

c) L'aggravation

L'aggravation est une compulsion qui contribue à ce qu'en général la personne grossisse ses déficits et qu'elle minimise ses acquis. Négligeant l'essentiel, cette dernière laisse les menus détails l'embrouiller. Par la dramatisation de ses problèmes quotidiens, la personne amplifie le malaise qu'elle ressent. Exagération et dramatisation de tout ce qui ne répond pas à ses attentes, l'aggravation commande des solutions dramatiques du genre : « Le tapis du salon est sale, vendons la maison ! »

L'aggravation contribue à ce qu'on obtienne finalement le contraire de ce que l'on désire vraiment. Ce processus, qui provoque l'échec récurrent de ses propres entreprises, semble être enraciné dans le dépit et la déception profonde au sein de la personnalité. Ce sentiment irrémédiable contribue à ce que certaines personnes sabotent leurs propres efforts, surtout ceux qui promettaient de réussir. Elles en viennent à ne plus espérer se défaire de leur déception. « Décevoir » leurs déceptions profondes, ce serait recommencer à espérer et elles n'en sont pas capables. Le stress causé par le fait d'espérer à nouveau quelque chose est trop important et elles ne croient plus avoir la force de revivre un tel événement.

d) La théâtralité

Incluant toutes les attitudes ostentatoires, la théâtralité désigne une série des comportements exagérés contribuant à ce qu'on livre de soi une image caricaturale qui se révèle souvent être socialement encombrante. Soucieux d'obtenir à tout prix l'attention de l'entourage, ceux qui sont affublés de ce trait de comportement agissent de façon à ne pas passer inaperçus. À la façon du clown qui exagère tous ses gestes pour dérider son audience, celui qui souffre de théâtralité exagère ses réactions de joie ou de peine et souligne tout ce qu'il fait de façon à lui donner de la visibilité. Toujours insatisfait de l'attention qu'elle reçoit, la personne qui souffre de ce problème évoque ce grand enfant, négligé, ignoré ou surprotégé par ses parents, qui se croit obligé d'en mettre et d'en remettre, sinon personne autour de lui n'aura eu connaissance qu'il s'est égratigné le bras, mordu la langue, frappé le petit orteil ou qu'il a changé de voiture. Inutile de lui demander ce qui se passe, les cris, les rires et les pleurs entendus vont être accompagnés d'une narration hilarante ou larmoyante et toujours dramatique de l'événement.

On voit dans ce comportement celui de l'enfant qui ne cesse de rapporter tout à lui ! Regarde maman, j'ai mangé tout mon plat ! Regarde mon dessin... Éternels enfants, ces personnes croient encore que la terre tourne autour d'elles. Inattentives aux autres[5] parce que trop centrées sur elles-mêmes, l'impression d'avoir acquis la pleine maturité aura remplacé chez elles le vrai cheminement vers la maturité.

e) La provocation et le testing

Typiquement, la provocation et le testing se produisent au sein du couple lorsque, de façon récurrente, l'un des partenaires adopte momentanément des attitudes extrêmes, accablant l'autre de reproches allant parfois jusqu'aux insultes. Tout cela n'aurait pour seul but, semble-t-il, que de savoir ce que l'autre va dire et faire et de connaître ainsi les sentiments profonds de son partenaire. Cela correspond à la recherche inconsciente de la réassurance affective : c'est comme si on voulait, en poussant l'autre à bout, vérifier si ses craintes à son sujet sont bien fondées. Dans la même veine, on peut parler dans certains cas de « confirmation ».

> On dit dans l'entourage de Marc qu'il a mauvais caractère. Lors d'une réunion de famille, Marc se montre en effet sous son plus mauvais jour, chose qu'il ne ferait pas s'il était en compagnie d'étrangers. En agissant ainsi, il confirme la mauvaise opinion répandue à son sujet dans sa famille.

f) La panique et l'état de panique

La panique est une réaction normale lorsqu'elle est provoquée par des événements menaçants, subits et imprévus. Cependant, lorsqu'il est récurrent, l'état de panique est souvent associé à la névrose. Dans tous les cas, la panique se traduit par une réaction dans laquelle la personne vit l'interruption soudaine de sa gestion personnelle pour tomber dans un état second où les émotions paralysantes prennent le dessus. La panique est un état d'alarme absolu où toutes les autres considérations de la vie courante sont oubliées ou ignorées. Une fois dans cet état, l'individu est figé et incapable de réagir, l'état de panique entraînant finalement l'incapacité générale.

---

5. Souvent, ceux qui souffrent de théâtralité sont eux-mêmes agacés par celui qui cherche, tout comme eux, à capter l'attention des autres.

g) Les phobies

Parmi les névroses, on retrouve le cortège des phobies et obsessions de toutes sortes. C'est le cas de ceux qui ne peuvent fréquenter les endroits publics où il y a foule. La raison de cela leur échappe complètement. Leur panique est provoquée par leur incapacité momentanée de gérer cette situation. Les explications probables seraient reliées à la présence de dysfonctions cérébrales qui se combinent souvent à des traumatismes psychologiques remontant à l'enfance, le tout provoquant ponctuellement la perte de la gestion de certaines de leurs émotions. Les dispositions psychologiques des individus à se laisser piéger par leur propre esprit concourent éventuellement à les faire abandonner la gérance des événements à leur imagination, celle-ci ayant provisoirement perdu toute référence à la réalité. Comment qualifier autrement le fait de revenir dix fois vérifier si la porte est fermée à clé, se laver les mains cent fois par jour, etc ? Tous ces comportements n'ont aucun sens, mais quand on a perdu la gérance de ses émotions et cédé le pouvoir à ses fantômes intérieurs, on se retrouve rapidement en situation de détresse personnelle. Ici, l'essentiel est chassé par l'accessoire. L'ordre d'importance des choses ordinaires se retrouve bousculé et ignoré malgré la volonté de l'individu de faire autrement. On vit alors ses problèmes, subjugué par des événements qui ont pris un sens particulier, étranger à la réalité.

h) La labilité émotive et l'agression verbale

Chez la personne qui souffre de labilité émotive, les frustrations accumulées ont pour effet de déclencher des explosions d'humeur accompagnées de reproches et de paroles excessives. Suit l'avalanche d'insultes qu'elle adresse à celui ou celle par qui elle estime avoir été lésée. Cette réaction violente témoigne de la perte momentanée de sa capacité de tenir un discours modéré. Une fois la tempête apaisée, c'est à nouveau le calme. Parfois, l'énormité de ce qu'elle vient de dire l'embarrasse, mais comme il s'agit d'une compulsion, elle remettra ça dès la prochaine occasion ! Si le partenaire est de nature placide, le danger de l'aggravation demeurera mitigé, mais si ce dernier a lui aussi un tempérament bouillant et qu'il prend tout ce qu'elle lui dit au pied de la lettre, le risque que la tempête de mots se transforme en une volée de coups est très élevé.

Parler maintenant, réfléchir plus tard

Il y a aussi cette fâcheuse habitude, lorsque l'on est agacé ou contrarié, de laisser spontanément parler ses émotions, sans égard pour ses interlocuteurs. En s'abandonnant ainsi, sous l'impulsion du moment, à dire tout ce qui passe dans sa tête, la personne fait en même temps l'étalage de son manque de réserve et de son absence de jugement. Cependant, tous n'ont pas droit à ce « traitement » qui n'est souvent réservé qu'aux personnes les plus proches.

Ce comportement qui illustre une forme de labilité émotive contribue facilement à instaurer un climat de tension psychologique au sein du couple. Partager la vie de quelqu'un qui souffre de labilité émotive entraîne l'insécurité émotionnelle et garantit qu'on va faire rapidement, au cour de la croisière matrimoniale, l'expérience d'une mer agitée et de tempêtes imprévisibles. Chez la personne émotive le moindre incident provoque la surprise et l'étonnement, et il est immédiatement accompagné d'un transport émotionnel démesuré. Éventuellement, ces personnes finissent par retrouver leur composition normale et leurs bons sentiments ; cependant, le mal est fait ; la suspicion et un malaise permanent se seront installés durant l'intervalle.

La solution à ce problème de comportement réside dans la décision de la personne concernée de garder la tête froide en toutes occasions, en recherchant méthodiquement des termes plus neutres pour décrire ce qui la dérange. Cela lui permettra ensuite de s'interroger sur la nature de l'élément déclencheur de ses réactions récurrentes et d'adopter, lors des crises, des stratégies concrètes d'anti-aggravation. De plus, à titre de prévention, il lui faudrait s'astreindre systématiquement à reformuler mentalement ses propos avant de les dire tout haut. La personne pourrait s'appliquer à toujours employer des euphémismes pour modérer la teneur de ses propos. Enfin, elle devra apprendre à se taire et à remettre à plus tard toute discussion qui commence à déraper.

ÉRIGER DES CLOISONS

Si certaines personnes donnent l'impression d'avoir une vie affective tout à fait déconnectée de leurs émotions qu'elles gardent en tout temps bien cachées, d'autres, au contraire, se laissent en tout temps littéralement submerger par le flux rageur de leurs émotions incontrôlées. Ces deux façons extrêmes ne font que rendre la vie ordinaire difficile et pénible pour elles-mêmes et pour ceux qui vivent auprès d'elles.

Afin de pouvoir fonctionner harmonieusement, il est nécessaire de maintenir une certaine forme de cloisonnement entre ses affaires personnelles et ses activités professionnelles. Ainsi, on doit éviter d'apporter quotidiennement les problèmes du travail à la maison et ceux de la maison au travail. Cela n'empêche pas les conjoints d'être ouverts l'un à l'autre sur les sujets qui les préoccupent.

6. Névroses et psychoses

La compulsion et l'échec névrotique

La personne névrosée respecte souvent un rituel qu'elle s'est imposé, se dépense sans compter dans une entreprise qui ne rime souvent à rien et qui ne répond pas vraiment à ses attentes. C'est ainsi qu'elle continue compulsivement de s'y consacrer avec ferveur, sans s'arrêter pour se demander si, finalement, cette activité la rend heureuse. Malgré le fait que la démarche névrotique implique dans la plupart des cas l'échec de l'opération, on peut croire que, paradoxalement, l'individu qui s'y adonne espère y trouver son compte. Ce dernier semble voir dans sa compulsion une forme de solution inadéquate à ses problèmes sous-jacents, comme c'est le cas de celui qui boit pour se soulager de son anxiété. C'est ce qui fait que la névrose constitue à la fois une mauvaise solution souvent catastrophique et aussi une forme d'évasion automatique, celle qui préviendrait des dommages encore plus importants à l'équilibre mental.

Entre deux maux on choisit le moindre :
la fuite dans l'activité névrotique

On a l'impression que certaines personnes réussissent, à travers la névrose, à maintenir leur équilibre mental, malgré la précarité de leur esprit. Il semble que pour ces dernières, la névrose agisse de façon à prévenir la psychose tout comme un fusible protège l'installation électrique de la surchauffe et de l'incendie. Si la névrose peut avoir comme cause un événement traumatique ancien dont le souvenir a sombré dans l'inconscient, on peut parfois l'associer à l'intervention d'un tour de passe-passe « préventif » de l'esprit. Sentant inconsciemment la proximité d'un gouffre et craignant la perte de leur intégrité mentale, certaines personnes souffrant de névrose s'adonnent à une activité obsédante pour ne pas laisser leurs pensées les amener plus loin et les précipiter dans le gouffre.

> Gilles et Ginette formaient ce que leur entourage appelait le parfait petit couple fusionnel romantique. Avec les années cependant, les comportements obsessifs-compulsifs de Ginette décourageaient de plus en plus Gilles qui, dans sa grande naïveté, se croyait capable de l'aider à s'en défaire. Un jour, il lui dit : « Il y a des aspects de ton passé qui m'échappent, j'aimerais que tu m'en parles, car je voudrais savoir quels événements ont pu te perturber. » Dans la semaine qui a suivi, le comportement de Ginette a changé considérablement. C'est comme si quelque chose avait chaviré suite à cette ingérence mal avisée de Gilles et elle s'est mise à fonctionner comme une somnambule. Pendant des heures, elle se réfugiait dans une chambre inoccupée de la maison pour jouer toujours le même morceau de flûte. En d'autres occasions elle annonçait à Gilles qu'elle partait en voyage pour une semaine et, à son retour elle lui racontait ses aventures sexuelles avec d'autres hommes. Depuis le jour où il lui avait posé la question fatidique, elle avait cessé complètement de s'occuper de la tenue de la maison, tout comme de ses enfants qu'elle abandonnait à eux-mêmes. Avec le temps, son comportement qui devenait de plus en plus hostile et méprisant envers Gilles, a révélé la présence d'une psychose paranoïde. L'attitude intrusive de Gilles avait finalement poussé Ginette au-delà d'où ses ressources mentales lui permettaient d'aller pour continuer de fonctionner normalement.

L'activité obsessive-compulsive ne constitue-t-elle pas, pour certaines personnes, une forme de prévention de la décompensation psychotique ? Agissant comme une activité-refuge, elle monopolise alors l'esprit et bloque la montée des tensions multiples, sous-jacentes, pouvant amener éventuellement la personne à sombrer dans la psychose, un état dans lequel l'individu cesse de composer avec la réalité.

Pour illustrer le phénomène du refuge dans la névrose, on a qu'à penser aux habitudes compulsives comme celles de fumer, boire et manger abusivement, qui dissimulent des problèmes psychiques latents. La capacité d'encaisser les événements traumatiques n'est pas la même pour tout le monde. Il y a des personnes qui, lorsque sollicitées par des événements perturbants, atteignent rapidement la limite de leurs capacités de composer avec la réalité et tout surplus de tension psychologique va les précipiter dans la névrose ou dans la décompensation psychotique. C'est ce qui se produit lorsque la gérance du quotidien et celle des relations interpersonnelles deviennent de plus en plus pénibles et que même les petites attentions venant des autres suscitent un sentiment d'accablement.

7. Les comportements névrotiques et les relations conjugales

a) La dépendance psychologique

Provoquée par l'absence du sentiment d'avoir été aimé et affectionné durant la petite enfance, le besoin d'une relation basée sur la dépendance correspond à un vide affectif ressenti au plus profond de soi. Ce vide crée, chez celui qui en souffre, un besoin impérieux de le combler en s'engageant dans une relation avec une autre personne. Cependant, cette relation ne porte souvent que le nom de relation, car la communication et la mutualité des sentiments y sont inexistantes et n'expriment que l'absence d'autonomie psychologique des partenaires d'un tel couple. Cette dépendance, dans laquelle l'un accepte de devenir le satellite de l'autre, correspond à un trouble psychique : celui de se mettre à la remorque affective de celui ou celle qui, à ses yeux, signifie toute sa vie. Ce type de relation est spécialement présent parmi les couples de type fusionnel et il est de plus en plus présent dans les couples contemporains de type superposé[6]. La dépendance psychologique rend impossible la relation de

---

6. Le mariage de type superposé ayant perdu ses assises culturelles dans la société occidentale, ceux qui adoptent ce type relationnel le font pour des motifs psychologiques exprimant leur dépendance mutuelle.

type égalitaire où l'on recherche, à travers une relation d'interdépendance pondérée, l'autonomie relative des partenaires. Finalement, la relation qui s'appuie sur les besoins de l'un de dépendre de l'autre stérilise la relation d'amour qui pourrait s'établir entre les partenaires.

Être toujours ensemble

On pense que l'équilibre et la stabilité de la structure relationnelle dépendent de la disposition des partenaires à s'associer intimement dans la gérance de leur vie de couple. En ce qui concerne le cas des conjoints qui vivent dans une structure de dépendance, tout comme dans une relation compétitive, la stabilité de leur couple doit, pour pouvoir se maintenir, être réglée de façon stricte et être implicitement codifiée. Dans de telles conditions, les partenaires devront s'efforcer de respecter scrupuleusement ce qui a été convenu au départ.

Si aujourd'hui on rencontre, spécialement chez les carriéristes, des couples dont les partenaires ne se rencontrent que lorsqu'ils prennent rendez-vous, il y a aussi des couples où les conjoints ne se quittent jamais. En effet, certains couples sont incapables de se séparer, même pour quelques heures... Véritables jumeaux siamois, c'est la dépendance psychologique qui les réunit et les maintient dans un cercle isolant et étouffant.

> « Germaine a un mari en or ! » On les voit toujours ensemble et ils ne se quittent pas des yeux... mais Germaine ne met pas un vêtement qui n'ait reçu au préalable l'approbation de son mari. Germaine a toujours été une fille soumise ; avant de l'être à son mari, elle l'était à son père qui avait tout décidé pour elle jusqu'à son choix de carrière. Il a aussi acquiescé à la demande de celui qui voulait la marier.

Certaines personnes acceptent de vivre de cette façon auprès d'une autre personne, troquant ainsi leur autonomie pour conserver cette proximité associée à la dépendance.

Lorsqu'elle s'établit au sein du couple, l'attitude relationnelle de type parent-enfant a un effet sclérosant sur la relation interpersonnelle. Se manifestant sous des dehors bienveillants, ces attitudes surprotectrices entraînent des problèmes relationnels qui ont comme conséquence la perte de la signification du couple. Cette aliénation est le lot de ceux qui se retrouvent soumis à l'exercice du pouvoir personnel de l'un au détriment de l'autre et qui l'acceptent tacitement.

Si, dans certaines conditions, le couple, en tant que structure, permet et favorise l'épanouissement personnel des partenaires, dans trop de cas, la relation de domination qui s'y exerce signifie l'esclavage pour l'un des partenaires. L'expérience nous enseigne que ces deux éventualités sont également probables, et elles se produisent effectivement.

b) L'amour obsessif

Il est arrivé à certains romantiques de penser vivre un grand amour. L'histoire est bien connue : « L'amant n'avait d'yeux que pour elle. Sentant alors qu'elle était devenue le seul et unique objet de ses pensées, elle était persuadée d'avoir le monopole de son attention. Quand elle a raconté aux autres que le grand amour existe, elle venait de tomber dans le panneau. » Dans de telles circonstances, la personne, loin de vivre une relation d'amour saine et durable, n'était devenue que l'objet de l'obsession d'un individu à l'équilibre précaire. L'amour obsessif peut adopter plusieurs visages, mais il n'a qu'une seule nature, celle d'être le produit d'un esprit dérangé. Que ce phénomène soit relié à l'immaturité ou aux troubles mentaux du poursuivant, il y a toujours le risque qu'un bon jour, cela se termine abruptement, tout comme cela avait commencé, et il y a parfois la possibilité que l'amant devienne la proie de délires psychotiques.

Le problème sous-jacent de ce type de relation maladive est l'incapacité pour l'obsessif d'entrer vraiment en relation avec la personne qui est l'objet de ses attentions. Pour lui, l'autre fait l'objet d'une réduction d'espèce et se résume à n'être essentiellement qu'une fiction de son esprit. La rencontre de l'autre en tant que personne indépendante de lui est impossible pour l'obsessif. Celui-ci ne vit pas une relation interpersonnelle, il est sous l'effet d'une toquade qui n'est qu'un mauvais tour que lui joue son esprit. La personne « aimée » n'existe pas comme telle dans l'esprit de l'obsédé amoureux. Comme conséquence, la rencontre authentique n'aura pas lieu, car elle est impossible, les conditions élémentaires pour qu'elle se produise n'étant pas là. L'obsédé n'est présent qu'à son obsession et non à l'autre en tant que personne.

Le couple obsessif

Marcel et Diane ont partagé durant quelques années ce que certains appelleraient une passion torride. Ce qui les réunissait, c'était le *sexe*. Partout, en toutes occasions, s'envoyer en l'air était au menu quotidien de leur vie fiévreuse d'amants. Diane avait un côté langoureux et provoquant du genre « allumeuse » et, loin de se faire prier lorsqu'il s'agissait de sexe, elle en prenait souvent elle-même l'initiative. Que ce soit dans sa chambre à coucher de la maison de ses parents durant le réveillon de Noël, ou dans le salon, devant le téléviseur, alors que ses parents jouaient aux cartes dans la cuisine, rien ne les arrêtait. En auto, en balade en forêt, en visite chez des amis, le sexe était l'activité principale de leur vie de couple. Cette boulimie sexuelle semblait ne pas connaître de limites et plus c'était risqué, plus c'était jouissant !

Devenue suffocante, cette relation s'est terminée, à la surprise de plusieurs, en queue de poisson. L'intimité physique n'avait pas entraîné pour eux l'intimité des cœurs et des esprits et lorsqu'il s'agissait de partager des projets communs à long terme, les partenaires demeuraient embarrassés. À leur façon, tous deux démontraient avoir une personnalité obsessive. Diane voulait surtout plaire et être désirée ; inconsciemment, elle n'avait retenu de son expérience des hommes que leur soif de sexe. Ses problèmes de polarisation sexuelle remontaient à l'enfance et rencontraient les problèmes obsessifs de Marcel qui n'avait pas reçu beaucoup d'attention dans son enfance, ses parents étant trop occupés ailleurs. Un jour, ils se sont dit adieu : la relation interpersonnelle qu'ils tentaient de partager ne réussissait pas à s'épanouir, le mode relationnel qu'ils avaient adopté au départ ne faisait que les asphyxier et l'excitation sexuelle qu'ils avaient éprouvée ensemble s'était évanouie. Encore aujourd'hui, lorsqu'ils se rencontrent à l'occasion, ils n'arrivent pas à s'expliquer ce qui s'est passé entre eux. Ils ont eu l'impression d'avoir été les jouets d'un destin qui les avait momentanément associés pour ensuite les séparer. L'intimité psychologique n'étant pas au rendez-vous, c'est comme si leur volonté impérieuse d'être un couple dépassait leur capacité d'alors de réaliser un tel projet.

c) La névrose et l'échec relationnel

Imaginons la rencontre d'une exhibitionniste et d'un voyeur. D'une certaine façon on pourrait dire qu'ils constituent le couple parfait, l'un comblant les attentes de l'autre. Mais s'agit-il ici d'une vraie rencontre interpersonnelle ? Si les deux comblent les désirs fantaisistes de l'autre, on constate qu'ils ne sont pas effectivement présents l'un à l'autre en tant que personnes. Avec le temps, on finit par comprendre qu'ils ne font que se servir mutuellement de l'autre pour répondre à leurs propres besoins névrotiques. C'est ainsi que lorsque s'installe la névrose chez quelqu'un, elle agit de la même façon qu'une drogue et crée la même dépendance.

d) Vivre avec un enthousiaste, un « maniaque » de quelque chose

Pour ne rien manquer des séries éliminatoires, Gilles passe toutes ses fins de semaine assis ou couché devant le téléviseur. Depuis longtemps excédée, sa jeune épouse lui dit un jour : *Je pars... Ah ! tu vas au dépanneur ? Non ! Je pars pour de bon !* À ce moment, le choc de cette phrase-assommoir lui fait fermer le téléviseur. Soudain, dans l'espace d'un instant, il comprend qu'elle ne blague pas et qu'elle en a ras-le-bol des sports télévisés et de ce mari qui s'est transformé, au cours des années, en spectateur débile et obsédé.

Que dire à la partenaire de l'un de ces mordus ? Quelle sorte de vie l'attend ? Quelle qualité de relation peut-elle obtenir de son conjoint si elle ne partage pas les mêmes passions ? L'expérience révèle qu'elle ne peut s'attendre qu'à une place restreinte dans l'esprit, sinon dans le cœur, de celui qui est obnubilé par ses occupations obsessives. Au moment de la rencontre, sa partenaire était le centre de son intérêt, par conséquent, elle avait la première place. Cependant, cette première place est peu à peu devenue la seconde et elle doit maintenant se contenter du « petit reste », car l'obsession pour l'activité favorite prend toute la place. On citait en exemple le cas d'un maniaque du sport télévisé qui a passé sa nuit de noces devant l'écran géant de la suite nuptiale d'un motel, car il ne pouvait se permettre de manquer un match de championnat[7] !

---

7. ABC, émission 20/20, 29 août 1997.

Avec le temps, la passion du mordu entraîne la disparition des interactions significatives au sein du couple et même si sa partenaire s'astreignait à partager son activité favorite, cela ne contribuerait pas nécessairement à l'amélioration des communications entre eux. L'activité en question se faisant à l'intérieur d'un cercle fermé réservé aux initiés (d'autres mordus de la même espèce), l'interaction réelle peut difficilement s'engager avec un partenaire qui n'en fait pas vraiment partie. En pratique, la partenaire flouée est très souvent laissée pour compte dans cette relation où elle ne peut que grommeler ou ravaler.

e) Le rapport avec l'autre

L'enthousiaste-de-quelque-chose passe souvent pour un mordu inoffensif mais l'intensité de son activité peut entraîner une perte de qualité dans ses relations interpersonnelles. Tout comme l'obsessif-compulsif, il démontre une grande opiniâtreté dans ses activités comme dans ses propos qui deviennent facilement des rengaines agaçantes pour ses proches. Son activité compulsive est constante, permanente, envahissante, patiente et obstinée, elle mène finalement au repli sur soi, car l'entretien de ces activités fait de moins en moins de place au partenaire.

À travers son investissement personnel gratifiant, cet « amateur professionnel » semble rechercher l'amour par objet interposé. Il ne s'arrête pas au fait que sa manie de collectionner est un mécanisme inconscient de compensation et il ignore qu'il accumule toutes sortes de choses pour combler une carence ancienne. C'est un peu pour la même raison que certaines adolescentes disent vouloir devenir enceintes, espérant candidement que leur nouveau-né leur procurera enfin l'affection qu'elles n'ont pas reçue de leurs parents.

S'il arrivait cependant que, suite à l'expérience d'une interaction signifiante avec sa partenaire, le mordu prenne conscience de la présence envahissante de ce mécanisme de compensation, il pourrait alors essayer de trouver un moyen d'atténuer cette compulsion. Plus la relation avec sa partenaire, ses enfants et ses proches sera attentionnée, moins sa compulsion sera envahissante. C'est en apprenant à développer entre eux la mutualité d'intérêts à partager que les partenaires assureront leur épanouissement personnel et la survie de leur couple.

8. Il y a maniaque et maniaque...

a) Différents points de vue

Parmi les types de personnalités que l'on rencontre au sein de la société, il y a les « très-enthousiastes » et, à l'opposé, il y a les « indifférents », et entre ces deux extrêmes, on retrouve toutes les nuances. Pour les indifférents, les premiers vivent comme des drogués, obnubilés qu'ils sont par leur occupation favorite. Ces indifférents vivent en dehors de ce mouvement centripète et ils ne comprennent absolument pas qu'on puisse mettre autant de ferveur dans de telles occupations. Aux yeux des indifférents, les très enthousiastes sont perçus comme des « maniaques ».

On pourrait alors convenir de deux définitions pour le mot « maniaque ». La première est péjorative : l'« activité maniaque », c'est s'adonner à une activité de façon délirante et préoccupante, de façon déconnectée de la réalité. La deuxième est méliorative et on dit d'un ton approbateur : « Il est un maniaque de... », en parlant de quelqu'un qui déploie une application élevée, un zèle constant dans l'exécution d'une tâche ou dans la poursuite d'une activité.

L'utilisation du terme « maniaque » suscitera toujours une certaine confusion. Si l'activité du maniaque-des-loisirs-de-fin-de-semaine est ennuyeuse ou encombrante pour sa partenaire, tout cela n'est rien à comparer avec le comportement « maniaque » de celui qui souffre de psychose maniaco-dépressive et dont le comportement peut, lors d'une crise, dépasser rapidement les bornes de la normalité. En effet, ce type de comportement ne ressemble en rien au « maniaque d'un hobby ». Le maniaco-dépressif vit beaucoup plus qu'une simple compulsion, l'intensité, la démesure et l'irrationnel de son activité, souvent qualifiée de « démentielle », ne pouvant qu'abasourdir ceux qui sont appelés à entrer en contact avec lui, à commencer par sa conjointe.

b) Cyclothymie ou psychose maniaco-dépressive (PMD) ?

Il y a dans la vie quotidienne des hauts et des bas, c'est bien connu. Ces changements d'humeur n'ont rien de bien inquiétant, ils expriment des variations de l'état mental comme de la santé physique et psychologique des personnes. Par tempérament, certains sont plus constants que d'autres. Il ne faut pas confondre ces variations qualifiées de cyclothymiques avec les bouleversements importants provoqués par la psychose maniaco-dépressive.

La psychose *maniaco-dépressive,* qu'on pourrait appeler aussi *euphorico-dépressive,* se manifeste typiquement par l'apparition d'états d'esprit successifs démontrant des variations d'humeur de forte amplitude. On l'illustre par une sinusoïde avec des sommets et des creux prononcés, d'où l'appellation fréquente de *troubles bipolaires.* Dans ces cas, l'euphorie associée aux projets délirants d'un moment alterne avec l'apparition d'un flot de pensées suscitant alors l'apathie profonde ou parfois une volonté destructrice ou suicidaire. Ce peut être aussi le cas de celui qui déploie, sans relâche, une application perfectionniste pour accomplir un travail qui lui prend tout son temps et toute son énergie et qui, malgré les marques d'appréciation, n'est jamais satisfait du résultat de ses efforts et désespère de réussir.

c) Les changements subits du comportement et la PMD

Celui ou celle qui, du jour au lendemain, adopte un comportement très différent de celui qu'il a toujours eu peut susciter l'étonnement de ses proches. Cela constitue peut-être un indice de la présence de la PMD. Un changement remarquable dans les habitudes d'un individu tout comme la tenue de propos surprenants peuvent constituer un indice de la présence de la PMD. Dans certains cas, l'activité normale de la personne se retrouve désormais surmultipliée ou on constate l'apparition d'une forme d'agitation mentale qui annonce parfois la décompensation psychotique. Dans ce cas, l'individu se met à halluciner, à délirer, entreprend de faire des choses irréalistes ou se lance dans des aventures abracadabrantes.

d) Les divers visages de la PMD

Le comportement cyclique n'est pas commun à tous ceux qui souffrent de la PMD ; en effet, plusieurs maniaques démontrent une grande constance dans leur activité débridée. Chez eux, on ne perçoit généralement pas de phase dépressive ou, si elle est présente, elle est de faible intensité et passe inaperçue. C'est le cas de ceux qui ont des activités incessantes et démesurées, épuisant tous ceux qui essaient de les suivre. Pour illustrer ce dernier cas, on n'a qu'à penser à Winston Churchill qui, alors qu'il dirigeait la défense du Royaume-Uni durant la Seconde Guerre mondiale, trouvait le temps, malgré les réunions, les visites sur le terrain et les voyages outre mer, de dicter des textes sur plusieurs sujets et cela durant des heures, épuisant ses secrétaires qui se relayaient aux huit heures. Winston Churchill ne dormait que quelques heures, mangeait abondamment et buvait des quantités de champagne et de brandy qui auraient enivré et assommé n'importe qui, et même cela n'arrivait pas à le ralentir. Malgré un état de santé considéré par ses médecins de désastreux, il continuait sans relâche ses multiples activités, usant ses collaborateurs par l'ampleur de la besogne qu'il leur imposait. Après bien des avatars pénibles, il a quand même réussi à vivre à fond de train, presque jusqu'à son décès à l'âge de 90 ans, mettant à contribution tous ceux qui entraient en contact avec lui.

Plus près de nous, il y a le cas du journaliste Olivar Asselin dont la biographie, publiée depuis peu, nous aide à prendre conscience de ce qui se révèle être plutôt un trouble de la personnalité qu'une psychose[8]. C'est le même trait de caractère que l'on retrouve chez l'homme d'affaires Pierre Péladeau qui a démontré dans sa vie une grande habileté dans la conduite de ses entreprises, tout en étant affligé par des tendances toxicomaniaques et par une obsession suicidaire. Capable en affaire de s'entourer de gens efficaces, il était incapable de vivre une relation amoureuse stable, où il ne pouvait que se sentir coincé. Ce sont sans doute ses proches qui ont le plus souffert de son incapacité de donner et de recevoir de l'affection.

---

8. Hélène PELLETIER-BAILLARGEON, *Olivar Asselin et son temps*, t. I, *Le militant*, Fides, 1996.

Ces trois derniers cas nous montrent des personnes qui ont malgré tout géré efficacement plusieurs aspects de leur vie et mené à terme leurs entreprises malgré certains accrocs occasionnels ; ils diffèrent des cas de psychose où la gérance personnelle générale est catastrophique. De même, l'aspect spécifiquement « bi-polaire » était peu évident chez eux, la phase maniaque dominant largement les moments dépressifs qui n'étaient que de courte durée et passaient souvent inaperçus.

9. La nature du phénomène de la psychose maniaco-dépressive

Le comportement de celui qui souffre de psychose maniaco-dépressive est déconcertant. Lorsque son activité maniaque passe en phase critique, l'individu se montre incapable de maintenir un jugement rationnel sur sa conduite, comme si sa lucidité propre prenait congé. Son jugement, comme son comportement, connaît une phase d'exagération, qui est ensuite remplacée par un état de prostration. La psychose maniaco-dépressive semble être un état où la personne met provisoirement de côté l'aspect sensé de sa gestion personnelle pour s'abandonner à ses transports impulsifs et spontanés. Le discours intérieur sur le bien et le mal et sur l'importance des choix moraux à faire est provisoirement mis de côté comme inutile. C'est comme si un automobiliste qui conduisait jusqu'alors de façon prudente et réfléchie une voiture bien ordinaire quittait soudainement la route et participait tout à coup à un concours d'autos tamponneuses! On pense aussi à l'image d'un automobiliste prudent, conduisant sa voiture sur une petite route étroite et sinueuse de campagne, qui soudainement écrase à fond l'accélérateur et se met à faire des dépassements téméraires, coupant insolemment la route aux autres automobilistes en provoquant presque des collisions. Après un certain temps, il cesse cette conduite dangereuse, il se calme et tombe comme prostré d'horreur en pensant à ce qu'il vient de faire. Il immobilise alors sa voiture le long de la route, attendant de longues minutes avant de reprendre le chemin comme si de rien n'était.

Le phénomène cyclique, qui fait appeler cette maladie bipolaire est très variable d'un individu à l'autre. Certains passent rapidement, dans une période de 24 heures, de l'état d'euphorie à celui de dépression ; d'autres connaissent de longues périodes euphoriques ou dépressives. Enfin, certains ne connaissent pas de périodes dépressives.

Le mécanisme de la PMD

Accompagnant le système normal de gérance, on retrouve aussi dans le cerveau un système réflexe d'intervention en raccourci, pouvant se déclencher rapidement en cas d'extrême urgence lorsque la vie est menacée[9]. Dans le cas d'individus souffrant de PMD, le système réflexe d'urgence du cerveau peut intervenir et entrer en fonction inopinément, immobilisant le système normal de gérance, et cela pour des périodes qui peuvent se prolonger. Dans de tels cas, le jugement normal cesse momentanément de fonctionner, et la personne ne s'y réfère plus. C'est comme si son jugement était temporairement mis en suspens par un système sommaire de gestion qui, pour sa part, ne peut pas faire les nuances nécessaires à la gestion des relations interpersonnelles. Ainsi une personne normalement réservée peut, lorsque entraînée par la PMD, faire des propositions sexuelles à des inconnus, dépenser sans compter, se montrer insolente et très impolie en société. Elle peut aussi veiller toute la nuit et vaquer à mille activités alors qu'avant, elle se couchait à 21h tous les soirs. Ces écarts de conduite, provoqués par la PMD, peuvent durer quelques minutes, quelques heures, ou encore des jours, des mois et des années...

Après la phase débridée et dépourvue d'économie des ressources personnelles, suit souvent la phase atone. C'est comme si la personne, épuisée ou abasourdie par ses excès, sombrait dans la prostration. C'est la phase dépressive de la PMD. Dans d'autres cas, la personne retourne directement à sa gérance normale, comme si elle se libérait d'un envoûtement qui l'avait subjuguée, tout en se demandant si elle n'avait pas reçu un coup sur la tête.

---

9. *Cf.* Daniel Goleman *in Emotionnal Intelligence*, p. 16s.

Si on fait le décompte, il s'est bien passé quelque chose d'anormal dans la tête de cette personne. Son cerveau agissait alors comme une entreprise qui aurait congédié le gérant compétent et l'avait remplacé par un individu simpliste et complètement déchaîné qui prenait toutes sortes de décisions faisant fi de la complexité et de la subtilité des situations et des problèmes rencontrés !

Dans un cerveau normal, il y a la trajectoire habituelle de l'action-réaction : on s'interroge, on réfléchit, on comprend ensuite ce qui arrive et on réagit. Ce processus est plus ou moins lent. Lorsque surgit un danger soudain, il existe dans le cerveau un chemin réflexe constituant un raccourci de secours qui lui permet de réagir immédiatement afin de se soustraire rapidement du danger. Ce système réflexe, commandé par un mécanisme de survie, agit rapidement et brièvement. Dans ce dernier cas, c'est la partie centrale « reptilienne » du cerveau qui prend les commandes. À cette partie du cerveau sont reliés les réflexes d'agression-survie, de la sexualité-reproduction et aussi l'horloge biologique. C'est ce qui explique que des personnes apparemment normales adoptent, sous l'influence de la PMD, des comportements de détraqués sexuels en se montrant aventureux et en abandonnant toute réserve ; ils peuvent, pour les mêmes raisons, être insolents et vindicatifs car ils se sentent facilement menacés. Finalement, ils ne connaissent plus le repos et ils deviennent agités comme s'ils étaient devenus hyperactifs. Cela explique le fait que celui qui partage sa vie avec une personne sous l'emprise de la PMD non diagnostiquée ou non traitée connaît un enfer.

Lorsque intervient la PMD, le système d'urgence du cerveau entre en fonction, ignorant le système normal de la gestion personnelle et il s'y surimpose en provoquant des comportements erratiques et surprenants. On peut dire alors que la PMD constitue une « erreur de commutation cérébrale » par laquelle la gérance sommaire d'urgence contribue à instabiliser et à bloquer la gérance normale ou encore l'obnubiler pour une période plus ou moins prolongée.

COMPRENDRE LE PHÉNOMÈNE DE LA PMD

Le phénomène de la psychose maniaco-dépressive est généralement mal connu. Cette incompréhension est clairement apparue lorsqu'Oprah Winfrey a interviewé, en février 1998, Mary Kay Létourneau, 36 ans, une institutrice du cours primaire, mariée et mère de quatre enfants, qui avait eu une aventure « amoureuse » avec l'un de ses élèves, un garçon de 13 ans, de qui elle avait eu un enfant. Cela avait par la suite entraîné son arrestation et son emprisonnement. Présent à l'émission, l'avocat de Mme Létourneau a expliqué que sa cliente souffrait de ce qui est couramment appelé le trouble bipolaire. Cette explication n'avait pas été admise par l'animatrice qui avait répliqué qu'invoquer le trouble bipolaire ne fournissait qu'une excuse commode pour celui ou celle qui avait abusé d'un enfant. Dans une émission ultérieure sur le sujet et suite à la réaction des auditeurs, plusieurs personnes souffrant de PMD, accompagnées par le Dr Julie Moore, la psychiatre qui avait évalué Mme Létourneau, sont venues témoigner et expliquer ce phénomène. Au cours de cette émission, on a appris qu'un Américain sur 60 souffrait de PMD de façon importante et qu'un Américain sur 20 souffrait d'une forme ou d'une autre de PMD[10].

Souvent, l'apparition d'attitudes déconcertantes et de comportements particuliers signale la possibilité d'une psychose. D'autre part, combien de personnes jusqu'alors asymptomatiques sont passées soudainement et sans prévenir par la décompensation psychotique.

La PMD peut, à l'adolescence, être confondue avec la schizophrénie ou avec d'autres problèmes de personnalité. C'est ce qui explique que dans le cas de la PMD, on court le risque de ne découvrir que dans la trentaine le fait que son partenaire en souffre, à la différence de la schizophrénie qui est repérable dès la fin de l'adolescence.

10. Les maniaques et la présence de la dépression

Parmi ceux que l'on désigne communément comme étant des « maniaques », on retrouve des gens qui ont des troubles névrotiques, à l'image des compulsifs-obsessifs, et il y en a d'autres qui souffrent de psychose maniaco-dépressive. Selon nous, ces deux

---

10. Oprah Winfrey, émission du 25 février 1998.

phénomènes, qui apparaissent comme étant essentiellement différents, présentent une particularité commune, celle de la présence
d'une forme de dépression.

Ainsi, chez le maniaco-dépressif, les moments dépressifs sont
présents de façon manifeste et s'opposent, parfois avec une symétrie
prévisible, aux moments euphoriques. La dépression dont il s'agit ici
est une forme intense de dépression biologique sans incidences
psychologiques ; elle est la contrepartie des états d'humeur
maniaques-euphoriques qui font partie d'un phénomène psychiatrique connu sous le nom de psychose maniaco-dépressive. Provoquée par le dysfonctionnement du cerveau, la psychose maniaco-
dépressive a souvent comme caractéristique la présence manifeste,
périodique ou latente du sentiment envahissant ou subtil de la
dépression chronique qui, typiquement, fait partie intégrante de ce
phénomène.

Chez l'obsessif-compulsif, on retrouve aussi, comme en arrière-
scène, la présence latente de la dépression. La dépression dont il
s'agit ici n'est pas épisodique, ni « étapique », elle se présente sous la
forme d'un potentiel dépressif latent, entretenant la présence du
sentiment d'isolement affectif et d'un vide au sein de la personnalité.
Comparée à la PMD, la compulsion obsessionnelle qui s'est érigée
en habitude de vie constitue une interférence qui entraîne une perte
limitée du contrôle mental de l'individu. Elle est l'une des conséquences de la présence occulte mais envahissante de la dépression
chronique qui est l'un des mécanismes générateurs de cette affection.

a) Le spectre de la dépression

On a longtemps cru que la dépression était essentiellement une
séquelle psychologique, associée à l'expérience ancienne d'événements dramatiques et traumatiques[11], ou à l'incapacité de l'individu
de composer avec des changements profonds de sa situation existentielle. Si la cause psychologique est souvent présente dans plusieurs

---

11. Dans la plupart des cas, la carence maternelle auprès du sujet, la mère
étant décrite comme une personne froide ou inadéquate, ce qui n'a pas permis
l'arrimage affectif avec son enfant.

cas de névroses, elle ne peut expliquer toutes les dépressions. Lorsque l'on étudie attentivement l'histoire personnelle d'un sujet, certains indices permettent de découvrir que la nature de l'état dépressif présent peut aussi correspondre, dans de nombreux cas, à un état de dépression biologique, spécialement lorsqu'on peut établir l'existence en filigrane de la dépression chronique latente.

On a établi qu'un déficit de la sérotonine au cerveau entraîne un état dépressif favorisant l'apparition de sentiment de tristesse, de morosité, d'irritabilité et d'agressivité. Plusieurs autres causes peuvent provoquer la perte de neuro-transmetteurs. On peut citer comme exemple de ce phénomène ce qui se produit lors de maladies communes comme la grippe, l'allergie chronique intense ou bien la prise de certains médicaments ou la consommation de certaines drogues, etc. Dans de telles situations, plusieurs éprouvent une baisse du moral, accompagnée de modifications importantes de l'humeur.

b) Lorsque la dépression est une question d'hormones...

Chez la femme, l'équilibre hormonal est essentiel à la prévention de la dépression. Si cet équilibre est rompu, que ce soit à la veille des menstruations ou à la ménopause, la dépression fonctionnelle risque de se manifester. Les changements hormonaux vécus par la femme à la ménopause n'ont pas précisément de pendant masculin. Cependant, en vieillissant, l'homme connaît une baisse de libido, le tout dépendant de son état physique et mental. Chez l'homme, la testostérone, l'hormone masculine, favorise l'entreprise et l'activité individuelle. L'influence hormonale contribue au fait qu'un homme a de la facilité à penser à lui. Pour la femme, l'influence hormonale joue un rôle dans le fait qu'elle peut s'oublier complètement pour consacrer sa vie à son mari et à ses enfants et, lorsque éventuellement elle se retrouve seule, cela peut entraîner chez elle de graves conséquences.

À la différence des femmes, la présence de la dépression est plus difficile à repérer chez les hommes, car ils ne se l'avoueront pas facilement. Dans plusieurs cas, sa présence sera souvent masquée par l'alcoolisme et autres toxicomanies. Cela pourrait expliquer aussi le taux élevé de suicide de ces dépressifs secrets.

c) Les conséquences relationnelles de la dépression

Tout état dépressif sérieux entraîne la suspension de la relation interpersonnelle. La personne dépressive se retire et se déconnecte d'avec les autres et d'avec elle-même. Désormais, elle ne retrouve plus les raisons qui faisaient qu'elle avait le goût de vivre et d'accomplir quelque chose. Si elle s'active encore, ce n'est que par la force de l'habitude intervenant pour expédier les routines nécessaires, mais bientôt elle va les abandonner une à une. Lorsque la dépression perdure, elle sonne le glas de la vie de couple.

11. Les relations interpersonnelles *versus* la névrose ou la psychose

La plupart du temps, la présence de la névrose ne détruit pas systématiquement la capacité de la personne à s'engager et à poursuivre des relations interpersonnelles significatives, même si cela peut contribuer à certains moments à nuire à la qualité de ces relations et même parfois à les hypothéquer sérieusement.

Tel n'est pas le cas de la psychose qui correspond à l'apparition d'un état d'esprit qui compromet de façon certaine, à plus ou moins court terme, les relations interpersonnelles.

Pour la personne en état de psychose, ou pour celle qui souffre de parapsychose[12], l'autre cesse à ses yeux d'avoir un sens et sa présence n'a pas lieu d'être dans son décor personnel. S'il insiste pour y demeurer, les manœuvres de dissuasion vont sûrement le décourager

---

12. La parapsychose ou psychose atypique correspond à la présence, chez un individu, de traits de caractère s'associant à la psychose, sans que la personne passe par des périodes de délire manifeste. Elle démontre une grande constance dans la poursuite de ses agirs qui se révèlent ou se révéleront être de type psychotique. Le délire est un élément du diagnostic de la psychose qui peut dans certains cas ne pas être présent, comme par exemple dans certains cas de personnalités paranoïdes, ce qui entraîne le fait que cette psychose n'est pas repérable à première vue. Ce n'est que de façon rétrospective que l'on pourra établir que le comportement de la personne, à un moment donné, était relié à la présence d'un état de psychose atypique. La psychose atypique est difficile à repérer, vue l'absence apparente de comportements caractéristiques.

d'insister. Les attitudes révélant la déconnexion d'avec les autres peuvent varier, elles peuvent apparaître sous la forme d'hostilité ou d'indifférence prononcée, tout comme elles peuvent momentanément revêtir celle de l'extrême amabilité. Dans tous les cas, cette personne ne se laissera pas atteindre, car elle ne peut que se montrer indifférente à tout ce qu'elle provoque autour d'elle, y compris la douleur que l'autre pourrait éprouver. La personne en état de psychose n'est pas vraiment en relation avec les autres ni avec elle-même et les attitudes qu'elle adopte dans ses rapports avec ceux qui l'entourent, illustrent le sens même du mot aliénation, c'est-à-dire être déconnecté de la réalité.

a) Liquider toutes les relations

L'aspect le plus troublant de la maladie mentale et spécialement de la psychose est son aspect destructeur : celui qui commande la liquidation, par la personne affectée, de ses relations interpersonnelles. Un jour ou l'autre, elle coupe les ponts ou provoque son rejet par les personnes avec qui elle semblait liée. Cette liquidation accompagne la perte de sa propre intégrité. C'est ainsi que la maladie mentale entraîne le repli sur soi et la désintégration du moi.

> Jules, un premier de classe, est la fierté de ses parents. Ce jeune homme de grande taille et de belle apparence est la coqueluche des filles de son école. Jules, un garçon à l'avenir si prometteur, est parti de chez lui, un jour d'été, sans rien dire et sans laisser de message. Aujourd'hui, on n'a que son journal personnel pour essayer de comprendre son geste. Il voulait partir, là où il ne serait plus quelqu'un, là où il n'aurait plus de référence à un passé ni à d'autres personnes. Il voulait être seul pour pouvoir aller au bout de lui-même sans qu'on puisse, de l'extérieur, mettre quelque entrave que ce soit à son projet. Il avait, avant de partir, retiré ses économies et il était parti à pied. Il a marché des semaines entières sur de petites routes. Il montait vers le nord, vers les grands espaces vierges. Finalement, dans un endroit isolé, au bout d'une route forestière, il a trouvé un chalet abandonné et il s'y est cantonné. Les jours ont passé, le froid et la faim se sont pointés. À l'automne, les petits fruits sont disparus et ce que l'on a retrouvé de lui, c'est la photo d'un visage émacié et méconnaissable qu'il avait prise de lui-même, pour accompagner son dernier

message à ses proches. Il leur disait qu'il se devait d'aller jusqu'au bout de sa recherche et qu'il ne voulait pas leur faire de peine ni les décevoir. En conclusion, il n'a réussi que cela ! Lorsque l'on retrouva son corps squelettique, il était mort depuis quelques semaines.

Ce genre de périple pour se rendre au bout de soi-même, à la poursuite de sa réalité personnelle profonde mais aussi tout à fait décrochée de la réalité extérieure, s'est réalisé dans ce voyage de nulle part fatal. N'est-ce pas là une recherche illusoire et évanescente d'une chimère, un absolu imaginaire et, en conclusion, l'illustration d'un cas de schizophrénie, sans délire manifeste[11] ?

La relation de confiance

Une seule chose est vraiment nécessaire à la viabilité de la relation interpersonnelle, c'est la relation de confiance. La relation interpersonnelle s'appuie sur la relation de confiance. Une fois la confiance disparue, la relation n'a plus d'avenir. Pour détruire la relation interpersonnelle, il ne s'agit en fait que de provoquer un doute sur la qualité de la relation de confiance, en la mettant d'abord en question subtilement et en l'attaquant ensuite, de plus en plus de front, pour la démolir en suscitant de faux problèmes ou en grossissant des incidents insignifiants. Le but recherché : réduire peu à peu la confiance que l'on a accordée d'emblée pour ensuite la faire tomber en détruisant une à une les attaches relationnelles. Le pourquoi de tels comportements n'est pas évident et les motifs sont souvent futiles et parfois gratuits. Dans certains cas, la personne malade va plutôt chercher subtilement à détruire son partenaire en lui transférant ses problèmes, tout en lui attribuant la cause.

b) La manipulation paranoïaque

Dans les années 1960, une bande dessinée pour enfants mettait en scène une version bien spéciale de l'arroseur arrosé !

> Dans les corridors d'un asile d'aliénés, un fou se promène avec une brosse à cheveux attachée au bout d'une laisse. Deux surveillants le

---

11. Ce récit s'inspire d'un fait vécu tel que rapporté par la télévision américaine.

voient venir et l'un dit à l'autre : « Tiens, c'est X , il croit que sa brosse à cheveux est un chien et il l'appelle Fido ! Allons le taquiner un peu... Arrivés à sa hauteur, ils lui demandent comment va son chien, en désignant sa brosse... Le fou leur réplique avec un air d'étonnement : « Comment ça "mon chien !" vous le voyez bien, ce n'est qu'une brosse à cheveux ! » et il continue son chemin. Un peu plus loin, il se penche vers sa brosse et lui dit : « Hein ! Fido, on les a bien eus ! »

Cela illustre un des traits de la personnalité paranoïde, celle d'être une personnalité essentiellement manipulatrice, sachant cacher son jeu de façon efficace. C'est pour cette raison que seuls les gens avertis et vigilants peuvent détecter le jeu subtil et imperceptible de réinterprétation de la réalité et du mélange déconcertant des faits se rattachant à un événement quelconque, par celui qui souffre de ce trouble de la personnalité. Malgré cela, seulement quelques-unes des personnes prévenues sauront éviter d'être embarquées dans l'aventure reliée à l'imaginaire des trouble-fêtes bien réels que sont ces gens.

Les psychoses paranoïdes sont caractérisées par la présence de délire des grandeurs ou de persécution, avec des degrés variables de désintégration du moi. Dans la vraie paranoïa, il y a habituellement un sujet unique très systématisé qui provoque un délire tandis que les autres fonctions du moi demeurent raisonnablement intactes. Les vrais paranoïaques sont rarement identifiés parce qu'ils réussissent à dissimuler leur délire et (autrement) à fonctionner adéquatement[12].

Dans le cas de la schizophrénie paranoïde asymptomatique, la personne qui en souffre se sent mal dans sa peau et elle ne veut pas être seule à souffrir ainsi. Piégeant son entourage, ou encore les âmes secourables rencontrées en chemin, elle va tenter de leur refiler son trouble personnel, cherchant ainsi à se soulager momentanément de ce qui la perturbe. Incapable d'établir un lien significatif avec l'autre, elle n'arrive pas à se défaire de la méfiance profonde qu'elle éprouve et qui l'empêche d'entrer sincèrement en relation avec l'autre. Ses

---

12. Philip Marcus MARGOLIS, *Encyclopædia Britannica* (1967), t. 18, p. 803 (traduction libre).

réticences et ses arrière-pensées continuelles contribuent à ce que la relation engagée ne soit jamais durable, la confiance étant sans cesse donnée et reprise au moindre prétexte. À la fois cause et effet, la qualité du contact avec la réalité demeure plutôt précaire chez ces personnes et elle est facilement altérée par les distorsions associées aux échecs relationnels. Ces personnes pourront monter en épingle certains événements relationnels et les raconter de façon à grossir ou à bonifier leur propre rôle, ce qui à leurs yeux leur permettra en retour de mieux vilipender celui de l'autre. Lorsque les faits ne suffisent pas, ils les augmenteront et les gonfleront à souhait par des anecdotes imaginaires. Lorsque la personne à la personnalité paranoïde veut engager une relation avec quelqu'un, ses attitudes générales, ses propos, et même ses gestes apparents d'amitié se révèlent être exagérés et déroutants. Ces mêmes gestes « amicaux » deviendront suspects lorsqu'on verra par la suite cette personne s'ingénier à saborder, avec un aplomb surprenant, cette même relation d'amitié ou une relation amoureuse.

Pour toutes ces raisons, la présence au sein d'une équipe de travail d'une personne souffrant de psychose paranoïde présente le risque sérieux que cette dernière déploie des talents étonnants pour semer la zizanie au sein du groupe en alimentant subtilement toute discorde potentielle et en contribuant à ce qu'elle prenne une ampleur insoupçonnée, sans qu'on réalise qu'elle est en fait la responsable.

c) Faire pitié

Certaines personnes ayant une personnalité aux traits paranoïdes ont développé une technique infaillible pour obtenir l'attention des autres : c'est ce qu'on pourrait appeler : l'art de « faire pitié ». C'est une forme de manipulation subtile qui se révèle être très efficace. Parfois, ces personnes agissent ainsi délibérément pour embarrasser des gens de leur entourage parce qu'ils les tiennent responsables de certaines choses qui dans le passé auraient provoqué leur frustration. Un tel comportement vise éventuellement à faire disparaître ce qui subsiste de la relation de confiance qui avait déjà existé avec leurs amis ou leurs proches. D'autres adoptent le regard de l'épagneul, en mimant un air attachant attirant la sympathie et n'inspirant aucune méfiance. Ces mêmes individus s'ingénient à organiser des mises en scène élaborées dans le but d'obtenir l'attention et la sympathie de gens qu'ils rencontrent en les convainquant, par exemple, qu'ils sont mal aimés, abandonnés de tous, etc.

C'est ainsi que l'on rencontre l'un d'eux, vivant dans la plus grande pauvreté, dormant à terre, entre les portes d'édifices publics, refusant les logis qu'on lui offre. On a l'impression que ce qu'il désire, c'est ameuter les gens par son allure invraisemblable. Imaginez quelqu'un qui, hiver comme été, porte un ciré jaune de pompier, se laisse pousser les cheveux et la barbe jusqu'à ce qu'il doive y faire des nœuds pour les empêcher de toucher à terre ; qui ne change jamais de vêtements, se contentant d'en rajouter lorsqu'il fait froid...

D'autres cas sont moins spectaculaires mais tout autant perturbant pour leurs proches. Ainsi, il y a le cas de cette jeune femme vivant au loin, ayant coupé tous les liens avec sa famille pour des motifs qu'elle seule connaît, qui un jour vient accoucher dans la ville où habitent ses parents et qui refuse de les rencontrer et même de leur laisser voir son bébé. Et que penser du cas de cette première de classe, une charmante jeune fille, issue d'un milieu sans histoires, qui fréquente un revendeur de drogue, se fait tatouer, s'affuble d'une tenue invraisemblable, fréquente les endroits mal famés, adoptant en tout temps une attitude provocante... Tous ces comportements ne révèlent-ils pas un besoin maladif d'attention ?

12. La maladie mentale, une bombe à retardement

Phénomène souvent déterminé par l'hérédité, la présence, chez certains individus, de la maladie mentale agit à la façon d'une bombe à retardement. Qu'on cite en exemple le cas de Marilyn Monroe, dont la mère a passé la majeure partie de sa vie internée dans des hôpitaux psychiatriques. Malgré sa grande fragilité mentale, Marilyn Monroe s'est débattue au long des années pour maintenir un équilibre précaire à travers ses échecs sentimentaux et ses espérances de faire une vraie carrière d'actrice et de ne plus être identifiée que comme symbole sexuel. Cette comédienne talentueuse a longtemps lutté, avant de finalement sombrer dans son vortex intérieur.

À cette époque, le traitement des névroses graves et des psychoses était carrément inadéquat, on prescrivait de grandes quantités de calmants et d'anti-anxiolitiques. De la même façon, des artistes comme Elvis Presley, Glenn Gould et bien d'autres qui ont été brûlés par les feux de la célébrité se sont adonnés à la surconsommation de médicaments créant une accoutumance pour calmer leur tourment intérieur et ils ont ruiné leur santé psychologique et physique. Les progrès de la recherche ont permis depuis à la médecine de disposer de médicaments plus efficaces et moins dangereux. On réalise aussi, à mesure que l'on avance dans la connaissance de la nature de la psychose et de la névrose, que la frontière qui les sépare est de plus en plus ténue. Par exemple, l'aspect psychologique, d'ordre purement réactionnel de la névrose, est de plus en plus confronté à la présence de tendances innées et de traits de caractère chez la personne labile à vivre ces affections qui se révèlent être des voisins de palier de la psychose.

13. La pratique de l'hygiène mentale

Aujourd'hui, la présence de la maladie mentale ne signifie plus la chute inexorable vers l'aliénation personnelle et l'ostracisme social. Une aide éclairée combinée à une médication appropriée peuvent prévenir la glissade irrécupérable vers la perte de son intégrité personnelle. Pour enrayer ou limiter le processus du développement de la névrose ou de la psychose, il est bon de requérir l'aide médicale et celle de personnes compétentes qui pourront, par leur capacité de présence, contribuer à ce que la personne réduise sensiblement son isolement personnel et entreprenne de dédramatiser et d'identifier les mécanismes générateurs. Par exemple, une personne souffrant de névrose obsessive-compulsive apprendra, avec l'aide d'un psychothérapeute, à circonscrire les phénomènes qui sont à l'origine de ses problèmes, et tentera de les transformer en modifiant délibérément leurs descriptions et en s'imposant la consigne qui commande alors de toujours les décrire comme non importants. La santé mentale commande de choisir ses pensées et de mettre résolument de côté les arrière-pensées, les regrets et les rengaines comme les « j'aurais donc dû ! »

Chez les uns, ces manifestations névrotiques ou psychotiques peuvent être reliées à la présence d'une forme ou d'une autre d'un état dépressif plus ou moins latent. C'est ainsi que les épisodes de labilité émotive sont associés à des périodes précises récurrentes, tout comme les symptômes prémenstruels, ou bien, ils font partie des effets secondaires reliés à la prise de certains médicaments ayant un effet dépresseur comme les calmants et les anti-histaminiques de la première génération. Chez d'autres, elles constituent des symptômes de la présence de la dépression chronique ou elles révèlent la présence d'un problème d'origine réactionnelle, comme c'est le cas de la labilité émotive et de plusieurs autres manifestations névrotiques qui sont souvent la contrepartie d'une éducation hypercontrôlante. Ce problème de comportement peut être atténué ou contrôlé par des antidépresseurs, accompagnés d'une psychothérapie.

S'il y a lieu et parallèlement à la prise d'antidépresseurs, la fréquentation de groupes d'entraide pourrait réduire l'état chronique d'isolement de la personne, tout en lui permettant d'échanger avec d'autres personnes qui sont passées par là. L'objectif principal de cette opération pour briser l'isolement de la personne est de favoriser la présence de conditions qui lui permettent de mieux adhérer à la réalité extérieure et, peu à peu, de se reprendre en main et de recapitaliser son ego sur des bases signifiantes et durables. On apprend alors à mieux se connaître et à respecter ses limites. Tout ce qui permet de trouver un sens à la vie contribuera à soustraire la personne de la proximité du vacuum dépressif.

Sous une forme ou sous une autre, la dépression constitue dans tous les cas une perte de gérance, mitigée ou sévère, où les émotions accablantes enlisent les capacités rationnelles de l'esprit et monopolisent les pensées de la personne. Regrets, rancœurs et arrière-pensées remontent à la surface et deviennent le menu quotidien, empêchant la personne de penser de façon libre et dégagée. Pour plusieurs, les événements et les expériences malheureuses d'un passé, même lointain, s'installent à demeure et laissent celui ou celle qui en est victime dans un état de déréliction navrante.

a) Pour pouvoir être heureux et vivre en paix avec soi-même

La santé mentale est un long cheminement au bout duquel on parvient à cesser d'être en guerre avec soi-même et où l'on réussit enfin à s'accepter : accepter son corps, accepter ses capacités comme ses limites et accepter ses échecs tout comme ses réussites. Ces décisions existentielles permettront alors d'accepter l'autre en supprimant les conditions restrictives d'acceptation et en le prenant tel qu'il est. On finit par comprendre que l'autre a, lui aussi, à vivre avec lui-même et accepter la réalité pour ce qu'elle est. En faisant une place à l'autre dans sa vie, on réduit son isolement personnel qui est la cause de l'emprise et de l'ampleur de la dépression chronique.

LE RISQUE DE RECHUTE

Ce que le traitement des alcooliques et des toxicomanes a démontré s'applique à l'obsessif ; l'objet intoxicant doit être démystifié et minimisé mais il doit aussi être mis de côté par l'abstinence, sinon c'est la rechute qui peut survenir au moindre déclic et qui peut faire trébucher à nouveau la personne inattentive qui croyait son obsession disparue pour de bon parce qu'elle n'en subissait plus les manifestations.

b) Vivre au présent

Administrer, c'est prévoir, et pour prévoir l'avenir, il est essentiel de bien connaître l'histoire du passé afin d'éviter de répéter les mêmes erreurs ! Comment alors concilier ces impératifs avec celui de vivre au présent ? En effet, plusieurs personnes ont de la difficulté à vivre ce même présent car le passé demeure pour elles le présent, et le futur les angoisse tellement qu'il se confond dans leur tête avec le présent. D'une génération à l'autre, trop de gens adoptent l'attitude toxique de ressasser le passé, leurs propos commençant toujours par « Si... » Ce faisant, ils s'empoisonnent eux-mêmes et en même temps tous ceux qui les entourent même si cette mauvaise habitude ne leur procure aucun avantage.

Il nous apparaît évident que pour gérer efficacement sa vie, il faut apprendre à cloisonner ses objectifs. Tous savent qu'on ne peut vraiment vivre qu'au présent alors que le passé échappe à notre désir qu'il ait été autrement et que l'avenir demeure finalement hors d'atteinte. On a beau anticiper, on ne peut vivre d'avance ce qui va se passer plus tard, les situations existentielles de demain n'existant pas encore !

Carpe Diem

Ce n'est qu'après avoir fait l'expérience assidue de la souffrance que l'on arrive à comprendre qu'il est impossible de tout arranger. Les événements qui surviennent sont souvent en dehors de notre contrôle et la plupart du temps, il n'y a rien à faire d'autre que de prendre la vie comme elle se présente, avec ses épreuves, ses injustices mais aussi avec ses réussites et ses joies. C'est l'expérience de vivre l'instant présent qui procure un sentiment non mitigé de bonheur. Malheureusement, trop de gens oublient cette réalité ou en ignorent l'existence. Cet exercice ne va pas de soi et ce n'est souvent qu'après de longs efforts qu'on se résoudra à changer notre attitude foncière et à prendre l'existence une journée à la fois pour pouvoir enfin en jouir.

Quatrième partie

Prévenir l'échec conjugal ?

Chapitre XII

LES BARRIÈRES RELATIONNELLES
OU L'IMPOSSIBLE RENCONTRE

LES OBSTACLES qui empêchent l'avènement d'une rencontre authentique sont, entre autres, les barrières culturelles et l'immaturité profonde des partenaires, les deux entraînant également l'incapacité de communiquer. Il y a aussi l'aveuglement amoureux et l'erreur sur la personne. S'ajoutent à cela les obstacles subtils, imperceptibles à première vue, comme la présence chez l'un des partenaires de troubles importants de la personnalité.

1. Les barrières culturelles

« J'connais ma place, j'connais mon rang », répétait la servante d'une famille respectable de Québec, dans la série télévisée « Le Parc des Braves ». Ainsi, dans le grand monde d'avant 1945, la fille d'un professionnel qui annonçait son intention d'épouser un simple mécanicien pouvait se faire demander de justifier son geste. On voulait savoir pourquoi elle osait franchir la ligne qui séparait les gens de profession des simples salariés. On oubliait que, pour la plupart, ces professionnels de l'époque avaient eu un père besogneux qui avait épargné jusqu'à la dernière « cenne » pour envoyer son fils faire son cours « classique »...

L'auteur Pierre Gauvreau a illustré dans un de ses téléromans le phénomène du cloisonnement des classes sociales durant les années 1920. Dans un épisode de la série télévisée « Le temps d'une paix », l'auteur met en scène un garçon de ferme, Valérien Lavoie, qui reçoit la commande de se faire passer pour l'amant d'Alexandrine Fournier, la fille de Cyprien Fournier, notaire en vue de Québec. Cette dernière, ayant épousé un diplomate posté en Europe, avait voulu, par ce mariage, s'émanciper de la férule de son père. Désirant mettre fin à ce mariage de convenance, Alexandrine devait se plier au seul motif légal alors accepté : l'adultère.

L'allégation d'adultère devant être prouvée, du moins en apparence, Valérien Lavoie, reconnu pour ne pas avoir « froid aux yeux », se prête à ce manège osé. Une fois rendu au meublé d'Alexandrine à Québec, il revêt la robe de chambre du mari et il s'installe dans la chambre conjugale, le temps de la visite convenue des détectives privés. Les détectives partis, Valérien, qui a rempli son rôle, se prépare à s'en aller. Alexandrine, émue et bouleversée par ce nouveau geste de défi à l'autorité paternelle qu'elle vient de commettre, reste au salon, silencieuse. Valérien, embarrassé, enfile son manteau, il salue Alexandrine qui sort alors de sa prostration et vient l'embrasser passionnément ! Valérien, qui est pourtant un coureur de jupons invétéré, avait le loisir de répondre à ce baiser, qui constituait une invitation, il n'en fait rien. Il existe entre eux une frontière invisible qu'il ne franchit pas et qu'il ne peut franchir, même si la jeune femme est invitante et qu'elle ne le laisse pas indifférent[1].

Cette frontière, c'est la barrière culturelle qui les sépare d'une façon efficace. En 1929, ce mécanisme prévenait encore les mésalliances, c'est-à-dire les mariages qui déshonoreraient la famille de rang plus élevé. Cette même série d'émissions met en scène une autre « mésalliance » mais dans le sens inverse. Cette fois, c'est un fils de famille, Raoul Savary, le seul héritier d'un autre riche notaire de Québec, qui a mis enceinte Juliette, la servante du notaire Fournier, et la fille de Rose-Anna Saint-Cyr, une paysanne vivant dans un rang de l'arrière-pays. Dans ces circonstances, la barrière culturelle sera franchie. Le notaire Savary, très malade et voyant venir la mort sans

---

1. Ceux qui ont suivi la série savent qu'Alexandrine et Valérien vont finalement former un couple. Valérien, de garçon de ferme impécunieux, devient plus tard un artiste peintre reconnu et, finalement, un aviateur. Cela lui permettra d'accéder, à travers le succès de ses entreprises, au niveau d'Alexandrine.

avoir eu d'héritier de son fils unique qu'il perçoit comme instable, accepte que ce dernier se marie à Juliette, son amoureuse de l'été précédent.

Comme ce cas le démontre, l'homme, le « porte-nom », pouvait à cette époque prendre plus facilement comme partenaire une femme « au-dessous » de lui, c'est-à-dire d'un rang social inférieur. On comptait sur le fait que sa nouvelle épouse saurait s'adapter au monde « en haut d'elle », alors que le contraire était peu probable. En effet, lorsque la femme se mariait « en dessous d'elle », elle se déclassait et, dans la majorité des cas, lorsque la chose se produisait, l'épouse adoptait le niveau culturel « inférieur » de son mari.

La croissance économique qui a suivi la Deuxième Guerre mondiale a permis aux gens du milieu des fournisseurs de services, plombiers, électriciens, marchands, d'accéder eux aussi à la richesse, surclassant même plusieurs professionnels impécunieux. Au Québec, après 1960, l'accès généralisé à l'instruction secondaire et universitaire a contribué à égaliser les chances de réussite de même que le niveau culturel des individus. À son tour, la télévision a finalement effacé presque totalement ces barrières que l'époque actuelle juge artificielles. Elles ont été remplacées universellement par les barrières séparant les différents niveaux de revenus.

Pourtant, les différences culturelles ne sont pas disparues, elles sont simplement devenues plus subtiles. Elles sont désormais sanctionnées par les expressions « kétaine » ou « kitsch », expressions de dérision que l'on utilise pour désigner ce qui apparaît être étranger à son milieu culturel personnel. Ainsi, dans certains milieux, on joue aux cartes, aux quilles, au golf, dans d'autres, on fréquente les bars avec « attractions », enfin d'autres milieux se consacrent à des activités de loisirs d'ordre intellectuel. Traditionnellement, lors des réunions familiales, les hommes se regroupaient au salon, les femmes à la cuisine. Ces rencontres étaient l'occasion pour les hommes de discuter de politique, d'*argent*, du travail ou encore de la performance des équipes sportives ou de leurs exploits à la chasse et à la pêche. Pendant ce temps, les femmes parlaient de leurs enfants, de leurs projets de vacances ou de leurs soucis domestiques. On ne peut supprimer l'identité culturelle personnelle et familiale des individus, car cette identité culturelle témoigne de la perception que l'individu a de lui-même, en comparaison avec les autres avec lesquels il entre en contact. À l'époque actuelle, les différences culturelles se manifestent surtout entre les différents groupes d'âge (cégépiens, universitaires, baby boomers, gens de l'âge d'or...) de même qu'entre certains individus et groupes familiaux, plus qu'entre les différentes classes sociales comme c'était le cas autrefois.

Le phénomène des barrières culturelles est universel, comme le démontre l'anecdote suivante :

> Comme bien des Européens de toutes les époques, Karl May, le célèbre auteur allemand de littérature jeunesse, était fasciné par les Indiens du Canada. Foncièrement romantiques, ses récits de la vie chez les Indiens ont toujours fait une forte impression sur les jeunes lecteurs européens, bien trop éloignés pour se faire une idée réaliste du sujet. Or il arriva que dans les années 1980, lorsque des aviateurs de l'OTAN furent stationnés pour leur entraînement dans les provinces des Prairies du Canada, plusieurs jeunes pilotes allemands sont tombés follement amoureux de jeunes filles autochtones de cette région et les ont épousées. Cependant, une fois arrivées en Allemagne avec leur nouvel époux, plusieurs de ces jeunes filles ont subi un tel choc culturel qu'elles n'ont pu s'adapter à un milieu qui leur était totalement étranger et qu'elles ont finalement dû plier bagage et revenir dans leur pays d'origine, l'écart culturel entre les deux milieux étant pour elles une barrière infranchissable !

Au sein du couple, les différences culturelles contribuent à ce que les goûts et les préoccupations des partenaires soient différents et foncièrement étrangers. Une fois les vapeurs sulfureuses du coup de foudre dissipées, ils finissent par constater qu'ils ont pour conjoint quelqu'un qui leur est essentiellement étranger et avec lequel ils n'arrivent pas à découvrir une quelconque complicité. Cette situation risque de devenir irrémédiable lorsque la distance déjà présente ne cesse d'augmenter, les partenaires ne comprenant toujours pas ce qu'ils font ensemble.

Les conditions de la rencontre

Évidence incontournable, le couple, pour être durable, doit être le lieu d'une rencontre mutuelle. Seule l'existence d'une certaine forme de parité des personnalités rend possible la rencontre véritable, celle qui permet de se reconnaître comme égaux. La déférence de l'inférieur ou l'arrogance du supérieur ne sont pas des attitudes qui favorisent les rapports interpersonnels. C'est pourquoi les individus désassortis ne peuvent que cumuler les obstacles entre eux. Il y a aussi un risque de méprise douloureuse quand sont absentes de la relation certaines conditions relationnelles fondamentales, tels l'accueil de l'autre, la volonté d'engagement auprès de l'autre, la capacité d'aimer et de pardonner, de même qu'une bonne dose de souplesse et de sens de l'humour. Parmi les causes des échecs conjugaux, il y a celles qui sont dues au fait qu'on entretenait, au sujet du partenaire et de son couple, des notions fantaisistes ou des attentes irréalistes.

2. La barrière de l'absence d'amour

a) L'amour de l'idéalité de l'amour ou « la maladie d'amour »

Certains, dit-on, aiment trop ! Comme si c'était possible de trop aimer ! Ce qui est évident, par contre, c'est que certains aiment mal. Chez eux, le sentiment d'amour surgit, tel un bouleversement personnel important, comme s'ils éprouvaient les effets d'un trouble de leur esprit. Dans de tels cas, l'amour devient vite une intoxication incontrôlable à laquelle on s'adonne, sans se questionner sur le sens d'aimer. Lorsque l'on vit au sein de la réalité, aimer l'autre ne peut nous amener à le voir comme s'il était une créature de rêve ni s'imaginer s'embarquer avec lui vers un nulle-part merveilleux, là où la réalité quotidienne n'a pas d'importance. Peut-on trop aimer, si on s'accorde sur le fait qu'aimer quelqu'un, c'est d'abord le respecter pour ce qu'il est et l'accepter avec ses limites ?

Certaines personnes démontrent un besoin démesuré d'être affectionnées. Ce besoin, elles chercheront à le combler auprès de celui qui, aiment-elles à croire, a toutes les qualités propices à l'amour ! Dans un tel cas, la personne carencée est mauvais juge et va facilement s'embarquer dans une aventure amoureuse avec un partenaire à qui elle accorde des qualités qu'il n'a pas. C'est le cas de l'aveuglement amoureux, problème de ceux qui sont amoureux de l'amour et qui conçoivent comme réelles des situations imaginaires qui ne sont que des projections reflétant leurs souhaits fantasmiques. Avec le temps, ou encore lorsqu'ils seront plaqués, ils viendront peut-être à déchanter et à constater leur méprise. Dans ce contexte, l'amour s'est fondamentalement transformé en une drogue et la relation amoureuse dans laquelle ils se sont engagés n'est qu'une forme de dépendance maladive.

Si le besoin d'étourdissement amoureux de ces drogués de l'amour est sans bornes, paradoxalement, leur capacité d'en recevoir et d'en donner est souvent limitée. L'amour vécu au quotidien, ils n'y croient pas vraiment et la question ne semble pas les intéresser. On a l'impression que plusieurs de ces personnes sacrifient la proie pour l'ombre, abandonnant facilement la possibilité d'un engagement amoureux bien concret auprès d'une personne à la hauteur, en lui préférant une autre qui ne leur offre que des rêves magiques et chimériques.

b) La blessure narcissique

Le besoin impérieux d'aimer qui surgit ainsi n'est que le reflet d'une forme « surdimentionnée » de l'immaturité affective. Derrière cela se cache souvent la blessure narcissique de la personne qui, dans son enfance, n'a pas reçu d'affection et a souvent vécu une forme de rejet, ses parents s'étant montrés peu compétents ou peu adéquats au plan affectif. Par leurs propos et leurs attitudes dérogatoires, certains parents ont contribué à ce que leurs enfants se soient sentis diminués ou mis à part. Ces épreuves de l'enfance entraînent l'émergence d'un sentiment de vulnérabilité affective chez une personne et cela la suivra, même une fois rendue à l'âge adulte. Dans ces conditions, la fragilité affective contribue à ce que certaines phrases, certains mots symbolisant le rejet et l'insécurité affective aient un impact émotif démesuré, révélant ainsi une blessure profonde.

3. La barrière de l'incapacité psychologique : les abandonniques[2]

Parmi les cas d'échecs relationnels, il y a l'histoire déconcertante de l'abandonnique. Le cas de l'abandonnique peut être associé de près au cas précédent. Typiquement, l'anamnèse révèle que, durant sa prime enfance, cette personne n'a pas été aimée ; le plus souvent, elle a été rejetée et même maltraitée. Par exemple, elle aura perdu sa mère tôt dans l'enfance, ou encore aura été la victime de négligence, de mauvais traitements et d'abandon, à l'image de ce qui se passait dans certains orphelinats.

L'abandonnique adopte un comportement idiosyncratique qui n'est pas toujours repérable au départ. Dans le scénario typique, l'abandonnique, qu'il soit adolescent ou adulte, s'exerce dans un premier temps à charmer et à séduire le partenaire qu'il a ciblé en lui faisant croire qu'il s'engage vraiment dans la relation amoureuse, alors qu'il n'en est rien. Une fois le partenaire conquis, il s'en détache peu à peu avant d'en arriver à provoquer carrément le rejet et finalement l'abandonner.

La personne abandonnique agit selon un scénario constant, comprenant trois mouvements bien distincts et facilement repérables, lorsque vus de façon rétrospective. Le premier stade, la *conquête,* commence par des invitations engageantes auxquelles s'ajoutent les compliments, les cadeaux et les témoignages d'affection, le tout accompagné de confidences comme : «Les autres ne m'aiment pas comme toi tu m'aimes, toute ma vie j'ai été mal aimé, etc.» Cette relation qu'il engage activement, il la veut exclusive. L'abandonnique ne peut et ne veut partager la personne qu'il aime, quoi qu'il affirme parfois le contraire. La personne aimée ne peut côtoyer

---

2. On a défini l'abandonnique typique comme celui qui, n'ayant pas reçu d'affection dans sa tendre enfance, finit par éventuellement redouter de se retrouver soudainement submergé par des marques d'affection parce qu'il ressentirait alors un malaise important. Il y a donc peu de probabilité qu'une telle personne s'aventure dans la vie de couple. Le cas illustré ici est plutôt celui qui souffre du complexe de l'abandonnique, où le phénomène en question est dissimulé par une entreprise élaborée de séduction et de déception.

régulièrement d'autres personnes sans provoquer sa méfiance et sa jalousie et, de façon subtile, il tente d'isoler sa partenaire.

Arrive le deuxième stade, celui des *déconvenues*. L'individu adopte une nouvelle attitude, imprévisible au départ, qui est la conséquence apparente de gestes innocents qui sont interprétés par l'abandonnique comme des «trahisons» de la part de l'ami. Par exemple : la personne «aimée» a parlé ou a fréquenté d'autres personnes ; l'abandonnique découvre alors qu'il n'a pas vraiment l'«exclusivité» de son attention. Cet épisode courant de la vie quotidienne qui, pour une personne normale, est sans conséquence, provoque pourtant le bouleversement des sentiments de l'abandonnique.

Le charme a été rompu, il est d'avis que cela lui a causé des dommages irrémédiables et c'est ce qui le contraint à installer une distance dans la relation tout comme à promettre des sanctions qui se traduisent par des propos blessants et des accusations gratuites qui confirmeront la *rupture*, qui constitue le troisième stade.

En effet, tout cela ne pouvait durer. L'abandonnique s'applique désormais à détruire les vestiges de la relation en la réduisant à rien. Pour se justifier de tout détruire, il crie haut et fort qu'il a été encore une fois trahi par la personne aimée qui, en fin de compte, ne méritait pas sa confiance. Il affirme alors que cette dernière était comme toutes les autres, indigne de son amour !

En réalité, tout cela n'a pour but que de cacher le fait que cette personne ne pouvait supporter plus longtemps de vivre une relation qui incluait des échanges significatifs l'appelant vers l'expérience de la véritable intimité. Incapable d'être sincère, le mot authenticité est, chez l'abandonnique, dépourvu de sens, et malgré tous ses propos engageants, ce dernier ne peut que tenir des propos superficiels en témoignant de son engagement et de sa sincérité. En fait, l'abandonnique est perturbé davantage par la présence des sentiments sincères que par leur absence.

Parmi les comportements caractéristiques, l'abandonnique s'adonne à l'affabulation ; il invente, à son gré, des histoires merveilleuses qui comblent son besoin de vivre quelque chose d'important et cachent le fait que sa vie n'est qu'un vide. S'il est marié, la relation avec sa partenaire se résumera souvent à n'être que de la manipulation, de la provocation, du «testing», de la dissimulation et toute une panoplie de mises en scène. Son besoin exclusif et maladif d'attention vise à se faire plaindre et tout effort pour essayer de lui prouver le contraire ne réussira jamais à le faire décoller de son statut de victime. Une fois le processus engagé, l'individu n'hésitera pas à blâmer et culpabiliser l'autre à sa place pour les manœuvres qu'il a lui-même entreprises pour saborder leur relation. Pour ce faire, il s'adonnera à la projection, au mensonge et n'hésitera pas à tenir des propos blessants ou tout simplement méchants. Paradoxalement, cette situation peut même sembler lui faire plaisir : «Quand ça va mal, ça va bien!»

Un tel comportement troublant correspond à la présence d'une perturbation psychique importante qui pousse finalement l'individu à refuser l'affection et l'amour qui, au fond, n'a pas de sens à ses yeux. La relation de confiance n'est pas possible selon lui et il ne croit pas pouvoir être aimé sincèrement et durablement. La vie auprès des autres se résumant pour lui à n'être qu'un jeu bête et méchant; tous les efforts pour le convaincre de la sincérité du sentiment d'amour qui lui est adressé n'auront pas raison de sa conviction profonde de ne pas être aimable, donc pas aimé vraiment. Ces traits qui détruisent éventuellement toute relation conjugale révèlent la présence d'un trouble important de la personnalité (personnalité paranoïde).

4. La barrière de la malhonnêteté : les croqueuses de diamants

À la frontière de l'entreprise de séduction calculée, on retrouve les personnes sans scrupules qui se disent «réalistes» et n'agissent que par intérêt. Pour elles, la recherche d'un partenaire ne se fait qu'au nom de leurs ambitions personnelles. «Tant qu'à épouser quelqu'un, aussi bien en épouser un qui soit riche!» disait la mère des sœurs Gabor qui se sont fait remarquer à Hollywood par leur beauté, leur superficialité et leurs nombreux divorces rémunérateurs.

Si, traditionnellement, le mariage était la façon de perpétuer le nom, il était aussi le moyen que certains choisissaient pour assurer leur avenir. Bien se marier signifiait épouser un homme ou une femme riche, ce qui garantissait, croyait-on, la belle vie. S'il y en a qui rêvaient d'un mariage d'amour, bon nombre rêvaient surtout d'un mariage lucratif. Depuis que le mariage formel est passé de mode au Québec, on se contente de repérer tout simplement un pigeon avec beaucoup d'argent. Suivent les sorties dans les grands restaurants, la tournée des spectacles et surtout les voyages, croisières, etc. Tant qu'il y en aura, on en profitera, après on avisera ! Qu'on pense à cette jeune femme qui travaille comme secrétaire de notaire et qui fait des avances à un jeune veuf, client de son bureau, qu'elle sait libre et plein aux as. Cet homme n'est pour elle qu'un bilan financier attirant et le fréquenter l'assure de pouvoir profiter des bonnes choses de la vie. L'amour dans la vie de cette personne est spécifiquement un geste intéressé. Ici, la fibre sentimentale est orientée uniquement vers le plaisir, l'intérêt et l'opportunité qui s'offre. Chez ces gens sans scrupule, la notion d'aimer en tant que geste gratuit n'est qu'une pure niaiserie, dépourvue de signification.

5. La barrière des exploiteurs prédateurs : les imposteurs psychopathes

Les mémoires de Jean-Jacques Casanova, séducteur célèbre, révèlent l'une des caractéristiques de la personnalité du psychopathe. Dans son cas, ce trait de caractère était la chasse aux femmes vues comme des proies, spécialement celles qui étaient innocentes, sans défenses ou difficiles d'accès. Qu'elles aient été surtout belles, riches, filles de pères vigilants et protecteurs ou mariées à des potentats jaloux ou menaçants, rien n'arrêtait cet aventurier qui écumait la mer de l'amour. La jeune femme est jeune, jolie et paraît inaccessible ; c'est donc auprès d'elle qu'il va déployer ses charmes et ses ruses afin de la séduire. Au premier abord, il attire son attention par des prévenances peu communes. Amoureux empressé, attentif, il n'a d'yeux que pour elle et le cortège des gestes aimables se poursuit sans relâche jusqu'à ce que la belle lui avoue enfin être tombée éperdument amoureuse de lui. Pour elle, c'est le début d'un grand amour, pour lui, la bataille est gagnée, c'est la fin de l'aventure ou presque. Il a gagné le pari d'obtenir l'amour de celle qu'il voulait séduire, désormais cette chasse amoureuse a perdu son attrait et il n'a plus d'intérêt pour elle. Il va d'abord profiter de l'occasion pour soutirer ce qu'il peut de ce « morceau de choix » qu'il a capturé. Il va ensuite rapidement prendre ses distances en s'absentant de la ville pour de longues périodes, sans fournir d'explications, revenant un moment pour lui avouer alors, comme pour la faire souffrir, qu'il a eu depuis une autre aventure amoureuse qui n'est pas tout à fait terminée... Toujours subjuguée, la belle amoureuse éplorée se montre résignée et elle accepte même de le partager un temps. Espérant conserver un amour éternel, elle est prête à tout, pourvu qu'il lui accorde encore quelques attentions... L'autre n'en a cure et, bientôt, elle n'entendra plus parler de lui.

Un des réseaux américains de télévision a fait un reportage sur le cas d'un de ces psychopathes prédateurs qui concentrait ses activités de tromperies auprès de personnes qui se révélaient vulnérables (dans le présent cas, des femmes dans la quarantaine) afin de leur soutirer de l'argent. Le reportage nous présente d'abord l'une de ses victimes, une célibataire pas très jolie. Le commentateur explique le scénario de l'arrivée dans le décor de cet imposteur. Ce dernier se montre très doux, gentil et parfaitement amical. Peu à peu, il réussit à gagner l'amitié de sa victime et éventuellement son amour. En effet, cette célibataire endurcie devient en quelques mois follement amoureuse de ce garçon discret et aimable, qui sait toujours combler ses attentes les plus élevées. Il se révèle être pour elle l'amant parfait. Alors qu'elle ne s'y attendait plus, son rêve est enfin devenu réalité !

Un jour, son amant lui laisse entendre qu'il a besoin d'argent, de beaucoup d'argent. Confiante en l'intégrité de cet amoureux inespéré, elle hypothèque sa maison et lui prête gracieusement l'argent réclamé. Ayant obtenu ce qu'il voulait, ce dernier disparaît aussitôt avec le magot. Bouleversée, elle ne saisit pas tout de suite ce qui s'est passé, ne pouvant croire à l'ampleur d'une telle fourberie, ni à sa propre naïveté. Au cours de son enquête, le reporter a pu retracer quelques-unes des victimes et, pour les fins du reportage, il réunit ces femmes qui réalisent alors qu'elles ont toutes été bernées par le même criminel. Au chagrin succède la colère quand elles finissent par comprendre et admettre ce qui leur est vraiment arrivé.

Le reportage ne s'arrête pas là, le reporter traque ensuite le criminel, alors qu'il est rendu à des milliers de kilomètres de l'endroit de ses premiers crimes, au moment où il s'apprête à recommencer son manège auprès d'une autre victime innocente. Entre-temps, on nous révèle qu'il s'est acheté, en Californie, sous un nom d'emprunt, une riche propriété.

Les criminels psychopathes et les individus qui ont des traits psychopathiques ont une caractéristique commune : ils n'entrent en relation avec les autres que dans un but intéressé, celui d'obtenir d'eux quelque chose à leur insu et à leurs dépens.

À quelques occasions, on a rapporté les cas d'imposteurs qui ont réussi à faire croire durant des années qu'ils étaient quelqu'un d'autre auprès de leur conjoint, leur entourage et leurs enfants. Époux et parents apparemment très corrects, ils fréquentaient l'église tous les dimanches, assistaient aux rencontres parents-instituteurs et menaient ce qui avait l'air d'une vie rangée. Un jour, on découvre que ces individus entretenaient parallèlement, depuis des années, une vie cachée et parfois même une vie criminelle pouvant inclure des fraudes gigantesques, des meurtres crapuleux, et cela, à l'insu de tous. Dans certains cas, ces criminels sociopathes et même psycho-pathes réussissent à conserver l'affection des leurs malgré leur carrière criminelle.

Chapitre XIII

SÉPARATION - DIVORCE

LA VIE DE COUPLE emprunte aujourd'hui plusieurs visages. Ainsi, même si ce n'est pas fréquent, de plus en plus de «couples» choisissent de ne pas habiter sous le même toit, préférant vivre chacun de son côté, dans son propre appartement. On se visite quand on le peut ou quand ça nous le dit! Cet arrangement fait l'affaire des deux, car on n'a pas à modifier radicalement sa façon personnelle de vivre.

1. Le couple: l'amour dans la voie rapide

À l'opposé, on rencontre des amoureux qui n'hésitent pas, au lendemain du coup de foudre, à se mettre en ménage pour la vie... ou pour un bout de temps! Un couple qui s'est formé si vite peut s'avérer un succès durable mais c'est l'exception; dans la plupart des cas, il risque de se défaire à la même vitesse qu'il s'est formé! Ce serait étonnant qu'il en soit autrement. En fait, on ne se connaissait pas avant de cohabiter et la vie quotidienne, avec ses frictions et ses frustrations, va faire apparaître les vraies couleurs des partenaires. Le coup de foudre passé, la passion s'essouffle et les masques tombent. Pas question ici de supercherie ni de tricherie, la passion avait tout simplement fait oublier le difficile enjeu qu'est la rencontre véritable des individus qu'ils étaient au départ. On a commencé à vivre ensemble alors qu'on n'avait pas encore appris à être vraiment présent l'un à l'autre, étant tout occupés par l'excitation d'être amants et encore tout étourdis par l'aventure de l'amour, du sexe et du hasard. Le rappel de l'inévitable réalité, celle que l'on vit au quotidien, devait mettre un terme à la magie ensorcelante, et la remplacer par la déception. Abasourdis par le choc de l'atterrissage, les tourtereaux découvrent avec amertume que leur rêve est terminé, qu'ils ne sont que des étrangers l'un pour l'autre et que leurs itinéraires n'ont fait que se croiser un bref moment, car, en fait, ils n'allaient pas dans la même direction !

À ces couples qu'on dirait issus d'une génération spontanée (et dont les ex-partenaires vont rapidement récidiver, comme pour oublier l'échec de leur première aventure à deux), ne pourrait-on pas proposer, pour la prochaine fois, de prendre le temps d'apprendre à se connaître avant de décider que cette fois-là, c'est pour de bon !

2. Les triangles relationnels

a) Du compromis à la compromission

Ayant été échaudé par ses déboires amoureux, on en vient, avec le temps, à adopter une vision de la vie à deux moins emportée et plus pragmatique. On réalise finalement que vivre en couple signifie l'obligation de faire des compromis, ce qui implique le fait qu'on devra discuter fermement et prendre position.

De l'attitude cavalière du « Ça passe ou ça casse ! » de la jeunesse, on en arrive, avec la maturité, à pouvoir faire des compromis. Désabusés par des échecs amoureux successifs, d'autres finissent par se solder personnellement dans le seul but de maintenir une relation amoureuse précaire ; c'est ainsi que l'on glisse dans la compromission :

> Le conjoint de la mère d'un jeune de 17 ans nous confie que ce dernier, le fils de sa conjointe, est habituellement méprisant et irrespectueux envers lui. Nous lui demandons pourquoi il tolère cela. Il nous avoue alors que sa conjointe l'avait prévenu au départ que si, le cas échéant, elle devait faire un choix entre son fils et lui, elle choisirait son fils. Nous lui demandons pourquoi il persévère dans une relation où il a le petit rôle. Il nous avoue alors qu'il ne peut pas y mettre fin parce qu'il a trop d'argent et d'efforts d'investis ; il nous montre, comme pour se justifier, la maison, le terrain aménagé, etc.

Dans ce cas-ci, le triangle relationnel était inscrit en travers du couple. C'est ce qui arrive à ceux qui ne sont pas vraiment libres, car ils ne peuvent s'engager dans une relation significative, étant déjà pris ailleurs. Un autre cas bien connu de triangle matrimonial est celui où l'un des partenaires a vécu et continue à vivre une relation intense de type symbiotique avec sa mère. Dans une telle relation à trois, il n'y a plus qu'une place résiduelle pour le conjoint.

> Même si Suzanne est mariée depuis des années, elle téléphone à sa mère plusieurs fois par jour, sort avec elle à toutes les occasions qui se présentent et démontre avoir avec elle une intimité psychologique complète. Qu'elle soit au travail ou à la maison, chaque fois qu'elle a un moment de libre, elle communique avec sa mère pour lui raconter en détail les derniers événements de la journée. Faut-il se surprendre qu'un beau jour ce fut le divorce, Suzanne venait d'apprendre que son mari la trompait avec sa secrétaire...

Si l'attention de l'un des partenaires est monopolisée par sa mère, par un enfant ou qu'il est toujours tributaire de sa bande d'amis ou entièrement pris par son projet de carrière ou par l'univers de la politique, la relation amoureuse qui comblerait les attentes devient impossible.

b) L'amitié et l'amour

Exemple : un homme marié rencontre à son travail une femme et une relation d'amitié se bâtit entre eux. Est-ce que cette relation amicale peut devenir une source de conflit qui pourrait mener éventuellement à la séparation du couple ? On pense à la maxime : « À deux, on est en bonne compagnie, à trois, on se marche sur les pieds ! » (*Two is company, three's a crowd !*) L'expérience permet de prédire que ce couple est en péril si, dans l'exemple ci-haut, cette femme demeure l'amie exclusive du mari en refusant toutes les occasions d'engager un rapport amical avec la conjointe. Cependant, si cette amie devient également l'amie de l'épouse, le risque de se retrouver dans un triangle relationnel est diminué.

3. Le mariage sans amour partagé

On s'est marié ou encore «on s'est mis en ménage», comme on disait autrefois, pour toutes sortes de considérations : besoin de sécurité matérielle, volonté de ne pas rester célibataire, pouvoir s'évader de chez ses parents ou encore parce qu'on a fini, de guerre lasse, par se plier aux demandes insistantes d'un prétendant qui avait adopté le rôle insistant de l'amoureux transi. On a plié devant tant de promesses, mais l'engagement amoureux ne s'est pas réalisé. On a fait comme si, mais ça n'a pas marché.

Divorcé depuis 20 ans, Paul, photographe amateur, est à la recherche d'une image dans les planches-contacts de photos qu'il a prises à l'époque de son premier mariage. Ce qu'il y découvre alors lui donne tout un choc. Sur ces planches, il revoit des photos de son «ex» (comme il est convenu aujourd'hui d'appeler une ancienne conjointe). Cette dernière lui apparaît alors telle qu'elle était : l'air ailleurs, froide et indifférente. «Elle est incapable d'aimer», lui disaient ses amis avant qu'il ne l'épouse. Malheureusement, à cette époque, il était toujours aveuglé par son sentiment amoureux et il ne voyait rien de tout cela. Maintenant que la poussière est retombée, il la revoit, en «noir et blanc» comme sur une grosse affiche ; ce qu'il découvre alors lui donne froid dans le dos.

Ce matin, *Summer Breeze*, un succès musical de l'été 1972, joue à la radio ; pour Paul, c'est le souvenir de sa découverte du sens du mot bonheur. Cette découverte, c'était d'avoir trouvé cet été-là, à travers la photographie, une raison d'être, malgré le vide de sa vie de couple d'alors. L'échec de sa vie amoureuse était devenu imminent, erreur de départ, erreur sur la personne, comment avait-il pu en arriver là ? Dans sa naïveté, il croyait que s'il l'aimait, tout suivrait ; elle finirait par l'aimer comme lui l'aimait. Tel ne fut pas le cas. Il vivait sur sa planète, il voyait ce qu'il voulait voir mais il ne concevait pas très bien tous les aspects de la réalité de ce qu'il vivait. Pourtant, sa rencontre avec la réalité n'était plus qu'une question de temps. Le fait que sa relation n'allait nulle part, il ne l'a compris que bien longtemps après que sa partenaire l'abandonne, lui et ses enfants, sans qu'il sache trop pourquoi. Il a fallu que l'échec de son couple soit consommé et que le temps passe pour qu'il en vienne à constater ce qui était déjà évident pour ses amis.

Souvent, l'échec du couple révèle l'erreur de départ et l'erreur sur la personne. En premier lieu, ces deux personnes n'auraient jamais dû tenter de former un couple, les éléments essentiels à la réussite conjugale étant absents. C'est à ce titre que l'on peut dire, dans un tel cas, qu'il n'y a pas eu véritablement de mariage ; le mariage étant un contrat entre deux personnes, il faut nécessairement que les deux soient également en mesure de le réaliser. Si l'une des parties se révèle être complètement incapable de tenir sa part d'obligations, on peut affirmer que ce mariage n'est pas valide.

Pourquoi faudrait-il rompre ?

Parce que, dans le couple, l'un des deux n'aime pas l'autre. Il (elle) le dit et le manifeste de toutes sortes de façons, mais l'autre s'accroche. À la place de l'amour, c'est l'obsession qui a pris la relève, faisant croire à l'existence d'un sentiment alors qu'il n'y a qu'une illusion. S'acharner ne fera rien pour remédier à la situation. C'est dans un tel contexte que la relation d'amour est remplacée par la relation de dépendance, le sentiment présent agissant à la façon d'une drogue en biaisant fondamentalement la relation à l'autre où on se méprend sur la nature du sentiment. Il ne faut pas confondre la dépendance relationnelle avec l'amour. L'amour commande et impose le respect de l'autre ; le sentiment de dépendance implique le fait qu'avec le temps se précisera le phénomène de la perte ou de l'absence de respect de soi et de l'autre.

4. L'infidélité

En s'interrogeant sur les raisons qui expliquent les nombreux divorces et échecs matrimoniaux, on en arrive à la conclusion que l'une des raisons récurrentes est l'infidélité conjugale et que la raison la plus manifeste de cette infidélité est l'absence de maturité de l'un ou des deux partenaires et surtout l'incapacité de progresser vers la maturité. Cette carence entraîne facilement la défaillance des personnes à respecter les termes d'un engagement dont elles n'ont pas compris l'importance ni les conséquences.

Avoir 40 ans

Nos deux voisins ont eu 40 ans l'an dernier. Le premier, le grand Gilles, était un polisson qui se permettait de siffler les filles dans la rue, mais là s'arrêtaient ses aventures extra-conjugales... jusqu'à l'an dernier! Cette année-là, le chiffre 40 lui a fait perdre la tête. Il a rencontré une «poulette de 20 ans», d'autres moins charitables disent «une petite dinde», et il n'a pas tardé à annoncer à sa femme qu'il la quittait. Tous les jours, cependant, il appelle son ex-femme pour lui demander toutes sortes de conseils. En fait, il agit comme le grand garçon qui vient de se marier et qui a toujours besoin de recevoir l'attention de sa maman.

Antoine, notre autre voisin, a eu lui aussi 40 ans. Lui qui avait toujours été un homme réservé s'est fait faire depuis une coupe de cheveux à la Corey Hart de l'époque de *I wear sunglasses at night* et a changé son *look* vestimentaire pour paraître la moitié de son âge. Et si il s'est aussi acheté une auto sport jaune, deux places... ce n'est sûrement pas pour y transporter ses quatre enfants...

Finalement, il a quitté la maison familiale, car il sort maintenant avec une jeune étudiante de cégep, le portrait de son épouse, mais avec 20 ans de moins.

Dans notre rue, l'année des 40e anniversaires s'est terminée. Le grand Gilles est revenu sur terre et il a voulu revenir à la maison. Lassé de son aventure «niaiseuse» avec une jeune de l'âge de sa fille, et s'ennuyant de ses anciennes habitudes sécurisantes, il a demandé à son «ex» de lui redonner sa place à la maison. Compréhensive, son épouse, qui avait toujours dû jouer auprès de lui le rôle de mère, l'a repris: les 40 ans, il faut bien que ça se passe! Mais pour revenir à la maison, il a dû se plier à de nouvelles conditions. Lui qui n'aimait pas se poser de questions et avait toujours vécu une relation de dépendance avec son épouse a eu comme condition de retour l'obligation de revoir ses attitudes relationnelles. Gilles a compris que son épouse souhaitait qu'il soit pour elle un meilleur compagnon, qu'il ait pour elle plus d'attentions et qu'il partage de plus près sa vie avec elle par des activités de loisirs en commun. Depuis, une nouvelle forme de dialogue s'est installée entre eux. Lui qui, auparavant, n'échangeait pas beaucoup, fait désormais des efforts louables pour faire autrement et leur relation de type superposé s'est transformée en relation un peu plus interactive. Atteindre le chiffre 40 a été pour lui et les siens une épreuve qui lui a enfin fait découvrir le sens du mot maturité. Cette aventure à rebours a provoqué son accession à l'âge adulte qui attendait qu'on lui fasse une place.

Dans le cas d'Antoine, il continue de faire croire à tous qu'il n'a en fait que 30 ans et non 40! Aujourd'hui divorcé et remarié, sa nouvelle jeune épouse le contrôle subtilement, alors qu'il croit naïvement l'avoir prise en main! Son programme de vie se résume ainsi: travailler encore plus pour pouvoir payer la pension alimentaire à l'« ancienne » et les dépenses de la « nouvelle ». À tous les 15 jours, il reçoit ses enfants dans sa nouvelle maison. Ces jours-là, la « nouvelle », à peine un peu plus vieille qu'eux, va faire un tour chez sa mère.

Si plusieurs souffrent du geste d'Antoine, un seul est dupe: lui-même, victime du mirage de la jeunesse éternelle.

5. Le divorce

Yves était malheureux dans sa vie de couple. Entre lui et son épouse Béatrice, le dialogue et la tendresse étaient au point le plus bas. Leur vie sexuelle, déjà pauvre au départ, était devenue inexistante.

Au travail, Yves trouvait l'occasion de se confier à sa secrétaire et, de confidences en confidences, ils se sont retrouvés en tête à tête et finalement au lit. Lorsque Béatrice apprend cela, elle demande le divorce. Beaucoup plus tard, elle avoue à sa fille qu'elle n'avait pas été une amoureuse adéquate auprès de son mari, étant alors aux prises avec des problèmes personnels remontant à son enfance. Elle lui confie qu'à bien y penser, elle aurait fait n'importe quoi pour sauver son mariage, et elle n'attendait qu'un signal de son mari lui manifestant son désir de reprendre leur vie de couple. De son côté, Yves dit regretter la tournure des événements qui l'ont conduit au divorce. Il avoue maintenant que, surpris et embarrassé par sa conduite du moment, il n'a pas osé demander pardon à Béatrice pour cette aventure qui était arrivée plus vite qu'il n'avait eu le temps de le réaliser. Tous deux regrettent maintenant de ne pas avoir décidé de s'expliquer avant qu'il ne soit trop tard.

Se parler semble si facile mais c'est parfois impossible. Il arrive que les partenaires ne réussissent pas à se parler en temps opportun et, plus le temps passe, plus la distance s'installe.

Dans plusieurs cas cependant, le divorce est moins un incident relationnel qui tourne mal que la conclusion inévitable de l'échec de la rencontre des personnes. Même si les deux partenaires étaient au départ pleins de bonnes intentions mutuelles et apparemment très amoureux l'un de l'autre, ils n'ont pas réussi à établir entre eux une communication substantielle ni une relation de confiance. De malentendus en malentendus, et pour toutes sortes de raisons, la distance qui les séparait n'a cessé de s'accentuer avant d'aboutir à la constatation de l'échec de leur couple.

Lorsque, dans un couple, on note la présence constante de gestes de méfiance et de non-respect, comme le mépris, le sarcasme et la dissociation-repli[1], cela signifie que rien ne va plus et que l'amour n'est pas là. L'échec peut provenir de divergences profondes comme celle du non-partage des valeurs fondamentales de la vie ou de la non-ouverture à l'autre par le défaut de lui communiquer ses sentiments profonds et aussi à cause de la réticence viscérale de certains à s'engager plus avant dans une relation.

6. Une question de caprices ou d'incompatibilité ?

Même si certains voudraient que ce soit autrement, la vie de couple se passe au sein de la réalité humaine et ne comporte rien de magique. Ne jouissant pas d'une maturité suffisante, plusieurs ont été incapables d'anticiper le fait que leur couple n'aurait jamais dû se former. Dans tous ces cas, c'est finalement l'ampleur des problèmes psychologiques et celle des limites personnelles des partenaires qui ont contribué à ce que leur vie de couple soit un échec. Dans la plupart des cas, cependant, ce n'est souvent qu'après bien des années et souvent longtemps après que la séparation soit consommée qu'on a pu enfin comprendre vraiment les causes profondes de son divorce.

On entend plusieurs personnes bien intentionnées décrier le haut taux de divorce comme l'expression de comportements irresponsables. Selon nous, il ne faut pas conclure que tous les gens qui divorcent se retrouvent en situation d'échec matrimonial suite au simple élan capricieux et égoïste de l'un ou des deux partenaires. S'il y a des couples qui se séparent en coup de vent, pour des raisons saugrenues, quelques mois seulement après le mariage, une bonne

---

1. Le mouvement contraire de la « rencontre-association ».

partie des couples qui divorcent n'en viennent à cette solution extrême qu'après avoir tenté bien des efforts infructueux pour parvenir à s'entendre. Ce n'est bien souvent qu'après avoir accumulé une longue série de déconvenues, de frustrations et de vexations, rendant impossible toute rencontre éventuelle, que les conjoints ont dû se résoudre à mettre fin à une relation sans issue.

La présence de la meilleure volonté de réussir sa vie conjugale n'exclut pas l'éventualité de l'échec conjugal. On s'aime, on se choisit, on croit bien se connaître et on pense que tout ira pour le mieux, mais la vie de couple au quotidien force les gens à se montrer sous leur vrai visage. Comme résultat, on en vient à découvrir que son vis-à-vis (et parfois soi-même) n'est pas celui que l'on croyait. Plus question de faire semblant, la réalité inexorable des personnalités finit par percer au grand jour. On découvre alors qu'on a, en fait, de part et d'autre, des traits de caractère irréconciliables ou que l'un des partenaires démontre des troubles importants de la personnalité qui rendent impossible l'évolution positive de la relation. Peu à peu, on en arrive à un point où la vie de couple se détériore dangereusement et devient irrécupérable. Devant de telles constatations, s'offrent les choix de se taire jusqu'à s'étouffer, celui de se déconnecter émotivement de ce que l'on vit au quotidien, ou encore l'option de dire : « C'est assez ! » Le seul motif de ne pas vouloir décevoir l'entourage ou sa famille n'est pas une raison suffisante pour continuer une relation qui ne mène nulle part et risque de compromettre son intégrité personnelle.

Récupérer l'échec

Plusieurs, ayant vécu l'expérience d'un échec matrimonial, ont constaté que cet événement les avaient perturbés de façon importante et qu'il leur a fallu un certain temps avant qu'ils arrivent à se remettre de ce drame personnel. En effet, combien de divorcés n'arrivent pas, même après plusieurs années, à se faire une raison.

> À la suite de son divorce, Julie ne cessait de raconter son histoire à tous ceux qu'elle rencontrait. C'était pour elle un besoin impérieux, plus fort qu'elle. Ce qu'elle venait de vivre l'avait profondément perturbée et avait provoqué chez elle un trop-plein accablant qu'elle déversait

chez ceux qui passaient à proximité. Après quelques années, elle a fini par trouver un peu plus de sérénité, car elle avait enfin réussi à se faire une idée sur ce qui lui était arrivé et elle a pu digérer l'événement qui avait bouleversé sa vie. Suite à une conversation avec une amie qu'elle rencontrait pour la première fois depuis plusieurs années, elle a soudainement réalisé que même si elle parlait de ce drame durant le reste de sa vie, cela ne changerait rien à sa vie présente. Elle a donc décidé de passer à autre chose.

Plus souvent qu'autrement, les gens qui viennent de divorcer sont profondément bouleversés par cet événement. Pour certains, cet échec est un coup dur pour leur ego et parfois même pour leur santé. S'il y en a qui, n'ayant rien compris, continuent de souffrir durant des années, d'autres réalisent, après mûre réflexion, que ce divorce a été pour eux, dans les circonstances, un événement qui avait son bon côté. Avec le recul, ils comprennent qu'ils se sont libérés de la prison qu'était devenu leur mariage. Se libérer d'un partenaire incapable ou hypercontrôlant, profondément perturbé et parfois franchement hostile, peut s'avérer une bénédiction.

Cependant, tous ne profitent pas de la leçon. Encore sous le choc de la rupture, certains se sentent pressés de reprendre au plus vite une nouvelle relation. Combien de divorcés vont se lancer de nouveau, tête baissée, dans une union tout aussi problématique que celle qui vient de s'effondrer, en choisissant comme nouveau partenaire quelqu'un d'étrangement similaire à l'ex-partenaire.

7. Les couples infernaux

Si, entre adultes raisonnables, on dit qu'une séparation peut se faire tout en se respectant, il n'en est pas toujours ainsi, spécialement dans les cas où l'un des partenaires souffre de troubles de la personnalité. Quelquefois, le divorce devient une nécessité qui s'impose pour mettre fin à une situation inacceptable ; que ce soient les humiliations psychologiques, l'abus de pouvoir permanent, les abus d'alcool ou la consommation de drogue, tout comme l'atmosphère généralisée de violence, d'abus et d'agressions de tous genres. L'enfer sur terre auprès d'une personne détraquée et dangereuse ne peut faire l'objet d'aucun accommodement ; il faut que ça cesse et la seule façon d'en finir est de rompre toute relation et de s'éloigner.

Lorsque le divorce devient une guerre à finir...

Jeannine est partie. Elle a quitté mari et enfants pour aller vivre dans une autre ville. Elle est partie, mais en même temps, elle s'est ingéniée à demeurer présente, via le téléphone, à chaque fin de semaine et cela des années durant, tant et aussi longtemps que les enfants n'ont pas quitté la maison.

Pourquoi est-elle partie ? Son ex-mari n'a jamais obtenu d'elle une réponse sinon la phrase sibylline : « Il fallait que je parte ! » À la réflexion, ce départ exprimait la réalité de l'échec profond d'un couple dans lequel deux personnes essayaient, chacune à leur façon, de vivre ensemble sans jamais y parvenir. Amoureux romantiques au départ, ils n'avaient jamais atteint, comme couple, le lieu de la rencontre au quotidien. Leur vie s'était enlisée dans le monologue, le silence et l'incompréhension mutuelle. La réalité au jour le jour avait été la pierre d'achoppement du couple ; les enfants, la tenue de maison, les repas, tout cela semblait étranger aux ressources de Jeannine qui aimait le travail de bureau, les tâches précises qu'on lui confiait plutôt que de prendre soin des enfants et de voir aux nécessités domestiques. Cela, elle ne l'a compris qu'une fois plongée dans la réalité qui exigeait d'elle qu'elle soit épouse et mère. C'est cette réalité qui lui a révélé ses limites et a finalement eu raison de leur relation sans issue. Un jour elle annonce à Marcel : « Ce soir je pars ! » Le soir venu, elle appelle un taxi qui la conduit à la gare où elle prend le train pour Toronto. Surpris, ce dernier se retrouve malgré tout soulagé par ce départ, se sentant épuisé suite à ses nombreuses tentatives infructueuses de raccommoder une relation sans issue, las d'arriver le soir dans une maison où régnait le pire des fouillis et où jamais un repas n'était préparé.

Ne m'attends pas ! lui avait-elle recommandé, dans les premiers temps de leur séparation. Ce message pourtant clair n'annonçait pas la suite. Conscient de l'aspect irrémédiable de l'échec de son couple, Marcel s'interroge sur le pourquoi et le comment de cet échec. Amoureux peu réaliste, il avait cherché du connu et, après quelques mois, il a réalisé qu'il continuait de chercher du connu : c'est-à-dire des jeunes femmes ténébreuses et « mêlées », mal ficelées à l'intérieur, qui continuaient d'avoir sur lui un attrait certain. Après avoir essayé de reprendre une relation avec une femme du même genre, il comprend alors comment il pourrait, à brève échéance, se retrouver dans le même pétrin d'où il venait de sortir.

Les années passent et une amie de toujours lui présente une jeune femme dynamique, capable de partager la vie d'un père de trois enfants...

Jeannine était partie, elle lui avait dit son intention de ne pas revenir mais pas celle d'abandonner sa place ! En effet, dans les années qui vont suivre, elle va s'appliquer à torpiller la tentative de Marcel de refaire sa vie avec une nouvelle compagne. Utilisant les enfants à cet escient, elle s'efforce de décourager la candidate à prendre la place qu'elle avait abandonnée. Vingt ans après, rien n'a changé et elle s'efforce par tous les moyens imaginables de tenir le pied dans la porte, en faisant jouer son influence dans l'environnement de son ex-mari. Son incapacité d'aimer s'est transformée en rancœur et en désir de vengeance. La persistance et l'acharnement de Jeannine à miner la réputation de Marcel et de sa nouvelle conjointe auprès de ses enfants a finalement produit ses effets. «Vous savez, votre père, il est tellement obtus... et il n'a rien compris ! »

Ce qu'on relève ici, c'est la présence chez Jeannine de traits paranoïdes qui l'ont poussée de façon subtile et efficace dans son entreprise d'aliénation parentale aux dépens de Marcel qui, après avoir mené ses enfants à l'université et à l'âge adulte, se retrouve désormais en conflit avec eux. Même si ces accusations étaient inexactes et men- songères, ces histoires répétées, année après année, ont fini par devenir crédibles et à porter fruit. Jeannine voulait partir mais elle voulait ne rien laisser derrière elle.

Chapitre XIV

ET MAINTENANT ?

LORSQUE LES CONJOINTS constatent que rien ne va plus et que leur relation de couple ne rencontre plus leurs attentes, ils en viennent à remettre en question cette relation.

Il peut s'agir de diverses raisons comme :

- la « découverte » que l'un des partenaires n'a pas la fibre conjugale ;
- qu'il n'a rien d'autre à offrir que des discours ennuyants ;
- qu'il est d'un mutisme accablant ;
- que le bilan de leurs années de vie de couple leur font réaliser qu'elle n'a rien apporté de très positif, car ils n'ont fait que piétiner dans une vie médiocre où il n'y avait pratiquement rien à partager ;
- qu'on fait l'expérience d'une remise en question sur le sens de son existence et sur ce que l'on désire vraiment vivre.

1. Quand je me regarde, je me désole !
Quand je me compare, je me console !

De nos jours, les attentes vis-à-vis des promesses de bonheur de la vie de couple sont plus grandes qu'elles ne l'ont jamais été. L'échec relationnel est alors d'autant plus cuisant et, dans la mesure de l'ampleur de la déception de ses attentes, il pourra provoquer des troubles psychologiques sérieux chez les partenaires.

Plusieurs unions battent de l'aile parce qu'elles n'incluaient pas au départ les ingrédients essentiels à leur réussite. En effet, certains individus se découvrent avoir des personnalités flouées dont les limites ressemblent à celles d'une automobile qui n'aurait pas dans sa transmission d'engrenage pour reculer. Dans de tels cas, ce qui devait arriver arrivera et le cul-de-sac rencontré sera le terminus de la relation.

D'autre part, lorsque la mésentente s'installe au sein du couple, elle mène au désengagement progressif des partenaires. Cela se traduit d'abord, de façon imperceptible, par l'accroissement de la distance interpersonnelle qui grandit proportionnellement à la disparition du sentiment amoureux. De plus, lorsque les rancunes s'accumulent, elles se transforment peu à peu en hostilité et, avec le temps, la relation devient irrémédiablement compromise.

Dans la plupart des cas, on ne réalise ce fait que lorsque l'amour a depuis longtemps cédé la place à l'indifférence et éventuellement au mépris. En effet, plusieurs couples ne commencent à s'interroger là-dessus qu'au moment où ils prennent conscience que leur relation est effectivement terminée depuis déjà un bon moment, même si elle se poursuivait, en apparence, sur son air d'aller. Ils découvrent alors que ce qui les avait réunis s'est évanoui. Ils prennent conscience qu'entre eux, la confiance mutuelle est inexistante, que depuis longtemps l'affection s'est transformée en ressentiment et qu'ils étouffent dans une vie conjugale où plus rien ne peut plus être conjugué !

2. Les attitudes contre-productrices

a) Se comparer

Qui sait ce qui cuit dans la marmite du voisin ? Se comparer aux autres tient à une illusion : celle qu'on a autrefois enseignée à l'école et que certains parents ont citée en exemple à leurs enfants et qui affirme que pour réussir quelque chose d'important, chaque être humain se doit d'être en compétition avec les autres ; être le meilleur, c'était alors primordial !

Est-ce que gagner le concours du mari le plus amoureux de tous les maris ou celui de la plus épanouie de toutes les épouses sont des propositions sensées ? Comparer des données objectives va de soi, mais plus on s'éloigne de ce qui est objectivable, moins cet exercice a du sens parce qu'il ignore les paramètres de la réalité humaine.

Finalement, on découvre qu'il est illusoire de chercher le modèle idéal : « Ils formaient un si beau couple ! » Ce commentaire, on l'a déjà dit du couple de meurtriers Bernardo-Homulka !

b) Ressasser le passé

En tout temps, repêcher dans son répertoire personnel des histoires survenues il y a une dizaine ou une vingtaine d'années n'est pas rentable. Revenir en arrière peut s'avérer nécessaire pour clarifier certains sentiments et liquider des hypothèques, cependant, cette recherche dans le temps ne va pas sans risques : les vieux contentieux conjugaux contiennent de la dynamite capable de faire éclater le couple. Le problème rattaché à ces retours en arrière est toujours celui de l'établissement des faits. Il est déjà difficile d'établir les faits concernant des incidents récents, tant les versions individuelles peuvent différer ; qu'en est-il alors des faits lointains pour lesquels la mémoire n'a retenu (et aussi biaisé) que les aspects les plus saillants ?

c) Changer l'autre ?

« Je vais le changer : il prend un coup mais, parce qu'il m'aime, il va arrêter de boire ! » Cette illusion durable se retrouve, de génération en génération, sur les lèvres de personnes naïves qui s'embarquent dans des galères conjugales avec des individus très en deçà de ce qu'elles pourraient souhaiter avoir comme compagnon. Qu'à cela ne tienne, on va tenter l'aventure : « Ça arrive qu'il y en a qui changent... »

L'expérience de la réalité nous apprend que seule la personne en cause peut entreprendre de changer certains aspects de son comportement si elle le désire vraiment. Mais pour vouloir changer, il faut qu'il y ait dans la vie de cette personne des motifs péremptoires qui l'incitent à désirer le changement. Un des principaux impératifs est l'insatisfaction bien sentie qui provoque inconfort et malaise rendant impossible la continuation du mode de vie actuel.

d) Avoir peur de « la » ou de « le » perdre !

«Je ne veux pas la perdre!» C'est le cri du cœur de l'amoureux éperdu qui se dit prêt à tout pour conserver l'affection de sa conquête. « Je ne veux pas le perdre!» disait la jeune femme qui allait vérifier si son mari lui avait dit la vérité quand il lui disait qu'il allait travailler...

> Francine était reconnue pour être une femme enjôleuse qui aimait plaire et faisait tout ce qu'il fallait pour avoir des soupirants que, une fois conquis, elle finissait toujours par laisser tomber. Un jour, elle s'est mariée avec un homme plus âgé qu'elle. De l'avis de tous, elle n'avait rien à craindre de son mari qui était un homme sérieux et fidèle. Mais cela n'empêchait pas Francine d'aller régulièrement vérifier si son mari s'était bien rendu à la réunion où il disait être allé. Se rappelant sa propre expérience, elle est très craintive du pouvoir de séduction des autres femmes et paniquait devant l'éventualité qu'une autre fasse à son tour le coup de la séduction à son mari. Elle ne pouvait donc résister à la tentation de téléphoner ou d'aller en personne s'assurer qu'il lui avait bien dit la vérité.

Mais alors, quel est le prix à payer pour un tel manque de confiance? Le couple ne peut tenir que si les deux partenaires y tiennent également. Si le couple n'est l'affaire que de l'un des partenaires et que la confiance n'y est pas, ses chances de durer sont d'autant diminuées, sinon réduites à néant.

3. Les capacités relationnelles

Les capacités relationnelles varient grandement d'une personne à l'autre. Si on établissait un registre des capacités et des limites des gens pour entrer en relation, on retrouverait, à une extrémité, l'incapacité totale d'intégration sociale de l'autistique et, à l'autre extrémité, des personnes comme l'extraverti prosocial qui démontre le maximum d'habiletés pour vivre en société.

Vivre avec les autres ne représente pas le même défi pour tout le monde. Pour certains, les transactions avec les autres sont faciles et agréables. Pour d'autres, la vie en société est une obligation qui devient rapidement une source de frustrations et de stress. Enfin, il

y a ceux qui ne parviennent pas à s'y adapter n'ayant pas les ressources pour composer avec les tensions qu'ils vivent au quotidien,
ils se voient obligés de se réfugier dans un ailleurs. Leur sensibilité
exacerbée les vulnérabilise au point qu'ils deviennent incapables
d'endurer le moindre commentaire les mettant en cause.

La timidité (avoir le trac devant l'autre)

La timidité présente, chez ceux qui en souffrent, différents degrés
d'intensité. Il y a le cas des individus très «insécures», qui se retrouvent facilement en proie à des frayeurs devant l'inconnu que représentent les relations sociales. Affligés d'une timidité extrême, ils sont
absolument paralysés en société et le contact avec les autres demeure,
en tout temps, pénible et problématique, ce qui fait d'eux de véritables handicapés sur le plan relationnel. Pour ces derniers, la possibilité de vivre confortablement et durablement une relation intime
soutenue est impensable.

S'il y en a qui sont pratiquement paralysés par leur timidité,
d'autres démontrent être provisoirement affectés par une timidité
circonstancielle, à la façon de l'artiste qui hésite un instant avant de
se lancer sur la scène.

> Comme tous les autres élèves de sa classe l'avaient fait tour à tour,
> Philippe devait lui aussi parler devant la classe. Pour ce faire, il s'était
> résolu à lire un texte préparé à l'avance sur un sujet d'intérêt général.
> Durant tout le temps de sa lecture, ses larmes n'ont cessé de couler. Ce
> n'était sûrement pas l'émotion suscitée par le contenu du texte qui
> provoquait ses larmes mais bien le stress de parler devant le groupe. Si
> la timidité ne le paralysait pas, elle l'embarrassait sérieusement.

Certains se disent réservés. Si cette réserve représente la partie
visible de l'iceberg que sont les problèmes vécus par ces personnes,
on peut se demander si cette réserve ne constitue pas plutôt un
handicap les empêchant de s'exprimer lorsqu'ils ont quelque chose à
dire, ce qui réduit leurs relations sociales à leur plus simple expression. Souvent, ce qu'on dit être une attitude réservée est associée au
comportement de l'introverti et elle est une forme de timidité. Il ne
faut pas confondre cette timidité avec la réserve qui est un trait de
personnalité qui n'a pas de rapport avec la difficulté de transiger avec

les autres. La réserve est dans ce cas une forme de modération dans l'expression de ses sentiments et de ses émotions.

Dans le cas du timide, la rencontre amoureuse est souvent problématique, étant donné son incapacité d'aller vers les autres. Combien de fois a-t-on entendu dire d'un garçon timide qu'il avait fréquenté et épousé une fille qui avait fait les premiers pas.

L'émotivité refoulée du timide entraîne souvent de grandes souffrances personnelles. Dans sa vie de couple, le timide démontre de la rigidité transactionnelle et des réactions inappropriées et, lorsque surviendra un incident avec son partenaire, il prendra rapidement ses distances et les réinstallera à chaque fois que surgiront des tensions dans son couple.

L'incompétent social (le casse-pieds)

Souvent associée à une forme de timidité et d'immaturité, le manque de compétence sociale entraîne cette forme de gaucherie que l'on rencontre chez des gens pleins de bonne volonté mais qui se révèlent être foncièrement inadéquats dans leurs attitudes envers les autres. Dans un groupe, ils détonnent ; sans trop s'en rendre compte, ils parlent trop, trop fort, à contretemps et ils attirent sur eux, bien involontairement, l'attention de tous. Souvent motivés à faire tout leur possible pour aider les autres, ils se proposent, sans y être invités, d'apporter la solution à n'importe quel problème. Donnant leur avis à tout propos, ils se révèlent être de vrais casse-pieds. Ne saisissant pas toujours très bien ce qui se passe, ces personnes n'hésitent pas à s'engager dans de multiples initiatives malencontreuses ayant pour but de régler les difficultés de leurs proches. Ce genre d'initiatives contribuent à ce que ces gens deviennent, bien involontairement, la cause de conflits dans leur milieu. Soit par inattention, soit à cause de l'incapacité de lire les messages implicites ou explicites qu'ils reçoivent ou parce qu'ils les décodent de travers, elles continuent à semer autour d'eux la pagaille et le désordre. Même si elles sont bien intentionnées, ces personnes échouent inévitablement auprès des autres, car on ne comprend pas le sens ni le bien-fondé de leurs interventions inopportunes. Le résultat est manifeste, elles se font écarter par les autres parce qu'elles encombrent et détonnent en société. Paradoxalement, dans leur vie de couple, plusieurs de ces personnages se montrent souvent inattentifs à leur partenaire, et ils fonctionnent à la façon d'enfants gâtés à qui tout est dû.

Issu la plupart du temps d'un milieu familial fermé, l'incompétent social a souvent été au départ un enfant mal affectionné qui a aussi raté l'occasion de faire, en temps opportun, son insertion sociale. Trahissant sa gaucherie sociale, son manque de savoir-faire a été vite repéré par le groupe de pairs qui l'a rejeté parce qu'il n'affichait pas les habiletés requises pour s'intégrer au groupe.

Le performant social

Enfin, il y a le cas de l'extraverti prosocial. S'intégrant rapidement au groupe en toutes circonstances, il correspond, par exemple, à cet enfant qui, dès son entrée à la maternelle, peut décrire avec intelligence et justesse les autres élèves de sa classe. Pour ce dernier, l'intégration sociale se fait d'emblée et c'est lui qui va facilement prendre le leadership de la classe, des jeux et des autres activités dans la cour d'école. Arrivé à la vie adulte, il capte facilement l'attention des autres et, dans un groupe, on se tourne spontanément vers lui pour faire l'animation.

Dans sa vie de couple, s'il sait s'associer à un partenaire avec qui il peut progresser, il pourra aller loin dans la réussite sociale et personnelle. Cependant, on retrouve chez certaines de ces personnes la mentalité du saint-bernard qui les porte à confondre amour et pitié et les font s'attacher à un partenaire qui ne fait pas le poids et qu'elles devront supporter et remorquer toute leur vie.

LE PARTENAIRE OU LE CANDIDAT IDÉAL

Inutile de chercher le candidat ou la candidate idéale, ils n'existent pas. Tous, qui que nous soyons, avons quelque part un cadavre dans un placard. Personne n'est parfait et même celui ou celle qui croit avoir toutes les qualités requises reconnaîtra vite ses limites et ses «bibites», s'il apprend à se connaître. Il pourra repérer ensuite le plancher et le plafond de ses capacités. L'expérience enseigne que les meilleures qualités, sur papier, ne résistent pas toujours à l'expérience de la vie quotidienne et il y a de piètres candidats en apparence qui se révèlent avoir des qualités cachées qui feront toute la différence et vice versa.

Se combinant à sa capacité d'aimer, les qualités essentielles d'un candidat à la vie de couple sont d'abord celles d'être armé de bonne volonté et capable de faire une vraie place à l'autre ; ces deux éléments étant la clé permettant l'interaction ouverte dans un couple fonctionnel. Le bon candidat pour la vie matrimoniale est aussi celui qui est libre d'attaches psychologiques et prêt à s'engager de façon authentique parce qu'il est sincère et capable de persévérer malgré les obstacles. Il dispose enfin, de toute évidence, d'un bon équilibre personnel et, dans la vie, il se révèle être capable d'aller de l'avant.

Par contre, il faut prendre au sérieux les carences manifestes des individus centrés sur eux-mêmes, que ces derniers soient arrogants, ignorants et mesquins, quand ils ne sont pas aussi possessifs et jaloux. Lorsqu'on rencontre chez un partenaire potentiel ce genre de défauts, on devrait s'éloigner et, si la relation est déjà engagée, il faudrait alors la remettre en question.

Il y a aussi le cas de ceux qui ne sont pas vraiment libres de s'engager, car ils sont toujours attachés ailleurs, que ce soit par un amour antérieur ou encore par l'amour de la bouteille ou du travail, qui est vécu alors comme une obsession dévorante. Pour réussir à établir une relation durable, on doit mettre résolument de côté la curiosité morbide et l'aventure téméraire et éviter de s'approcher de ceux qui démontrent avoir des défauts rédhibitoires. On peut citer par exemple le mutisme de l'individu non liant (qu'on devrait respecter et laisser tranquille là où il est) ou la fabulation et le mensonge de celui qui prétend être ce qu'il n'est pas et dit n'importe quoi, déroutant ainsi tous ceux qui le rencontrent.

4. Savoir prévenir plutôt que...

Il paraît évident qu'être à l'écoute de soi, tout comme de ce qui se passe dans la relation avec son partenaire, peut contribuer à prévenir les mauvaises surprises. Combien de gens ne savent pas vraiment ce que vit leur partenaire et combien d'autres ne s'intéressent que très peu à ce qui arrive dans la vie de leur conjoint. En effet, plusieurs couples se leurrent sur ce qu'il y a vraiment entre eux. On entend des phrases rassurantes comme : « Nous, on se respecte ! Jamais nous n'avons de disputes et si, par malheur, on laisse échapper un mot pas gentil, jamais on ne s'endort sans s'être réconciliés... » Si ces derniers pouvaient s'observer et se voir aller, ils découvriraient en fait qu'il n'y a pas de véritable dialogue entre eux et que les mots échappés révèlent la présence d'un trop plein qui s'apprête à déborder... Souvent les mots peuvent trahir les faits ; ainsi le « respect » tant vanté peut parfois cacher le mépris quand on ne réussit pas à faire de place à l'estime véritable de soi et de l'autre, dans sa relation de couple. D'autres affirment s'adorer ; mais lorsque l'on insiste pour en savoir plus, ils avouent douter que ce sentiment soit vraiment adapté pour décrire ce qui se passe dans leur relation de couple.

Enfin, au chapitre de la prévention, il y a aussi celle de prendre la précaution d'anticiper et de fuir les occasions pouvant éventuellement mener aux aventures extra-maritales. Si on n'est pas vigilant ni réaliste, on oublie que les émotions partagées peuvent rapidement se transformer en sentiments vécus. C'est ainsi que lorsque l'on échange des confidences dans un tête à tête imprévu mais opportun, ces confidences peuvent facilement être suivies de gestes engageants qui vont entraîner l'aventure extra-maritale. Ces dalots glissants sont dangereux pour celui qui s'y engage. On l'a déjà dit : « Mieux vaut prévenir que guérir ! » Prévenir, c'est essentiellement voir venir ce qui va suivre si on poursuit sa route dans la direction engagée. Ces rencontres fortuites sont des occasions à éviter, mais les téméraires qui choisissent d'oublier momentanément la réalité risquent ensuite de se retrouver dans des situations inextricables.

5. L'amour, un sentiment qui va de soi ?

Peut-on apprendre à aimer ? Peut-on aimer quand on n'a pas le sentiment de l'avoir été ? La relation amoureuse est-elle une réalité de tous les temps ?

L'amour est depuis toujours l'un des mots les plus galvaudés : s'il y a l'amour mutuel, fidèle et compréhensif, il y a aussi l'amour niais, genre bleuette, et l'amour candide et innocent. Alors comment prendre au sérieux de telles émotions ? Pourtant, si l'amour est le plus fort de tous les sentiments, il demeure un mystère hors de portée pour les gens incapables d'intimité.

a) Les différents niveaux de la capacité d'être

Ce qui fait la différence parmi les diverses sortes de sentiments amoureux, c'est la présence de la capacité, innée ou acquise, de présence et d'ouverture aux autres, cette capacité variant grandement d'une personne à l'autre. Pour quelques personnes, conserver un équilibre précaire est déjà difficile parce qu'il y a chez elles une incapacité foncière d'être avec les autres qui limite leur évolution personnelle. Cette incapacité peut être la conséquence de la présence de conflits personnels non liquidés, de l'absence de maturité ou de la présence de la maladie mentale. La capacité d'être présent aux autres se traduit aussi dans la qualité de l'intimité que la personne entretient avec elle-même.

À la capacité d'être, on peut associer l'accès à l'autonomie personnelle. Plusieurs démontrent être aux prises avec une forme de dépendance plus ou moins envahissante qui réduit grandement leur capacité de jouir de la liberté d'aimer les autres de façon authentique.

Une mascarade trompeuse

On perçoit à l'occasion une capacité apparente d'aimer chez des personnes qui laissent croire qu'elles pensent aux autres alors qu'elles ne font que subtilement les manipuler pour obtenir leur attention. Il ne faut pas s'y méprendre et leur mise en scène ne sert qu'à dissimuler leur incapacité d'être vraiment présentes aux autres.

Parfois le hasard fait bien les choses

Même si dans la vie on n'avance pas toujours par hasard, il survient parfois des hasards qui nous font avancer. En toutes occasions, ce qui fait évoluer et changer les personnes et leur couple, c'est la prise de conscience de ce qu'elles sont. Un événement, associé à l'ouverture d'esprit suscitée par les interactions positives, peut contribuer à ce que les personnes reconnaissent franchement leurs défauts et détectent leurs limites, ce qui en retour leur permet d'améliorer leur relation.

b) Apprendre à aimer : l'expérience des siècles

Aimer l'autre gratuitement en l'acceptant pour ce qu'il est ne va pas de soi et, durant des millénaires, l'humanité a vécu dans la totale ignorance de ce sentiment qui, même aujourd'hui, est encore vu par plusieurs comme un aveu de faiblesse méprisable. L'amour relationnel est au cœur de notre héritage judéo-chrétien mais cela est loin d'être pour tous une évidence. Cet héritage est méconnu, parce que durant près de deux mille ans l'Église catholique a adopté une pensée théologique inspirée de la philosophie grecque qui faisait de la procréation le seul et vrai but du mariage, ignorant alors l'importance de l'amour relationnel que l'on retrouve dans la Bible. L'Alliance du Sinaï est unique dans le monde ancien. Ce Dieu qui refuse qu'on Le nomme entreprend, par la voix des prophètes d'Israël, de partager avec les hommes une relation gratuite. Cela constitue un phénomène inouï et inédit dans le contexte de l'Antiquité. L'essence du message de la Bible, c'était d'apprendre à aimer l'autre à des gens qui vivaient sous la loi de la Vengeance. Cette loi sera remplacée par celle du Talion qui disait : « Œil pour œil, dent pour dent » ce qui réduisait la durée de la première puisque la vengeance pouvait s'exercer sur plusieurs générations. De même, pour la personne d'aujourd'hui, apprendre à aimer est le sens même de la vie qui mène quelque part, et c'est le témoignage reçu de l'amour relationnel qui permet l'éventuelle découverte du sens profond de l'amour mutuel qui rend la vie à deux durable et gratifiante.

c) Mieux vaut tard que jamais

Jason est né avec un cuillère d'argent dans la bouche. Son père, le p.d.g. d'une grosse entreprise, lui a procuré l'essentiel et aussi tout le superflu qu'il rêvait d'avoir. À l'image de Jos Kennedy (le père du président John F. Kennedy), ce dernier a incité son fils à profiter de la vie sans restrictions et à ne pas hésiter pour s'envoyer en l'air avec toutes les filles qui lui plaisaient.

Marié dans la vingtaine à la plus belle fille de l'école, cela ne l'a pas empêché d'avoir de multiples aventures avec tout ce que le sexe opposé avait à lui offrir. Mariage, enfants, famille, tout cela faisait piètre figure devant les inconséquences de cet adolescent attardé.

Malgré cela son mariage a survécu, on ne sait trop comment, aux infidélités multiples, connues de tous. S'est ajouté à cela la maladie et la mort de l'un de ses enfants. Le voilà à la veille de la soixantaine, assagi enfin et plus heureux. Cela se voit surtout dans son rôle de grand-père auquel il s'adonne avec plaisir, le dimanche, lorsqu'il fait une marche avec ses petits-enfants. Ce sentiment nouveau contribue à le rendre plus attentif à son épouse qui l'a enduré toutes ces années. Atteindre la maturité d'un adulte responsable fut pour lui un long chemin tortueux. Mieux vaut tard que jamais !

6. Pardonner : quand, comment, pourquoi ?

Dans la vie à deux, des accrochages et des dérapages risquent de survenir. L'amour de l'autre rend possible le pardon qu'on accorde à celui qui le demande sincèrement.

Cependant, pardonner signifie-t-il accorder indifféremment son pardon à celui qui ne le demande pas et qui ne reconnaît pas avoir mal agi ? Que signifierait le pardon qu'on accorderait dans de telles circonstances ? Ne serait-ce pas nier les torts qu'on a subis ou les rendre insignifiants ? Accorder son pardon sans qu'on nous le demande, ne serait-ce pas nier le sens même de pardonner ? Par exemple, lorsqu'une personne violentée dit pardonner à un agresseur qui continue à la menacer, on peut alors se demander si elle pose un geste qui contribue vraiment à réparer le mal qui lui a été fait ou si elle n'adopte pas plutôt une forme maladive de dénégation de ce qu'elle a subi. Aimer son prochain ne signifie pas aimer le mal qu'il cause ni les actes répréhensibles qui peuvent nous détruire.

Le pardon est un geste essentiel nécessaire aux relations humaines ; cependant, nous croyons qu'il ne doit pas devenir un acte automatique ne traduisant qu'une attitude de dépit, de silence ou de démission devant l'injustice. L'expérience personnelle du père Évode Beaucamp[1], spécialiste en exégèse biblique, apporte un nouvel éclairage sur cette question : « On s'imagine que pour pardonner, il faut accepter le mal dont on a été victime. (...) Pourtant si je laisse tout passer, je ne pardonne rien. Pour pardonner il faut ressentir, et

---

1. Entrevue : Évode Beaucamp, *Revue Notre-Dame*, avril 1980, p. 16-26 s.

parfois durement, le mal qu'on m'a fait. Ensuite il faut bien remarquer que celui qui est en faute doit demander pardon. Disons que quelqu'un me vole. Si je fais comme s'il n'avait pas volé, si je prétends lui pardonner avant même qu'il manifeste du repentir, je me fais complice de son vol et je l'invite à recommencer. (...) Je n'ai pas à accepter le mal dont je suis victime. (...) Au fond, le pardon qui ne change rien, c'est le pardon du brave homme qui accepte tout, même l'inacceptable. »

7. Tester l'élasticité du sentiment amoureux

a) Les difficultés d'adaptation

S'il se trouve des personnes qui disposent d'une grande capacité pour composer avec les déconvenues amoureuses, plusieurs démontrent une grande fragilité devant ce qu'elles estiment être des gestes, des phrases ou des attitudes blessantes de la part de leur partenaire. Pour ces dernières, le conjoint doit toujours se montrer à la hauteur de ce qu'elles attendent, sinon c'est la tempête. Dans tous les cas, l'adaptation à l'autre demeure un obstacle majeur qui risque d'enrayer le processus relationnel. S'adapter à l'autre n'est pas, en effet, un objectif univoque. Ne pas s'adapter, c'est s'aliéner auprès des autres en vivant isolé dans son propre univers intérieur. D'autre part, il y a ceux qui s'adaptent trop facilement en oubliant le respect de leur spécificité propre. *S'adapter est nécessaire mais trop s'adapter, c'est se livrer à l'esclavage de la conformité*[2].

b) La difficulté de s'adapter à la réalité

Il existe en effet des gens qui sont mal outillés pour pouvoir s'épanouir : ce qui leur manque, c'est la capacité de s'adapter aux changements. Le phénomène du changement concerne tout le monde, et ceux qui le refusent ou ceux qui pensent pouvoir s'en exempter vont souffrir et aussi faire souffrir leur entourage.

Ce qui rend apte à fonctionner et à réussir au quotidien, c'est la capacité que l'on a de composer avec la réalité. L'élément essentiel

---

2. *Cf.* Emmanuel MOUNIER *in Le personnalisme*, Paris, PUF, p. 29.

pour la réussite de la vie à deux est la capacité d'engager et de maintenir un dialogue constructif avec son partenaire dans le cadre de la réalité. Si ces éléments sont manquants chez l'un des conjoints, l'autre devra s'armer de patience et d'abnégation ou, s'il le faut, devra envisager de mettre un terme à la relation, s'il constate qu'elle ne contient pratiquement pas d'éléments récupérables.

Il ne faut pas cependant sombrer dans la dramatisation à outrance, la plupart des personnes de bonne foi possèdent au moins quelques éléments gagnants pour pouvoir s'en sortir.

Claude est notaire depuis vingt ans et son cabinet lui rapporte un revenu substantiel. Avec tout cet argent, il aurait de quoi mener une vie confortable, faire des voyages, se payer une belle maison...

Mais voilà, Claude est un radin. Denise, son épouse, travaille comme secrétaire et les deux ont convenu, malgré l'écart de revenus, de partager 50-50 les dépenses de la vie du ménage. La calculette est toujours à portée de la main et on s'en sert tous les jours. Quand Claude était jeune, il s'est fait répéter par ses parents qu'ils étaient pauvres, ou plutôt qu'il valait mieux de se dire pauvre, même s'ils ne manquaient de rien, habitaient une maison spacieuse, passaient tous leurs étés en villégiature... À la longue, Claude a fini par croire à cette version familiale officielle qui semblait avoir été énoncée pour conjurer un mauvais sort qui aurait pu les appauvrir. Pour sa part, Denise avait vécu dans la vraie pauvreté, ayant des parents qui agissaient comme si rien ne leur manquait, alors qu'à toutes les fins de mois, ils devaient quémander le nécessaire à leur entourage. Un telle situation précaire n'avait rien de décourageant pour eux et cela ne les empêchait pas de se payer des vacances, avec l'argent des autres, argent qu'ils ne remettaient ensuite qu'au compte-gouttes.

En acceptant de faire vie commune avec Claude, Denise savait quelle sorte d'individu stressé il était. En fait, les idiosyncrasies pécuniaires de Claude ont toujours fini par la faire sourire. Combien de précautions peut-il prendre avant de décider de s'acheter une voiture, une maison ou des appareils domestiques ! C'est seulement après des heures à la bibliothèque municipale passées à consulter le *Protégez-Vous* et le *Consumers Report*, après plusieurs visites dans les magasins à discuter avec les vendeurs, qu'il est enfin mûr pour passer aux actes ! Pour lire les journaux, c'est plus simple et économique de récupérer ceux de la veille chez le voisin ! Un tel comportement aurait de quoi user les nerfs d'une statue de marbre ! La vie à deux avec Claude avait en effet tout pour irriter la femme la plus tolérante, mais Denise s'en est toujours accommodée, comme elle s'était accommodée dans le passé du mode de vie précaire de ses parents.

Leur vie de couple ne gagne rien à ce manège, mais au départ les attentes des partenaires étaient minimales. Claude était bardé de réticences devant la perspective de la vie à deux et Denise avait déjà acquis des habitudes de vieille fille et se sentait bien ainsi. Dans de telles conditions, qui promettaient si peu de gratifications, on se demande comment et pourquoi ces derniers ont franchi le pas pour s'embarquer dans la vie de couple qui n'avait à leurs yeux rien de bien enchanteur et il semblait à plusieurs qu'ils ne s'astreignaient qu'à un exercice frustrant.

La sécurité financière étant assurée, avec le temps, Claude est devenu moins stressé et un peu moins inquiet du lendemain et des catastrophes imminentes. Un jour, alors qu'ils ne s'y attendaient pas, Denise apprend qu'elle est enceinte. Enfant surprotégé par une mère possessive, Claude ne croyait pas avoir l'étoffe d'un père... Après quelques mois d'agitation, d'insomnie et de menaces de poursuites contre le fabriquant de stérilet, il s'est peu à peu calmé dans les mois qui ont suivi la naissance de son garçon et il s'est fait à l'idée d'être père. Quelques années plus tard, il s'est dit transformé par cette aventure involontaire qu'il redoutait et refusait. En effet, quelques années après la naissance de son fils, il s'est mis à souhaiter avoir un autre enfant. D'accord avec son épouse qui accueillait volontiers une deuxième grossesse, ils eurent une fille, cette dernière réalisant alors leurs vœux les plus secrets, car tous les deux, sans se l'avoir dit, souhaitaient avoir une fille !

Le fait de réussir ce qu'ils n'avaient pas espéré les a comblés. En tant que couple, ils ne sont pas très intimes, mais le climat relationnel est plus agréable et même presque serein. Pour l'argent, c'est différent, car pour Claude, il n'y a rien de trop beau pour ses enfants, Denise devant intervenir pour qu'il n'exagère pas sur les dépenses !

c) Vivre ici, maintenant

Devant une situation nouvelle, il arrive souvent que le tempérament et l'éducation dictent la façon de faire, sans qu'on ait le temps de réfléchir à ce qui va suivre ni aux conséquences que nos propos vont susciter.

En effet, l'automatisme de nos réactions peut quelquefois surprendre tellement il est spontané. À ce moment-là, on ne tient aucun compte des sentiments de ceux qui sont eux aussi impliqués dans l'événement. Surpris et ébranlé par une situation nouvelle ou un événement inattendu, on rabâche volontiers ses vérités préfa-briquées, ses préjugés, ses craintes et ses peurs, sans se préoccuper de l'impact de ces propos sur l'autre. Si on était conscient de l'impor-tance de vivre « ici maintenant », on serait plus facilement à l'écoute de l'autre et on réaliserait l'impertinence et l'inutilité de répéter, comme par réflexe, des phrases toutes faites d'avance. Combien de fois, dans ses relations avec les autres, n'a-t-on traité que de l'item inscrit à son agenda personnel tout en ignorant son interlocuteur ?

> Jules est un conducteur chevronné. Durant trente ans, son travail de représentant commercial l'a amené à sillonner la plupart des routes du pays. Ce n'est pas le cas de son épouse Martine qui vient justement de s'acheter une auto neuve et espère pouvoir l'utiliser pour visiter ses amies qui demeurent à plus de 100 km de chez elle. Même si elle conduit depuis très longtemps, elle n'a pas l'expérience de conduire sur l'autoroute, car Jules aime prendre le volant lorsqu'ils font des voyages ensemble. Mais voilà, l'achat de cette voiture l'a poussée à modifier ses habitudes, elle veut pouvoir conduire sur la grande route sans devoir se fier à Jules. C'est ainsi qu'à chaque fois qu'ils entreprennent un long voyage, c'est Martine qui prend le volant. Cependant, l'expérience n'est pas agréable pour elle, car Jules se montre très critique de sa façon de conduire. Homme d'un naturel avenant, il se montre généralement aimable sauf lorsqu'il se transforme en professeur pointilleux. Après un temps, Martine finit par s'impatienter et lui dit que cette manière qu'il a de la reprendre est très négative et elle lui commande de se taire. Jules réalise alors que ses propos n'avaient rien de bien utile pour aider son épouse à acquérir de l'assurance au volant. En fait, c'était ce même manque d'assurance qui l'insécurisait et le rendait si nerveux.

Vivre ici maintenant c'est prendre conscience que la vie file et qu'on devrait tout faire pour en profiter plutôt que s'égarer à rabâ-cher des rengaines qui n'intéressent personne.

d) S'habituer à quelqu'un ou s'ajuster à lui ?

S'ajuster à l'autre, c'est apprendre à se connaître mutuellement en s'exerçant à reconnaître chez soi et chez son conjoint les forces et les faiblesses. S'imaginer que l'ajustement à l'autre pourrait être acquis une fois pour toutes, c'est oublier que l'ajustement permanent, s'il existait, ne serait que l'expression d'une autre routine sclérosant la relation interpersonnelle. S'ajuster l'un à l'autre est essentiellement un processus dynamique qui connaîtra éventuellement des hauts et des bas, car il est directement branché sur le vécu quotidien. L'amour conjugal qui n'est devenu qu'une habitude n'est plus vivant.

Quand s'habituer à son partenaire devient un exercice d'endurance et de résignation exigeant qu'on se « fasse une raison », cela ne peut qu'évacuer peu à peu toutes jouissances d'être en sa compagnie. Dans de telles conditions, l'adaptation élimine la mutualité de l'expérience de vivre à deux.

e) Pouvoir se défaire du passé

Ceux qui reconnaissent avoir été peu affectionnés dans leur enfance savent que l'affection ne se transmet pas sans marque extérieure de tendresse. Ceux qui ont été élevés dans une atmosphère de froideur affective ou de disputes et de remontrances continuelles doivent se rappeler qu'ils auront tendance à reproduire un tel comportement dans leur relation avec leur partenaire. Ce n'est que par une vigilance continuelle qu'ils pourront se défaire de ces traits appartenant aux cercles vicieux de l'éducation reçue par un trop grand nombre de gens.

f) Vive la différence !

À un certain moment de la vie, certains couples arrivent à se dire : « Ça ne marche pas, on est trop différents ! » Ces différences constituant à leurs yeux un obstacle à leur rencontre. D'autre part, des phrases comme : « On est fait l'un pour l'autre ! » ou « Il existe quelque part sur terre quelqu'un qui est fait juste pour moi ! » contribuent à entretenir l'illusion romantique de la rencontre idéale et alors, on désespère de son couple quand surgissent les différends.

Pour le conformiste, la différence avec l'autre souligne l'étrangeté irréconciliable entre les partenaires et elle est à coup sûr un obstacle de taille. Mais vue d'une autre façon, la différence, c'est aussi la possibilité d'élargir sa vision personnelle en partageant des réalités qui étaient étrangères à l'un et familières à l'autre. Le partage qui s'accomplit alors réduit la distance entre les partenaires et rajoute à leur complicité et à la spécificité de leur couple. La différence qui existe entre eux constitue ainsi une source de renouveau et d'expériences à partager.

8. Réussir sa vie de couple

Le mariage contemporain propose désormais aux partenaires la possibilité de vivre à deux sans risquer de s'oblitérer l'un l'autre. Plus question de tutelle de l'un sur l'autre. Le respect des personnes et de leur liberté permet alors de vivre à deux sans s'étouffer mutuellement et sans aliéner sa liberté.

Les éléments nécessaires à la vie de couple sont (sans ordre particulier) :

- les deux partagent un projet de vie commun ;
- les deux se voient à la même hauteur ;
- les deux éprouvent l'un pour l'autre un sentiment amoureux, même si parfois il a connu ou connaît une ou des éclipses ;
- les deux partenaires peuvent échanger entre eux ;
- les deux acceptent de se remettre en question ;
- les deux partenaires démontrent de la maturité et cheminent dans ce sens ;
- les deux ont appris à transiger ensemble de façon à réduire les causes d'irritation et, s'il y a lieu, savent résoudre efficacement les conflits qui peuvent surgir entre eux.

Regarder ensemble la situation

Les fondements de la relation interpersonnelle sont la confiance et le respect et non le charme et la persuasion. Tout effort sérieux pour récupérer une situation difficile surgissant au sein de la vie de couple commence par l'établissement des faits. Que s'est-il passé ? Les incidents récents et ceux du passé ont-ils une origine commune ? Quel est l'état actuel des sentiments mutuels éprouvés par les conjoints ?

Pour pouvoir continuer de former un couple et poursuivre une vie commune, on doit, en tant que couple, se trouver une raison d'être qui ne peut se fonder que sur le désir mutuel de continuer de vivre ensemble. Normalement, ce désir ne peut se maintenir que s'il existe vraiment des *motifs valables* de vouloir continuer de partager la vie de couple. En effet, les partenaires peuvent évaluer périodiquement, individuellement et ensemble le chemin qu'ils ont parcouru et examiner la situation actuelle de leur couple en se demandant s'ils ont vraiment le désir de poursuivre leur expérience. S'ils arrivent à la conclusion de persévérer dans cette entreprise, il leur faut engager ou pousuivre un dialogue dans le but de se trouver des projets communs, comme par exemple celui de se concerter pour réussir l'éducation de leurs enfants, ou d'entreprendre ensemble un projet de voyage, de construction ou de rénovation, etc.

Ces projets communs doivent être réalistes et tenir compte des limites des individus ou il n'auront pas d'avenir. Dans tous les cas, dresser un bilan honnête de sa situation demeure la planche de salut. Personne ne connaît l'avenir, mais il ne faut pas faire l'autruche et nier les évidences : le passé étant souvent garant de l'avenir, la personne digne de confiance le demeurera et l'individu qui se révèle être un radin-dominateur ou un bon à rien, un parasite et un ivrogne, ne se transformera pas en quelqu'un de différent et de correct après quelques années de vie commune, seulement parce qu'on lui a prouvé qu'on l'aimait !

CONCLUSION

Le mariage et l'amour au sein du couple

Tel qu'on le connaît en Occident, le couple est l'aboutissement d'une longue évolution de la pensée judéo-chrétienne s'étendant sur plus de trois millénaires. Voilà qui peut surprendre, quand on sait que le christianisme a été longtemps et jusqu'à tout récemment associé aux coutumes et traditions qui contribuaient à maintenir la femme dans une certaine forme de servitude. Bien plus, à l'époque des Lumières (XVIIIe siècle), la promotion de la liberté s'est faite en s'attaquant au christianisme qui était alors la religion établie ! Paradoxalement, c'est dans le message du christianisme, continuateur du judaïsme, que se retrouve le germe de la personnalisation de l'être humain et de l'humanisme moderne. Fondamentalement, c'est parce que l'amour-rencontre, l'essence du message judéo-chrétien, s'oppose à l'amour-fusion s'inspirant des religions orientales. Remis à la mode par le mythe romantique, l'amour-fusion ne se réalise que par la disparition des personnes dans le tout que devient leur couple.

D'autre part, on retrouve dans l'histoire du mariage le phénomène de l'arrangement matrimonial. À une époque où le romantisme n'était pas encore devenu une mode, le mariage arrangé ne s'opposait pas à la possibilité de trouver l'amour dans le mariage. C'est d'abord au sein de la société occidentale que le goût de la liberté est venu de plus en plus s'opposer à l'indifférence des parents marieurs qui n'agissaient qu'en tant que « propriétaires » de leurs enfants, et c'est cette révolution de la pensée qui a entraîné le changement de mentalité rendant cette pratique caduque.

Si, de nos jours, on peut vivre une relation d'amour durable au sein du couple, c'est parce que l'amour conjugal s'est enfin libéré de la domination des intérêts particuliers et familiaux. Cependant, le changement nécessaire des mentalités n'a pas encore rejoint tout le monde. Ainsi, on parle avantageusement de la durabilité des mariages dont on célèbre les noces d'or comme si la durée ne pouvait que signifier qu'ils ont été des unions réussies. Mais plusieurs de ces mariages ne doivent leur longévité qu'à la capacité d'abnégation de l'un des partenaires qui a permis au couple de survivre (du moins en apparence) à l'inconscience et à l'irresponsabilité de l'autre. Après tant d'années, on s'est fait une raison et on est même fier de ce tour de force!

S'appuyant sur la structure relationnelle de type superposé, le mariage traditionnel continue encore de servir les apparences sociales correspondant aux valeurs d'une époque où la figure masculine de l'autorité était privilégiée. L'homme, à qui la femme devait être soumise, se tenait en public devant son épouse, comme nous le montrent les photos de mariés d'autrefois. C'était comme ça et cela, sauf exception, depuis le début des temps, dans la plupart des civilisations anciennes où les femmes n'avaient pas le droit de parole, à l'extérieur et parfois même à l'intérieur de la maison.

Pourtant, bien des femmes, au cours des siècles, ont joué un rôle dominant dans leur couple. Elles ont été des dirigeantes efficaces dans les entreprises familiales, se dissimulant, pour la forme, derrière leur mari qui ne faisait alors qu'office de paravent pour le respect des conventions. Ces femmes laissaient peut-être croire en leur soumission mais, pour ceux qui savaient observer, il était facile de constater que, loin d'être soumises, elles dominaient complètement leur mari. Par leur détermination, par la domination psychologique ou sexuelle, ou par la manipulation subtile, elles amenaient leur conjoint à voir et à vouloir ce qu'elles désiraient, cela souvent à son insu. Qu'on pense à l'influence subtile, discrète et sage de Madame de Maintenon auprès du roi Louis XIV vieillissant, ou à la malheureuse emprise de La Pompadour sur Louis XV; de même, l'ascendant de la tzarine Alexandra sur son époux Nicolas II est bien connu.

Le mariage, une structure sociale périmée?

Le mariage s'intègre dans la structure de droit en tant qu'institution constitutive de la société humaine, cependant plusieurs ont la nette impression que le droit protège d'abord l'institution et ensuite les individus. De nos jours, la confiance dans ce système s'effrite de plus en plus. L'Église catholique romaine, qui avait dominé avec autoritarisme la société québécoise, connaît, depuis une vingtaine d'années, une marginalisation de ses institutions, cela se traduisant, entre autres, par la désaffection populaire vis-à-vis du mariage.

Au Québec, chaque année, le nombre des mariages diminue. Jusqu'à il n'y a pas si longtemps, le mariage formel était, ici comme ailleurs, la porte d'entrée obligée pour faire, en tant que couple, son insertion sociale. Même si chez nous le rituel du mariage a perdu de sa popularité, il est toujours pratiqué dans la plupart des sociétés où il demeure la seule façon socialement acceptable de vivre en couple. Cependant, dans la plupart des pays occidentaux, le divorce est utilisé de plus en plus pour mettre un terme à une union qui n'avantage pas favorablement les deux partenaires.

On peut sérieusement se demander quel avenir a le mariage, tant et aussi longtemps qu'il inspirera dans l'esprit des gens l'image d'un carcan conventionnel n'apportant souvent que des vexations dans la relation et permettant à l'un des partenaires de dominer l'autre.

La société occidentale a opéré durant les dernières décennies de grands changements, en introduisant la notion de liberté individuelle dans les mœurs. Étant moins conditionnés par les normes sociales, les rapports de force, toujours présents à l'intérieur du couple, sont désormais libres de s'établir selon les vœux des partenaires. En conséquence, les conjoints peuvent adopter un mode relationnel original, plus conforme aux conceptions qu'ils se font de la vie à deux. Ainsi, la structure du couple de type juxtaposé, qui correspond à la structure d'égalité, est souvent recherchée par les partenaires; on désire se distancer de la formule contraignante du mariage traditionnel fondée sur l'autorité du *pater familias*.

S'appuyant sur la personnalité et le caractère des partenaires, le protocole relationnel du couple s'est établi, chez la plupart des couples, dès le début de leur relation. Cependant, parmi les types relationnels moins soucieux du respect de la personne, on retrouve des irritants spécifiques qui contribuent éventuellement aux malaises et aux conflits majeurs surgissant au sein du couple. Dans les couples de type superposé ou juxtaposé, tout comme pour les couples fusionnels, l'évolution personnelle des partenaires peut susciter des problèmes, car les structures relationnelles qu'ils ont établies entre eux sont relativement statiques et l'affrontement avec l'autre est d'abord refusé. On a aussi l'impression que plus ces affrontements sont évités, plus la fiction relationnelle prend de l'ampleur, restreignant la place de la réalité dans la relation avec l'autre et entraînant l'isolement des partenaires. Si on souhaite se réajuster, au fur et à mesure de l'évolution du couple au sein de la réalité, l'affrontement est nécessaire, il est même inévitable et la structure relationnelle interactive est la seule qui autorise cette expérience.

Phénomène essentiellement social, l'interaction correspond à ce qui se passe lorsque deux individus entrent en relation. Les effets de cette interaction sont souhaités, acceptés, tolérés ou refusés. Les partenaires qui ont la maturité nécessaire et qui sont vraiment amoureux l'un de l'autre peuvent se regarder en tant qu'égaux et combiner leurs forces pour faire de leur couple une réalité dynamique où il y a de la place pour l'aventure partagée, pour la créativité personnelle et pour l'amour qui se réalise à travers le don et le pardon. L'interaction qui intervient librement au sein du couple fait la différence : au long des années, les deux partenaires pourront constater le chemin qu'ils ont parcouru.

S'affronter n'est pas un concours pour savoir lequel des deux a raison ou lequel est le plus fort. Accepter de s'affronter, c'est d'abord affirmer implicitement que l'autre est notre égal. S'affronter, c'est ce qui permet finalement de dire les choses telles qu'on les éprouve en manifestant à l'autre ce que l'on ressent. S'affronter ne signifie pas qu'on veut s'en prendre à sa personne mais c'est plutôt oser lui dire ce que l'on pense vraiment, même si on n'est pas du même avis.

Connaître l'existence de différents types de relations interpersonnelles au sein des couples permettra aux partenaires de réévaluer la nature de la relation qu'ils ont adoptée dans leur vie à deux et de rechercher, dans une autre direction, une solution aux problèmes rencontrés.

Les différents chemins de l'amour

L'amour est un sentiment puissant qui n'est pas vécu par tous de la même façon. Le plus attirant des élans amoureux, c'est l'amour-passion, mais son étourdissement risque d'être bref. Il y a aussi les amours d'occasion, choisies par ceux qui se sentent floués par la vie et qui croient que rien de grande valeur ne leur est promis. Il y a enfin l'amour-engagement, celui de la rencontre interpersonnelle intime mais dont les conditions exigeantes du départ découragent un bon nombre.

Si on veut vivre à deux, faire des projets d'avenir, partager le quotidien pour se dépasser et se réaliser, seul l'amour-engagement le permet. Si on ne désire que l'enivrement, l'excitation sensuelle, la perte de la notion du temps et l'évasion de la réalité quotidienne, l'amour-passion multiplie ses promesses. Si on n'est pas prêt pour la grande aventure et qu'on veut éviter de prendre des risques, si on ne se décide pas à effectuer des changements, on devra se résigner à ne vivre que des amours d'occasion. Viendra le jour où il faudra faire un choix. On pourra dire : « Oui, je prends le risque et je m'embarque, je me fais confiance, je fais confiance à l'autre et à la vie ! » Ou encore dire : « Non, je continue ma recherche pour trouver la personne qui me convient *parfaitement...* » ou finalement : « Je laisse tomber, je reste seul, avec mes aventures passagères qui n'entraînent pas grands engagements ni grands plaisirs. » C'est l'option de la sécurité illusoire : « Un tiens vaut mieux que deux tu l'auras ! » et on se dit pour se consoler : « qu'il est impossible de tout avoir dans la vie ! »

Et la vie, comme un fleuve tranquille, continue de couler, peu importent les obstacles qui veulent l'empêcher. Le désir d'être aimé, il est au fond de soi ; en se mettant à l'écoute de ses pensées profondes, on pourra savoir si on ne désire que l'excitation ou encore la sécurité à tout prix ou si l'on est prêt pour l'engagement inter-personnel.

Une rencontre réussie?

On ne peut présumer du succès de la rencontre; elle ne va pas de soi. Les entraves à la rencontre des partenaires, au sein du couple, sont nombreuses. Il y a des obstacles comme celui de l'étrangeté culturelle ou celle de l'incapacité relationnelle. Plus important encore, il y a le problème pernicieux de la pseudo-maturité entraînant l'incapacité d'acquérir de la maturité, parce que l'on croit l'avoir déjà! Phénomène subtil dont les causes probables remontent à la grande enfance, il enraye l'évolution positive du couple.

* * *

Pour des yeux d'adolescents, la vie de couple peut paraître facile, mais c'est lorsqu'ils commencent à vivre à deux qu'ils comprennent que cela n'a rien de simple, les problèmes quotidiens qui surgissent ne pouvant être réglés une fois pour toutes. Devoir s'ajuster continuellement à l'autre, être tolérant et pouvoir donner gratuitement, sont des éléments essentiels pour aimer au quotidien quelqu'un de foncièrement différent de soi et réussir malgré tout, ou grâce à cela, à avancer et à s'épanouir.

L'amour avant 20 ans ressemble dans certains cas au butinage des aventures d'un soir. Dans d'autres cas, les jeunes tourtereaux se retrouvent dans une relation amoureuse qui n'est stable qu'en apparence, et qui risque tôt ou tard de s'effondrer et non de progresser quand, de 25 à 35 ans, ils évolueront vers une plus grande maturité, chacun de leur côté, se découvrant vraiment et comprenant alors qu'ils ne peuvent aller plus loin ensemble. Lorsque l'on n'est pas prêt à l'engagement, on ne peut pas toujours comprendre ce qu'il signifie vraiment. Vaudrait mieux attendre de savoir ce que l'on fait avant de foncer dans l'inconnu, cela éviterait par la suite les déconvenues.

* * *

Dans la recherche sur les causes des pannes relationnelles, il ne faut pas oublier celles qui sont les conséquences de la gaucherie masculine vis-à-vis les relations sexuelles. Cette gaucherie s'explique par la grande différence qui existe entre la psychologie des émotions masculines et féminines sur ce sujet. L'ignorance mutuelle de ces différences et le peu de cas qui en est fait dans l'éducation sexuelle courante entretiennent le problème. Le remède serait de rappeler le premier principe de la rencontre interpersonnelle, celui de l'importance de la présence à l'autre, présence qui, dans le couple, est psychologique autant que physique.

De la même façon, « faire l'amour » devient une activité déconnectée du souci de l'autre lorsque les individus sont habités entièrement par des fantasmes où le partenaire n'est utilisé qu'en tant qu'objet pour fournir du plaisir. C'est encore la même chose quand, au sein du couple, la présence de l'un envers l'autre est calculée et monnayée, la relation ne se résumant alors à n'être qu'un marchandage de considérations particulières correspondant à une forme de prostitution.

Si on observe la nature, on comprend d'emblée que l'homme et la femme sont, tout comme les autres êtres vivants, des êtres « complémentaires », essentiellement faits pour perpétuer l'espèce. Cependant, chez l'humain, à la différence des autres êtres vivants, il y a l'expérience de la relation à l'autre dans laquelle on peut inclure la sexualité en tant que façon privilégiée d'entrer en relation et de partager les mystères d'être un homme et une femme. Voués pour toujours à être mystère l'un pour l'autre, il y a entre les sexes des différences profondes qui dépassent les simples aspects physiques. La présence de ces différences peut être interprétée de multiples façons. Si les rêveurs idéalistes croient à la félicité automatique du couple, les pessimistes et les cyniques vont dire que les hommes et les femmes ne sont pas faits pour vivre ensemble, mais les réalistes savent que la vie de couple s'appuie sur la faculté d'adaptation humaine favorisée par l'intelligence et la maturité des partenaires et cela malgré les vicissitudes de la vie quotidienne. C'est ce qui permet la découverte de l'amour conjugal à travers ces petits gestes de tendresse et d'attentions mutuelles, révélant ainsi ce qu'il y a de plus beau et de plus grand dans l'humanité.

* * *

Au fur et à mesure que l'on avance dans la vie, les masques tombent et on découvre finalement le vrai visage de ceux qui nous entourent. Plus d'imposture et de faux-semblants, la vraie personnalité finit par se révéler et parfois, cette découverte sera troublante.

Avec le temps tout s'arrange, s'exerce-t-on à répéter, et on entretient l'idée aimable que le temps finit par régler toutes choses de façon favorable. C'est ainsi qu'on élabore des explications savantes et des rationalisations psychologisantes pour masquer la dure réalité de la présence de troubles importants de la personnalité et de maladie mentale. Pourtant, au cours de la vie d'un couple, des problèmes de névrose et de psychose peuvent apparaître et leur incidence sur la relation sera toujours primordiale. Si les névroses constituent des irritants et minent lentement la relation, la psychose risque au contraire d'enrayer brutalement la relation et de laisser le partenaire dans un état d'incompréhension complète : Que s'est-il passé ? Qu'ai-je fait de mal pour que cela arrive ?

Les problèmes sérieux de santé mentale, ceux qui mettent le couple en péril, dépendent souvent de la présence de la dépression. La dépression est un phénomène complexe qui se manifeste principalement de deux façons très différentes : il y a la dépression fonctionnelle dont les causes intrinsèques sont les dysfonctions cérébrales et hormonales et il y a la dépression réactionnelle dont les causes extrinsèques sont la maladie chronique, le stress non compensé, les échecs non avoués, les deuils non acceptés, et surtout le manque d'affection reçue durant l'enfance. La dépression, chez la plupart des gens, est souvent le mélange de ces deux types. C'est ainsi que depuis plus de 50 ans, on s'est acharné en vain à trouver des explications purement psychologiques aux manifestations irrationnelles du tandem obsession-compulsion. L'explication procurée par la découverte de la présence incidente de la dépression d'origine fonctionnelle aidera à en réduire les effets.

Une meilleure compréhension du phénomène permet de mieux saisir les différences existant entre la maladie mentale et les problèmes psychologiques. Lorsqu'elle est présente dans le décor, la maladie mentale a pour effet de détruire l'intégrité de la personne affectée et de contribuer à ce que cette dernière n'entretienne avec ses proches et ceux qui l'aiment que des rapports déconcertants, conflictuels et problématiques.

* * *

Peu importent les problèmes rencontrés dans la vie de couple, les principaux motifs de ne pas pouvoir ou vouloir continuer de vivre ensemble sont la tricherie, le mensonge, la violence physique et psychologique. En s'attaquant à l'intégrité des personnes, ces comportements provoquent et entretiennent les conflits, suscitent parfois des épisodes de violence qui mènent inévitablement à la séparation. Il y a enfin l'obstacle irrémédiable de l'incapacité de l'un des partenaires à assumer son rôle au sein de la relation.

L'amour conjugal est un amour partagé ou bien il ne signifie pas grand-chose. Quant à la question de savoir si le partage est vraiment juste, cela reste une autre affaire, l'égalité parfaitement accomplie entre les partenaires demeurant une fiction idéalisante plutôt qu'une réalité.

Le couple contemporain est le résultat de la rencontre amoureuse d'individus qui se voient mutuellement comme des égaux et savent se traiter comme tel. À l'intérieur de leur relation de couple, il y a de la place pour chacun des partenaires, les deux pouvant se parler franchement et y respirer à l'aise. C'est à cette condition que le couple trouvera l'intérêt de durer et que l'institution du mariage aura un avenir.

* * *

Que faire si, après la lecture de ce livre, on constate que son couple ne se compare pas favorablement aux « meilleurs critères » ? D'abord se poser deux questions : l'amour sincère, de la part de mon partenaire, est-il présent ? mon amour pour lui est-il présent ? Si la réponse à ces deux questions est oui, le sens fondamental et essentiel du couple est réalisé. S'ajoute à cela une dernière clé permettant la réussite de la vie de couple, c'est la capacité de communiquer efficacement tout en tenant compte des limites de chacun, cela permettant de solutionner les conflits pouvant surgir à l'occasion.

Comme nous vivons tous au sein de la réalité, nous sommes tous astreints à ses contingences ; inévitablement, chaque couple découvre que sous au moins un aspect, leur relation conjugale est grevée par la faiblesse de la nature humaine.

Le but d'écrire cet ouvrage n'était pas de trouver la formule du couple idéal, mais d'explorer les aspects de sa réalité contemporaine qui nous paraissaient les plus significatifs. Cette réflexion, nous l'avons entreprise en nous posant d'abord à nous-mêmes des questions.

En dernière analyse, se questionner sur le sens de son couple, c'est s'interroger sur la pertinence de continuer ou d'arrêter cette expérience en se rappelant que souvent la réalité nous commande le choix du moindre mal.

Le point final sur ce débat, c'est que dans tous les cas, la volonté et la liberté de vivre ensemble, advienne que pourra, appartient aux partenaires adultes et à eux seuls. C'est leur décision qui, en bout de ligne, devra être respectée.

* * *

Nous voulons remercier tous ceux qui ont bien voulu se donner la peine de lire le manuscrit et de le commenter à travers ses nombreuses versions : Mmes Lise Caron, Micheline Raymond, Céline Yelle, Violaine Abgrall, Anouchka Bouchard, Françoise Joncas, et MM. Yvan Morin, Claude Côté et Norbert Tremblay.

Bibliographie

Jacques Bolduc, Gilles Lavigne, *Couples et alcoolisme*, CSSQ, 1981.

Carmen Boudreau, Johanne Mercier, *Le couple revu et corrigé*, Lougarou-passages, 1988.

Jean-Marie Duval, *Vivre à deux: plaisir ou cauchemar?*, Éditions de l'Homme, 1984.

Nina Epton, *L'amour en France*, Hachette, 1963.

Bruno Fortin, *Réussir sa vie de couple*, Éditions Fides, 1996.

Erich Fromm, *The Art of Loving*, Bantam Books, 1956.

Jean Lacroix, *Forces et faiblesses de la famille*, Éditions du Seuil, 1949.

Jean-Marc Lessard, *Le couple d'une étape à l'autre*, Éditions Paulines, 1994.

Jonathan Quayne, *The Jasper Gate*, Lancer Books, 1967.

Catherine Ravenne, *Le mariage*, Hachette, 1965.

Denis de Rougemont, *L'amour et l'Occident*, Plon, Coll. « 10-18 ».

———, *Les mythes de l'amour*, Gallimard, 1967.

Dr Pepper Schwartz, *Peer Marriage, Love Between Equals*, Free Press, 1994.

Dr Gilbert Tordjman, *Le couple, réalité et problèmes*, Hachette, 1981.

TABLE DES MATIÈRES

Transcontinental
IMPRESSION
IMPRIMERIE GAGNÉ